朵妈带你培养英语牛娃

万蕾 编著

本书旨在培养孩子的英语学习兴趣，使其发展为一项特长。在带领众多家长给孩子做英语启蒙的过程中，朵妈总结出了一套适合广大家庭、操作简单易行的启蒙方法。该方法遵循儿童语言习得和发展规律，经过大量家庭实践证明，可以让孩子轻松愉快地习得英语。

本书前五章介绍了多名英语牛娃的学习经验，以及经验背后所隐藏的语言学习规律。了解这些基本规律，家长才能用科学高效的方式给孩子做好英语启蒙。第六~八章按照英语习得路径详细介绍了各个阶段的学习内容和具体的学习方法，具有极高的可操作性。第九章讲述了大龄孩子英语启蒙的注意事项。

每个孩子都是语言天才，家长缺少的只是科学的理念和方法。读一读这本书，让朵妈手把手地带你培养英语牛娃。

图书在版编目（CIP）数据

朵妈带你培养英语牛娃 / 万蕾编著. —北京：机械工业出版社，2022.5（2024.10 重印）

ISBN 978-7-111-70784-4

Ⅰ.①朵…　Ⅱ.①万…　Ⅲ.①英语-儿童教育-家庭教育　Ⅳ.①H31 ②G78

中国版本图书馆 CIP 数据核字（2022）第 084685 号

机械工业出版社（北京市百万庄大街 22 号　邮政编码 100037）
策划编辑：苏筛琴　　责任编辑：苏筛琴　张晓娟
责任校对：孙铁军　　责任印制：常天培
北京宝隆世纪印刷有限公司印刷

2024 年 10 月第 1 版·第 7 次印刷
169mm×239mm·15 印张·1 插页·225 千字
标准书号：ISBN 978-7-111-70784-4
定价：59.80 元

电话服务
客服电话：010-88361066
010-88379833
010-68326294

网络服务
机　工　官　网：www.cmpbook.com
机　工　官　博：weibo.com/cmp1952
金　　书　　网：www.golden-book.com
机工教育服务网：www.cmpedu.com

家长推荐

彤彤妈妈——课程设置科学

朵妈真的是推广中国儿童英语启蒙习得法的身体力行者！课程设置真的很科学，启蒙阶段的课程超级简单，确保孩子能懂到底说的是什么。像我们体验的其他课程，纯英语，彤彤听不懂，时常一脸懵地看动画。彤彤很外向，而且很能说，母语很强势，表达能力强，但目前她不厌烦英语，我同事推崇纯英语环境看动画片，真不靠谱，孩子理解能力再强，也看不懂啊，就像让我们看西藏电视台一样。

Winter 妈妈——学习效果好

多亏遇到朵妈，孩子开口说英语了。从第一节试听课，就发现巴迪英语的“神效”，孩子竟然爱说英语了。把以前积攒的小能量，给应用起来了。这点很赞，巴迪英语课程，也的确挺好的。简单还接地气、实用，看这个习得法，的确太重要了。

小铭妈妈——学习效果好

巴迪英语真的是好，试过很多在线英语课，还是觉得巴迪英语好。我家老二现在每天早上7:30～8:00玩巴迪英语，连爷爷都说，这样学下去会不得了。他平时也会哼学到的英语儿歌，超级喜欢朵妈和朵朵互动的视频，我就照着视频和他一起互动，道具都买一样的。我家老大之前在其他平台学英语，学了很长时间都不开口说，现在受老二的影响，也开始渐渐说英语了——真的有幸碰到巴迪英语，碰到朵妈，不然我会累死在跑线下机构的路上。

辛夷妈妈——学习效率高

我们启蒙也是一脚一个坑踩过来的，两岁多就开始上所谓的双语幼儿园，奔着有英语外教去的，学了一年发现孩子除了会唱几首儿歌，一句话都说不出来，真的是费时又费钱。还好遇到了巴迪英语，才发现以前的方法不对，现在每天回家紧跟巴迪的课程学习。目前学习两个月感觉比之前学一年能说的都多，还是老老实实跟着朵妈走吧。

妙妙妈妈——轻松愉快喜欢学

绝对良心课程！APP简单易操作，没那么多套路，不会让你在朋友圈打卡、转发赠礼物什么的！我家二宝两岁八个月了，快两岁的时候从语感启蒙一直学到自信表达，现在只要她会说的都能用英语表达。句子里有不会的词，就自己中英文结合。我感觉二宝学英语的过程轻松愉快！玩着玩着忽然有一天就会说了！我家大宝11岁了，英语学得也还不错，就是学校英语能考99/100的那种。但只会做题却不会交流！她很害怕妹妹这样天天说会超过她！我觉得快了。

甜橙妈妈——不排斥英语了

真的非常感谢巴迪英语！我家娃已经不再排斥英语了，学习自信表达有两周的时间，现在会自己冒几句。今天突然说了三分之二段《麦琪躲猫猫》那集的对白，真是太惊喜啦，老母亲激动地老泪纵横。之前线下线上都报过课，都没坚持下来，上几节就再也不想上了。看英文动画片也排斥得不行，还要我在白板上写“我想看中文动画片”。接触巴迪英语后状况一天比一天好，加上体验课算下来有三周的时间，巴迪英语的方法非常适合我家娃。

虾米妈妈——不费妈

巴迪英语的整个系统真的非常好！我们上幼儿园小班的时候就玩英文游戏，学英文对话，唱英文儿歌，读英文绘本。但是从海量的资源里去找同一主题的资源挺费事，像巴迪英语这样把主题都归在一起，游戏、对话都有的APP比较少。并且游戏也有教，绘本、动画全在一起，真的是帮妈妈省了很多时间，我是还蛮推荐的。

多多妈妈——不费妈

巴迪英语用下来，我觉得最有价值的是让我知道了怎么教孩子。我英语算还行吧，但这么小的孩子该怎么启蒙，还真不知道。资源虽然多，网盘里存了一大堆，但自己还要花时间去筛选，哪些资源可以用，哪些不行，根本没那个功夫。况且方法用不对效率还低。孩子时间宝贵，我可不敢拿她做实验，搞不好就耽误了。

巴迪英语把学习内容全都给安排好了，对懒人很友好。我只要按部就班来就行了。每天眼看着孩子一点点在进步，特别开心。亲子关系还更融洽了（因为陪她玩，她很开心）。如果这么坚持几年能达到朵朵学习英语的效果，实乃幸事一件。

幸子妈妈——小白妈妈也能教

我是英语小白，几乎零基础，曾经很担心孩子的英语。幸运的是，我们在启蒙初期遇到了朵妈。陪宝贝一起坚持学习巴迪英语一年多，现在收获多多！每天跟着巴迪英语学习成了一种习惯，她喜欢看全英文动画片，比如《小猪佩奇》《爱探险的朵拉》等，喜欢读英文绘本，能在生活中自然输出很多句子。她还经常给我当老师，现在我的英语水平也上了一个台阶。我很开心，自己英语不好，没有耽误孩子。要感谢朵妈！

前

大约从八年前开始，互联网的发展、科技的进步和全球化浪潮，开启了中国孩子学英语的新时代。各种原版英文绘本、英文动画片被大量引进，智能手机让这些资源变得唾手可得，线上线下的英语外教也如雨后春笋般冒出来。一些具有先进教育理念的父母开始用“习得法”这种更科学、更轻松高效的方式给孩子做英语启蒙。

效果怎么样呢？这些孩子以看英文动画片为娱乐，跟老外可以流利自如地侃大山，厚厚的 *Harry Potter* 读起来毫无压力。他们不仅英语的运用能力强，应试也丝毫不差，小学四五年级就能考过剑桥 PET 或者 FCE，达到高考英语水平。大家把这些孩子叫作“英语牛娃”。

牛娃的出现，让家长们看到了一条全新的英语学习之路，于是越来越多重视教育的家长开始用习得法给孩子做英语启蒙。可是一路上，他们碰到了很多困难。

比如刚起步的时候一头雾水，学什么？怎么学？统统不清楚。有的家长听了很多牛娃父母的分享，牛娃父母说他们干了什么，这些家长就抄作业，可是人家管用，自己却不管用。有的家长被人误导，掉进了大坑，比如零基础学自然拼读，或是逼着孩子刷分级读物，搞得孩子极其厌恶英语，不仅没有成为牛娃，连学校的英语都不愿意学。还有些家长非常用心，也很能坚持，可是启蒙不得法，几年下来，孩子的英语毫无起色。

我从女儿朵朵 6 岁的时候开始给她做英语启蒙，两年之后她独自一人到美国参加夏令营时沟通无障碍，10 岁时以比卓越差一分的成绩通过剑桥 PET 考试，也就是说考更难一级的 FCE 基本也能通过了。现在她 11 岁，启蒙整五年，对她来说中英文几乎没有区别，可以一边看《红楼梦》，一边读英文原版 *Harry Potter*。

这五年来，从一开始给她一个人做英语启蒙，到带着身边的几十个亲朋好友给孩子做英语启蒙，再到带着成千上万的家长给他们的孩子做英语启蒙，我亲眼见证了太多孩子从英语小白成长为英语牛娃的案例，同时也看到了很多失败的案例。更难得的是，我有机会近距离接触这些孩子和他们的父母，了解到孩子们学习的各种细节、父母们的困惑和遇到的问题。

见的孩子越多，我越发现，英语牛娃的成功其实非常相似，完全可以复制。因为英语启蒙有清晰的规律可循，牛娃父母们的具体做法可能有差异，但无一例外，都遵循了这些规律，把时间、精力和金钱用在了刀刃上。要说秘诀，这就是秘诀。而失败的家长多半不了解这些规律，所以忙活半天收效甚微。尤其是当我把成功和失败的案例放在一起比较时，这种差别尤其明显。

于是，我将这些规律系统地总结出来，用来指导家长，收到了非常好的效果，大大提高了启蒙成功率。因为这些经验不是来自我一个人，而是来自成千上万父母的实践。跟一个两个牛娃家长的分享比起来，可能更具有普适性。

我们团队能亲自指导的家长数量毕竟有限，于是同事们让我把这些经验写成书，这样可以帮助到更多的爸爸妈妈。

在这本书里我既讲了规律性的东西，比如哪些关键点一定要把握住，哪些坑一定要避开等，也讲了很多具体的操作细节和家长常见问题的解决办法，包括什么阶段该学什么，怎么学，并介绍了我自创的“讲—听—玩—用”四步法。这个方法被众多家长使用，大家都反馈操作简单，效果显著。

如果您想给孩子做英语启蒙却不知道从何入手，如果您走在孩子的英语启蒙路上却有很多困惑或碰到了困难，如果您对孩子已经做了一段时间的英语启蒙却效果不佳，都可以看看这本书，也许您的问题就会迎刃而解。

英语启蒙这件事并不难。我相信，只要了解语言学习的规律，跟着被众多父母实践证明过的方法去做，每一对父母都能培养出英语牛娃。

朵妈

于 2022 年春

目

Part 3 牛娃养成篇 大童（7 ~9 岁）零起点英语学习实操指南

Part
1

牛娃秘诀篇

1

第一章 英语牛娃们的故事

最近几年来，很多爸爸妈妈发现身边或是在网上出现了一些英语非常优秀的孩子。他们看原版电影，和老外闲聊，读《哈利·波特》英文小说，还能用英语写小说。至于考试更是不在话下，小学毕业前剑桥通用五级能考过 FCE，相当于国内高考英语水平，初中就能把托福、雅思搞定，超过国内研究生毕业英语水平。英语对他们而言不是一门困难的外语，而是运用自如的第二语言。大家把这些孩子叫作英语牛娃。

家长们看到这些英语牛娃，既羡慕又好奇，大家都很想知道：

- 他们的父母是不是英语都很好，天天在家里和他们说英语？
- 他们是不是上的国际幼儿园？或者上了很多外教课？
- 这些孩子是不是都有很高的语言天赋？
- 他们是不是非常刻苦努力，背了很多单词？

- 他们每天得在英语上花多少时间？语文和其他科目会不会受影响？

在很多人看来，这些孩子小小年纪英语水平这么高，他们拥有的条件和付出的辛苦肯定是普通家庭的孩子难以达到的。

我这几年因为做英语教育工作，恰好接触了很多英语牛娃，不是几个，不是几十个，而是几百个。这里面既有我同学、朋友的孩子，也有在我的指导下进行家庭英语启蒙的孩子。接下来我就给大家讲几个牛娃的故事，或许可以帮助大家解除很多疑惑。

一、朵朵学英语的手记

先从我自己的女儿朵朵讲起吧，因为她学英语的过程我全程参与，她如何从一个零基础的英语小白成长为听说读写自由的英语使用者，我再清楚不过了。

曲折启蒙路

朵朵 6 岁才开始学英语，现在来看，有点晚了。如果时光能够倒流，我会让她在 3 岁左右开始学。毕竟，6 岁已经是英语敏感期的尾巴了，为了引导她喜欢上英语，我可没少花心思。

那时候朵朵在读幼儿园大班。有一天，一向无忧无虑的她突然有点闷闷不乐地蹭到我身边，问我说：“妈妈，我是不是很笨啊？”我心里咯噔一下，暗暗寻思这孩子是遇到什么事儿了。于是我问她：“乖乖，你不笨啊。为什么这么想啊？”

原来朵朵的幼儿园来了一位非洲外教，拿着单词闪卡教孩子们英语。班里很多孩子已经上了两三年英语培训班，会一些单词，而朵朵从来没有接触过英语，完全不知道老师在干什么，于是就觉得自己不如人。我跟她说：“乖乖，不是你笨，只是别的小朋友学过英语，你没学过而已。没关系，妈妈教你。”于是我鼓起勇气，决定自己给朵朵做英语启蒙。

写到这儿，有朋友可能会说，你留学美国那么多年，英语肯定很好，教个孩子还不容易吗？还真不容易，因为自己会说英语跟会教英语完全是两码事。就像一个好的篮球运动员未必能当一个好教练一样。

启蒙刚一开始，我就踩了无数的坑。比如跟风买书，把市面上流行书单上的书全都买来给孩子读，读得朵朵哈欠连天，事后才发现那些书的难度根本不适合初学者。

我不仅读，还逐字解释，让孩子跟读，生怕哪个单词她没学会。结果一个spoon，教了半小时，朵朵70多岁的外公都学会了，朵朵还在那儿spood、spook、smoon拎不清。

朵朵学得兴味索然，我也教得痛苦，效果嘛，就不用提了。更糟糕的是我和朵朵本来良好的亲子关系都出现了危机——以前天天晚上黏着我给她读书，现在因为怕读英文书，躲得我远远儿的。

好在这个阶段没过太久，就迎来了转机。一天晚上，我给朵朵讲睡前故事，读的是一本英文绘本，名字叫作*No More TV，Sleepy Cat*。故事讲述了一只小猫磨磨蹭蹭不愿睡觉，一会儿要喝水，一会儿要撒尿，一会儿要妈妈抱抱。朵朵也不爱睡觉，跟这只小猫一样一样的，所以她听得津津有味。读完书，我说："宝贝儿，该睡觉了。"她突然蹦出书中小猫说的话来："But I'm not sleepy."要知道她那时候可是连"Good night"都不会说的，突然来这么一长句，把我彻底惊呆了。

我突然明白过来，教孩子英语，要点根本不在单词、语法上，甚至可以说不在语言本身，而在于语言所表达的内容，在于真实的表达需求和互动。内容能引起孩子共鸣，有真实表达需求，孩子自然会去模仿和使用语言，这样才学得会。

从此我改变了教学方式，精心挑选跟生活密切相关的儿歌、绘本和动画片等启蒙素材，跟朵朵一起唱、一起跳、一起玩。我不再要求她记单词，也不再纠结她愿不愿意开口说，而只关心她是否从这些内容中获得了乐趣。我改变了，朵朵也改变了。很快她不仅接受了英语，还喜欢上了这些英文绘本和动画片，每次学完之后她还会反复看，反复听，乐此不疲。

光学还不算，我还把动画片和绘本里的话跟朵朵在生活中用起来。出门我说："Are you ready?"朵朵会兴高采烈地说："I'm ready! Let's go."起床叫她时说："Wake up."她耍赖地说："Can I sleep some more?"简单的几句话，每天一到那个场景就说。等她用熟了就加几句新的。不要觉得几句话太少，每周都学那么两三句，一年下来52周，能学一两百句呢！语言学习靠的就是日积月累。

启蒙半年多之后，朵朵能说的越来越多，在幼儿园也听得懂外教的话，还能跟外教简单聊天。她的进步连外婆都发现了，外婆开玩笑地问她："你的英语现在在班里能排第几啊？"她想了想说："前两名吧。"外婆问："前两名？第一还是第二呢？"她说："这个不好说，不一样。我能说很多，但是知道的单词少，北北会很多单词，可是她只能说单词，不能像我一样说句子，所以不好说谁第一。"没想到这个才6岁多的小不点儿对自己英语能力的评价竟然一语中的。半年的学习虽然词汇量还不大，但朵朵的英语运用能力已经超过学了三年英语的孩子，这就是学习方法带来的差异。

启蒙第一年结束时，朵朵的英语听说有了不错的基础，看得懂 *Peppa Pig* 这种原版英文动画片，遇到外国人也能简单交流。这个水平听起来似乎没多高，但其实我们很多大人学了十几年英语，哪怕过了大学英语四六级也未必能达到。

海量听和读

考虑到朵朵开始启蒙时的年龄比较大，我决定尽快引导她进入自主阅读，通过读书来进一步提升英语能力，于是启蒙一年后，我带着朵朵学习了220个Dolch高频词。

学完高频词后，朵朵再拿起英文绘本，发现自己认识很多词，一些简单的绘本甚至直接就能读了。这就是高频词的特点，很少的220个词，却覆盖了儿童读物70%~80%的内容。于是朵朵信心满满地开始了她的自主阅读之旅。

学完高频词之后，我又教了朵朵一些自然拼读的规则。因为她这个年龄已经学过拼音，所以自然拼读对她来说很容易，道理跟拼音差不多。学完自然拼读，朵朵的阅读能力突飞猛进，上了一个大台阶。很快，她就读完了几百本分级读物和桥梁书。

到第二年年底的时候，朵朵 AR（Accelerated Reader 阅读分级体系）测试为 2.6，相当于美国孩子小学二年级第 6 个月的水平，而她此时恰好是小学二年级第 4 个月，阅读水平基本上与美国孩子同步了。

从此朵朵进入了初章书的阅读，我要做的事也越来越少，主要工作就是源源不断地给她提供好的原版书。而她就像一棵小树苗，贪婪地吸收着书中的养分。

随着朵朵英语能力的提高，她能读的书越来越多，选择余地大了，她可以按自己的喜好去挑书，因此对英语的兴趣更浓了。以前她自己看书都挑中文书看，要等晚上我下班后带着她一起学才肯读英文书。现在她“抛弃”我，开始自己主动看英文书。有时候她自己一个人静悄悄地待在卧室里，我进去一看，书本摆了一地，里面一半中文书一半英文书。也就是说她挑书看的时候已经不关心是什么语言，而是哪本书有意思就读哪本。

3 年下来，朵朵读的英文书有几百本之多，摞起来比她 1 米 6 的身高都要高。(照片中的书还不是全部，因为启蒙第一年读的很多绘本都已经送人了。)

跟阅读相比，朵朵听英文故事、图书等的音频的时间更多。因为读书有时间和地点的限制，而听却可以随时随地进行，零碎时间全都能用起来。

说到这儿就不能不提朵朵的心头好——listener MP3 了。我把书的音频导进去，朵朵把这个小机器挂在脖子上，随时随地听。坐车的时候听，搭乐高的时候听，睡觉前听，起床后听，连洗澡的时候都要听！我觉得这个 MP3 就像长在她身上一样。

一开始朵朵听的是 *Peppa Pig*，*Ben and Holly* 这些动画片的音频，自己能读英文书之后，就开始听有声书。所有她读过的书只要能找到音频的都听过，还有很多书是只听音频，没有读。从桥梁书到初章书、中章书，一直到现在听的 *Harry Potter*，有些书朵朵听了有几十遍，里面的很多话她都可以倒背如流。

读得多，听得多，朵朵的英语水平就跟坐火箭似的飞速上升。最直接的表现就是口语变好了。以前虽然能交流，但是句式和用词都很简单。现在她的英语表达越来越复杂，像 have nothing to do with 和 let me put it this way 这些短语，她张口就来。说比较长的句子，甚至是套了几层的从句都毫不费劲。

她的英语表达不仅复杂，还地道。有一天我们回家，朵朵双手捧着一堆东西，开不了单元门，转头对我说："Can I have a helping hand?"相对于"Can you help me?"而言，这个表达更加生动。我心中暗暗惊喜，因为我在美国生活这么多年，都说不出这么地道的英语来。

另一大变化是词汇量的增加。朵朵说英语时不停地冒出各种新词来。我问她是从哪儿学来的，不是这本书就是那个动画片，感觉不管看什么都能捡到几个英语单词。而且这些词没人给她解释，都是她自己根据上下文猜出来的，完全是自学成才。

从小学二年级到四年级，短短三年时间，朵朵的阅读词汇量实现了从 0 到 5000 的飞越，听说词汇量更多，在 6000 以上。这一切都来自海量的听和读。

口语好，词汇量大，朵朵在生活中开始更频繁地自发使用英语。经常是哪个语言方便就说哪个语言。比如读英文书读到搞笑的情节，她会开心地跑来跟我分享。一开始是中文，讲着讲着就变成了英文，因为故事本身是英文的，她发现用英文描述更方便。到这个阶段她真正实现了中英文的自由切换。

夏令营和外教课

朵朵 7 岁那年暑假，也就是启蒙一年半之后，在北京参加了一个为期 10

天的英语戏剧夏令营，由英国的儿童戏剧老师带着他们一群小孩儿写剧本，做戏服，排练，最后演出。每天从早上 9 点到下午 5 点，纯英语浸泡。这是朵朵学英语以来第一次经历纯英语环境，她适应得很好。夏令营结束后，她说起英语来更流利，也更自信了。

朵朵上英语戏剧夏令营

第二年夏天，也就是学英语两年半之后，我给朵朵报了一个两周的美国夏令营，想检验一下前期的学习效果，看看她是否具备在英语国家生活的能力。这是一个美国当地的夏令营，班里十几个学生全是美国人，只有朵朵一个中国小孩儿。一开始我还有点担心，没想到她沟通毫无障碍，很快就跟老师和小朋友们混熟了。一起骑马、钓鱼、挖宝石，跟同学们聊她的 13 只小仓鼠，跟女孩儿们学编彩绳，还交了一个好朋友。我感觉朵朵的英语交际能力在美国生活已经基本没问题了。

到此为止，朵朵没有上过任何英语培训班，仅仅靠着用原版书籍和动画片给她创造的家庭英语环境，实现了听力和口语自由。

此后朵朵继续泛听泛读，愉快地徜徉在有趣的英文故事中。直到有一天，因为参加一个活动，需要写个英文小故事，我突然发现朵朵写的文章像兔子尾巴一样短，而且句子首字母不知道大写，单词与单词之间没有空格，拼写错误一大堆，文章逻辑也不清楚，问题特别多。我意识到必须开始正式学习英语读写了。

我们首先尝试的是线下外教课。因为朵朵的英语水平已经远超普通英语培训机构的同龄孩子，英语课外班还不那么好找，最后上了一个主要服务于国际学校学生的机构。但是很快我发现效果并不理想。

首先老师不稳定，经常换，最糟糕的时候恨不得每堂课都在换老师。其次时间利用率非常低，每周两次课，一次一个半小时。加上接送时间，一周得花5个小时在英语课上。这么多的时间投入，一学期下来，却几乎没有看到任何进步。

失望之余，我开始寻找线上外教课，最终报了一个*Wonders*精读课和一个写作课。每周一节精读，一节写作，每节课50分钟，两节课加起来一共才1小时40分钟，还不用接送。这两个课都是英美的在职老师来教，真的是非常专业。

朵朵上外教课

很快朵朵对各种文体如数家珍，虚构类文章知道抓主题句、找细节，非虚构文章也会读图、读说明文字。让我触动最大的是之前的兔子尾巴作文开始越来越长，而且结构变得清楚有条理了。花了线下培训班一半的费用，不到一半的时间，收获了更大的进步，让我深刻体会到，读写阶段，选对老师是关键。

考级与比赛

上了大半年外教课，朵朵在英语读写方面多少有了点经验，于是四年级的时候，我让她参加了剑桥通用五级的PET考试，想检验一下她的英语能力究竟怎么样。毕竟我们觉得朵朵英语好只是一种主观感受，科学的测试才是客观事实。

扫码关注后输入70784，听关于PET和高考英语听力题对比的讲解

PET是一个什么水平呢？大概跟国内高考英语水平差不多。这两个考试的词汇量要求都是3500，考试都分听说读写四部分。PET的听力题语速更快，信息

量更大，口语题是真人互动对话，比高考的英语考试形式更灵活。阅读和写作相差不大。所以，如果一个孩子能通过 PET 考试，高考英语差不多就能及格。如果 PET 成绩达到优秀，高考英语应该能考到 120 分以上。如果达到卓越，高考英语考 130 分不成问题。

为了考出真实水平，我没有给朵朵报任何考前冲刺班，只是让她做了四套真题试卷，熟悉下题型。最后成绩出来，朵朵考了 159 分，差一分就达到卓越的等级，也就是考更难的第三级 FCE 也能通过。阅读和口语成绩都在 160 分以上，写作 156 分，这三项都跟平时模考差不多水平，可是最强项听力竟然只考了 154 分，出乎意料。之前模考听力一般都在 165 分以上，最多错一两道题，是朵朵觉得最容易的部分。原本还想靠听力提分的，没想到竟然拖了后腿。后来朵朵告诉我，同时考试的有很多个班，听力题是用学校的大喇叭放的，有时有杂音听不清，影响了分数。

不过朵朵刚四年级，取得这个成绩已经很不错了。这次考试也让我坚信，有真能力就不怕考。只要能力够，根本不需要疯狂刷题，把时间浪费在并不能真正提升能力的事情上。

Cambridge Assessment English

Reference No.
B4298670
To be quoted on all correspondence

Preliminary English Test
Statement of Results

Candidate name: LUAN XIAOHAN
Session: MARCH 2021
Place of entry: HEBEI

Result	Overall Score	CEFR Level
Pass at Grade B	159	B1

Results	Score
Pass at Grade A	160 — 170
Pass at Grade B	153 — 159
Pass at Grade C	140 — 152
Level A2	120 — 139

THIS IS NOT A CERTIFICATE

朵朵的 PET 考试成绩单

四年级下学期的一天，朵朵放学回来说她被学校英语老师推荐参加“未来外交官”英语比赛。我和她爸爸都很惊喜，觉得这是一个锻炼的好机会。通过一轮轮初赛、复赛，朵朵最终进入决赛，获得了北京赛区一等奖。

决赛分三个环节，一个是命题演讲，一个是跟评委即兴问答，最后是用英语朗诵并翻译一首古诗。第一和第三两个环节都是提前准备好的稿子，只有第二个环节的即兴问答最能考查孩子的英语听说能力。按说参加决赛的几百个孩子已经是经过层层选拔的英语牛娃了，但还是有很多孩子在这一环节无法自如地表达自己，要么只能简单说一两句话，要么结结巴巴说不清楚。

朵朵参加“未来外交官”英语比赛

这种比赛其实考的不仅是孩子的英语能力，更是孩子的舞台经验和才艺。朵朵从来没经历过这种场面：一大厅的观众，一长排的评委，还有好多摄像机。她的命题演讲刚讲几句就紧张到忘词，尴尬地站在那里。

我在台下有点着急，因为前面有个小女孩儿也是忘词，直接在台上放声大哭，比赛都没有完成，我怕朵朵也那样。可是她很镇定，硬是在无数目光的注视下，努力回忆起演讲稿的内容，接着讲了下去。虽然最后时间不够，准备的稿子没讲完，第一环节得分不高，但好歹没影响后面两个环节。

比赛结束后我赶紧拥抱了朵朵，告诉她：妈妈觉得你很棒！虽然你忘词了，可能分数不会太高，但是你没有慌，稳定住了自己的情绪，这就很了不起。结果不重要，重要的是你经历了，成长了。

像这些考级和比赛，如果不是为了拿证书，不给孩子任何压力，参与一下对孩子是一种很好的锻炼。

“我没有学过英语”

朵朵在短短四年时间把英语学到这样一个水平，有些朋友可能会想，这么快的学习速度是不是特别辛苦啊？每天要花大量时间吧？这种想法可能来自于大家对传统英语学习方式的印象，大量的背诵、记忆、刷题，的确非常辛苦。可是朵朵学英语的过程完全不是如此，不但不辛苦，反而很开心。

记得朵朵学英语刚满一年的时候，碰到一个外教，他觉得朵朵的英语交流能力特别强。他听说朵朵没在国外待过，也没上过任何英语培训班，只用了一年的时间就达到这个状态，非常惊讶，忍不住问：“你英语这么好，是怎么学的呢？”朵朵一本正经地回答说：“我没有学过英语。”原来小家伙觉得要有课本，有要求，有作业才算是学习。

外教继续问她："那你怎么会说英语呢?"朵朵说："跟我妈妈玩呀。我们唱歌，读书，做游戏，看动画片，就会了呀。"你看，在孩子心中，她不过是在玩罢了。其实她不知道她非常享受的这个"玩"的过程，正是我精心设计的学习方式。

拿英文儿歌和童谣来说，有时候我们两人对唱，有时候玩着拍手游戏唱，有时候当摇篮曲唱，有时候在场景里唱。这些有趣的唱歌方式让汉语强势、不愿意开口说英语的朵朵张开了嘴。

比如她学《鹅妈妈童谣》中的 *Shoo Fly*，唱的是赶苍蝇。我们恰好在屋里看见一只苍蝇，我就带着她，拿着一本书，上上下下地追赶那只苍蝇，一边赶一边唱：

Shoo fly, don't bother me.
Shoo fly, don't bother me.
Shoo fly, don't bother me.
I belong to somebody.

从此她对这首歌记忆深刻，以至于后来再见到苍蝇，她总是一边赶一边念："Shoo fly, don't bother me."

我带朵朵读绘本，一边读一边把重点情节夸张地演出来，学大狮子，学小猪，学老爷爷，学小宝宝。一开始是我演独角戏，朵朵看得哈哈大笑。慢慢地，她也加入了表演，戏份还越来越多，变成了我们俩的二人转。演着演着，书里的语言就变成了她自己的话，碰到类似的场景就会冒出来。例如我们读 *The Pigeon Needs a Bath*，里面讲一只鸽子洗澡，一会儿嫌水冷，一会儿嫌水烫，朵朵洗澡的时候就会学着那只鸽子说："The water is too cold! The water is too hot!"一边学一边哈哈大笑，得意极了。

朵朵这一代孩子特别幸福，因为有趣的英文绘本实在太多了。特别是一些翻翻书、机关书，很容易让孩子着迷。朵朵经常抱着书来叫我："妈妈，妈妈，今天晚上咱们读这几本书吧!”每天晚上的亲子阅读时光成了一天中的高光时刻。不仅学了英语，亲子关系也因为经常一起疯玩而变得更加亲密，真是意外之喜。

进入自主阅读阶段之后，朵朵开始看章节书，都是深受国外小朋友喜爱的畅销书。这些书里的主人公年纪跟朵朵差不多大，每个都古灵精怪，带着一点点叛逆，特别符合这个年龄段孩子的心理特征。故事情节又紧张曲折，非常吸引人，朵朵经常看得入迷，让她睡觉都不去，总是求我再看一页，再看半页，再看两句话……有时看到什么搞笑的情节，自己在那儿哈哈哈地傻笑，或者激动地跑过来给我讲一遍。

大家可以看到，朵朵的英语学习之路真的没有太多汗水，反而很开心。因为从来都不是我要她学，而是有趣的内容在吸引她，让她自己想听，想看，想通过英语去了解这个精彩的世界。有这种内生的驱动力在，英语学习当然可以既快又快乐。

二、更多牛娃的故事

接下来我给大家分享几个牛娃的故事。他们并不是牛娃里学得最好的，但他们的案例给我留下了很深的印象。为了给大家详细呈现这些孩子的学习历程，我让他们的父母来讲述他们的故事。

小石头的故事

石头妈　北京职场妈妈

小石头　2岁半开始启蒙，现在11岁，公立小学六年级小学生一枚

大家好，我是石头妈。小石头的英语启蒙开始得比较早，两岁半开始的。朵妈开玩笑说我意识超前，我一想还真是的。八九年前，即使在北京，两岁半开始启蒙的孩子也不多。

我这么早给孩子启蒙，跟我自己的经历有关。我是从小城市考到北京来

的，我们初一才开始学英语，而且是典型的应试教育三件套，背单词、学语法、刷题。我英语成绩还不错，大学也轻松过了四级，但是除了会考试之外，应用能力几乎为零，典型的哑巴英语。工作以后，有时需要跟国外同事进行电话会议，我顶多能听懂一半，说更是困难，完全张不开口。我们有些年轻的北京同事就能自如地跟外国同事交流。看到他们，我觉得自己学了个假英语。所以有了孩子后，我就特别重视他的英语学习，希望他能把英语当成一个工具去使用，而不要像我一样只能应付考试。

石头的启蒙是从儿歌和动画片开始的。我找到一个 APP，里面有很多英文儿歌和动画片。我就让他自己看，每天至少看半个小时，从 *Super Simple Song*、*Little Baby Bum*、*The Mother Goose Club* 一直看到 *Peppa Pig*、*Super Wings*、*Paw Patrol*。我想天天这么浸泡着，多多少少总能学到些东西。这样一看看了快两年，石头的确学会一些单词，但是也就两三百个，我感觉付出的时间成本和产出效果完全不成正比。我想，可能光看儿歌和动画片还不够，需要系统地学一下。

正好这时这个 APP 推出了 AI 课程，我立即买了课，让石头跟着学。这个课程每课学两个单词，一个简单的句型，学完之后就反复练习。石头倒也不排斥，跟着学了有大半年。可是除了多会几个单词之外，他的英语依然没有太大变化。现在回想起来，这个 AI 课就是典型的学得法。

转眼石头就快 5 岁了，启蒙两年多没有太大成效，我开始有点着急了。这时讲英语启蒙的公众号开始多了起来。我读到一篇介绍分级读物的文章，跟风囤了“大猫英语分级阅读”前三级和“海尼曼分级阅读”GK & G1，带着石头读。一周读 10 本，每天换着读，先用点读笔点读，再让石头跟读，直到石头快能背出来为止才换新的。现在想起这段日子我都不愿回首，我那时完全是被焦虑给带偏了，才会那样逼着孩子一遍遍地读，不读完不睡觉。石头小时候对英语还算有些兴趣，眼看着对英语已经开始反感起来，一听到英语就想逃。

就在我非常彷徨，不知道该怎么办的时候，一个偶然的机会我听了朵妈一个关于英语习得的讲座。讲到了习得法，讲到了可理解输入、听力先行以及情绪过滤器，还讲了启蒙路上的各种大坑。我一听，这说的不就是我吗？一上来就看难度很大的原版动画片还不讲解，逼着孩子刷分级还要求孩子跟读，只看只读却不听……真是一步一个脚印，踩坑踩得结结实实的。从英语习得的角度来看，这三年多，我一直在做无用功！

这个讲座对我来说简直是醍醐灌顶，我第一次对英语启蒙有了清晰的认知，我打算按正确的方法从头来过。石头已经快 6 岁了，因为我的瞎折腾，耽误了宝贵的时间，现在必须迎头赶上。

为了挽回石头对英语的兴趣，我打算从有趣的绘本入手。虽然每天下班回到家，我都累得只想“葛优躺”，但是一想到石头的启蒙大计，我又打起精神，拿出绘本开始演。跟读分级读物换成讲绘本故事之后，石头对英语立即不那么排斥了，效果是立竿见影的。

我们每天吃完晚饭后都坐在沙发的同一个地方读英文绘本，几年下来沙发竟然被我们坐出一个坑来。我们不仅读，还演。一开始都是我边讲边演，后来小石头懂得多了，他就要求我读，他来演。我还收集了一些绘本拓展游戏来跟石头玩，石头特别喜欢，以前只能蹦单词的他开始说句子了。有音频的绘本我都找来音频给石头磨耳朵。除了单本的经典绘本之外，我们还读了很多系列书，像“牛津阅读树”、*I can read*、*Maisy*……到小石头 8 岁的时候，我们已经读了 500 多本英文书了。

就这样，石头的英语启蒙终于走上了正轨，效果跟着就出来了。有一天，石头打开了小时候看的那个 APP，找到动画片 *Ben and Holly* 看了起来。他告诉我以前看不懂的现在能看懂了。我惊喜不已，突然想到，石头能看懂动画片，肯定也能听懂外教的话了。我就给他报了一个外教精读课，他竟然完全听得懂。

这时，我的一个朋友带孩子从美国回来探亲，住在我家。朋友的孩子看 *Pete the Cat* 和 *Fly Guy*，石头也凑过去看，他不认识单词，我朋友的孩子就读给他听，他听得津津有味。我意识到该让石头学认单词了，就给他报班学了一年自然拼读。学完之后，石头的阅读能力突飞猛进，从 *Curious George*、

Arthur、*Henry and Mudge* 一路读下去，一直读到现在的获得纽伯瑞（Newberry）儿童文学奖的小说。基本上，朋友的孩子读什么书，我就给石头读什么书。有些书在国内还买不到，都是朋友给我们寄回来。石头就这么误打误撞地进入了章节书的世界。除了读之外，石头还听了很多书。3 年下来，石头听的读的章节书加起来有好几百本。

听得多读得多，石头跟外教的聊天渐渐有了变化，用的句子长了、复杂了，说得更流利了。外教课上了一年，石头已经可以很自如地跟外教交流了。四年级的时候，石头考过了剑桥考试第二级 PET。五年级的时候，通过了第三级 FCE，这个考试的难度相当于高考英语水平。

现在石头的英语我基本上已经不怎么管了。其实从他可以自主阅读之后，我要做的主要就是买书，找音频，报外教课这些杂活儿了。他的英语启蒙我真正费心的时间也就两三年。

跟很多牛娃比起来，石头效率不算高。我们学了 8 年才有今天这个成绩，很多孩子学四五年就能达到这个水平。我们前三年真是走了很多弯路。不过我很庆幸，听了朵妈的那堂讲座，找到了学英语的正确方法。方法对了，剩下的事都是水到渠成。

优优的故事

优优妈　江西上饶医生

优　优　3 岁开始启蒙，现在 7 岁，上小学一年级

我是个二胎宝妈，两个孩子都是女儿。大宝上高一，二宝优优今年 7 岁，上小学一年级。

大宝没有做过英语启蒙，三年级开始跟着学校学英语，成绩一直不太好。为了帮她提高英语成绩，我们在外面报了培训班，天天回家还要背单词读课文，弄得她烦躁不已。我更烦躁，大宝并不笨，语文成绩在班上数一数二，数学也不差，可就是这个英语，怎么学都学不好，成了我的一块心病。

优优 3 岁的时候，有一天，一个英语机构在我们小区里发传单，上面讲学英语要抓住语言敏感期。我看了看身边的优优，想了想她姐姐，心里咯噔一下，估计姐姐英语学不好就是错过了语言敏感期，我可不能再把老二也耽误了。可是优优太小，培训班不收。我上网研究一番之后，决定先给优优磨耳朵。*Super Simple Songs*、*Wee Sing* 听起来，*Peppa Pig*、*Micky Mouse* 看起来。公公婆婆白天带孩子，嫌英语儿歌和动画片烦，常常抱怨："这么小的孩子，中国话都说不明白，学什么英语！"好在老公支持我。他也觉得应该早点学，不要像老大那样。

这样英文儿歌和动画片看了一年之后，我给优优报了那个发传单的英语培训班，每周两次，每次一小时。培训班教的是自然拼读，优优是班里年纪最小的孩子，学起来比较费劲，但慢慢地也能拼出一些单词来。我一开始挺开心，觉得比姐姐强，这么小就能读英文书了。然而有一天她拿着姐姐的课本在那儿读，读完我问她什么意思，她理直气壮地来一句："不知道！"我惊呆了，突然反应过来，这样学英语根本没有用啊，她都不知道自己在读什么。打算换个培训班，考察了好多家，听其他家长的反馈效果都不怎么样。

我又上网研究，看了很多别人的经验分享，了解到习得法，也看到一些英语牛娃的案例，最后得出结论，要想孩子英语好，还得自己亲自上。可是很快我就否定了这个想法，因为我觉得太难了。我是个医生，上一天班回到家已经累得不行了，再教孩子英语想想都累得慌。哪怕只教半个小时，还得再花半个小时找资料做准备吧？这时间就花不起。何况我英语又不好，典型的哑巴英语，很多人说亲子启蒙要在生活中跟孩子多说，最好见到什么说什么，我根本做不到。于是优优的英语学习进入了一段真空期，我很茫然，不知道接下来该怎么办。

幸运的是几个月之后我接触到了朵妈的巴迪英语。朵妈的理念一下子吸引了我，孩子可以无痛地学会英语，几年下来听得懂说得出还能读会写，简直就是我理想中的英语学习方式。而且朵妈告诉我不需要在生活中说太多，只要照着课程内容说就可以。我大大松了口气，虽然我英语没多好，但照本宣科还是可以的。于是我和优优就这样走上了亲子英语启蒙之路。

因为巴迪英语的课程把学习内容都安排好了，还有重点讲解，我不用操心学什么，只要照着做就好，很省心。有新课的那天我会在午休的时候抽几分钟把内容扫一眼，晚上给优优讲解，学完之后把最近学过的内容挑一些来复习，绘本读一读，儿歌和动画视频看一看。没新课的时候我们除了复习旧内容，还照着朵妈和朵朵的亲子互动视频玩游戏。这样每天下来也就十几二十分钟，学完之后还可以陪孩子玩点别的游戏。

早上起床的时候，我会给优优放音频，都是她学过、听得懂的东西。她的幼儿园比较远，每天接送来回要一个小时，这就成了她磨耳朵的最佳时间。我自己的亲身感受是听至关重要。听得多了，她对英语足够熟悉，这个东西就好像融入她血液中一样，然后会在不经意间流淌出来。有一次她正在哄她的娃娃睡觉，我一踏进她房间，她就竖起一根手指说："Shhh. Be quiet."我觉得她根本没有意识到自己说的是英语。

跟着朵妈学了几个月，我就在优优身上感受到了那种来源于兴趣的内驱力。我每天一回家，还没来得及喘口气，她就迎上来："妈妈，新课程解锁了吗？今天学什么？"那劲头，跟追剧似的。跟她姐姐学英语的状态比起来，简直是天壤之别。

不知不觉中，我们已经跟着朵妈学了两年多，优优从一开始只能听懂个别单词，到现在已经可以裸听 *My Weird School* 这样的章节书。前不久我拿了一套 KET 的真题给她做，听力和阅读她都能达到优秀。方法对了，孩子进步真的非常快。

带着优优学英语，我自己的英语也变好了，这可真是意外之喜。以前我听不懂原版动画片，跟着她看多了，现在竟然也能听懂不少。前不久医院来了一个外国病人，我问诊的时候竟然脱口而出："Did you fall down?"把我自己都吓一跳。就像朵妈说的，听说是技能，主要靠练，听多了说多了自然就能掌握。我陪优优学英语这两年，听的说的英语超过我过去几十年的总和。

唯一遗憾的是遇到朵妈太晚。那时老大已经读初二，学业非常重，我想让她用习得法学英语都找不出时间来。如果早那么两三年，或许还有机会补救。这是我心底永远的遗憾。

燕子的故事

燕子妈　四川县城里的幼儿园老师

燕　子　4 岁开始启蒙，现在 6 岁多，幼儿园大班

我是幼儿园老师，燕子爸爸是贸易公司职员。我们都是大专毕业，住在一个十八线小县城里。按说像我们这样的家庭，跟英语启蒙扯不上一点关系。在我们这个地方，不要说亲子英语启蒙，小学前上个英语培训班就已经算很重视英语教育的家庭了（学校三年级才学英语）。

燕子 4 岁那年，有一天，在北京工作的表哥跟我说，有个亲子英语课特别好，我嫂子照着教我侄子学英语，学得不错，让我也教教燕子。我一口拒绝。在我看来，只有那些英语老师或者海归们才做得了这个事，我们这种英语不好的普通人哪行。可是我表哥非常坚持，甚至把课都给我买好激活了。我只好勉为其难地答应试一下。心想，过两天，表哥也就把这事儿给忘了。

于是，我们在一无所知的情况下跟着朵妈开始了英语启蒙。我记得第一课是一首儿歌，就是问你喜欢什么食物，一个“Do you like…?”的句子从头唱到尾，食物换来换去。句子简单，加上朵妈的讲解，让我觉得这事儿好像也没多难啊。我更没想到的是，燕子特别喜欢，儿歌视频一口气看了十遍，还拉着我做游戏。没过两天，她吃饭的时候突然冒出一句“Yummy.”来，她奶奶问：“你说什么？什么米?”我和她爸爸笑得不行。突然间我觉得这个亲子英语启蒙有点靠谱，起了坚持下去的念头。

就这样，我们跟着课程一点点学下来，燕子会唱的英文儿歌越来越多，很多绘本竟然能够模仿朵妈从头到尾讲下来，生活中也时不时地冒出几句英语来。有时候她唱得好的，讲得好的，我就录下来发给她舅舅，我表哥看。舅舅一通夸，燕子学得更起劲。朵妈说英语牛娃是夸出来的，真是这样。我觉得至少在燕子身上，夸奖非常管用。

我英语毕竟不太好，能做的很有限，只能照着课程解说文字给燕子讲一讲重点句子的意思，更多的时候都是她自己在看，自己在听。有时候她拉着我玩

亲子游戏，我常常记不住词儿，只好把手机摆在边上，看一下说一句，燕子也会提醒我该说什么。我英语不好，竟然丝毫没有影响燕子玩的兴趣。相反，她每次教了我还特别得意，觉得自己比妈妈厉害。不知不觉，一年多过去了。

这时到年底了，燕子爸爸被公司评为优秀员工，作为奖励，我们一家三口获得了去菲律宾旅游的机会。我们同去的一大群人英语都不好，只好寸步不离地跟着导游。有一天我们去做按摩的时候，导游在外面跟老板谈事，按摩师对着燕子爸爸的一个同事叽里呱啦说了半天，我们面面相觑，不知道他什么意思。这时燕子扯了扯那个同事的衣服说："叔叔，他叫你把衣服脱了，躺下。"我和她爸爸又惊又喜，激动不已，同事们都夸燕子："可以啊，你这么小个娃娃，比我们大人还厉害。"接下去几天，我们出去玩，大家总是让燕子当翻译。虽然她说得还不太行，但很多话都能听懂。

回家之后，燕子学英语的热情更高了。我们不仅学完了所有听说的课程，又学了高频词和自然拼读，开始按朵妈说的读分级读物，读桥梁书。为了听桥梁书音频，我给她买了一个MP3，她挂在脖子上走到哪儿听到哪儿，搞得小区人人都知道我们这里有个英语牛娃。其实燕子的英语水平跟朵妈群里那些英语牛娃比起来还差得很远，但是在我们这个小地方，她的英语真的比有些初中生都要好，在同龄人中更显得鹤立鸡群。

今年秋天燕子该上学了。她爸爸跟我商量，想在市里买房，让孩子到市里去读书。燕子的英语这么好，我们想给她提供一个更好的环境，让她受到更好的教育。燕子的一生，可能会因为英语启蒙而从此改变。

玥儿的故事

玥儿妈　浙江职场妈妈

玥　儿　8岁半开始启蒙，现在10岁，四年级小学生

玥儿英语启蒙比较晚，我因为工作忙，之前没有关注过这件事。他们学校从一年级开始有英语课。课程内容很简单，孩子能跟上，但是有些同学英语很好，最好的都能读初章书了。跟他们一比，玥儿的英语就差远了。这时候我才意识到英语应该早点启蒙。

那时候玥儿6岁半，如果按正确的方法学，其实不算太晚。可惜我不但没有英语启蒙的意识，对英语学习的方法也一无所知。我想当然地给玥儿报了一对一在线外教。当时想法很简单，外国的语言，外国人教肯定最好啊。于是玥儿开始了每周两次、每次半小时的外教课。说实话，她学的什么我没留意过，唯一的印象就是整节课只听见外教的声音，玥儿只会说 Yes 和 No。

外教课持续上了两年，到玥儿三年级的时候感觉英语完全没有长进，依然只会 Yes 和 No。而同学中厉害的已经可以读 *Geronimo Stilton* 这样的中章书了。眼看玥儿跟同学的差距越拉越大，我也越来越焦虑。

一个朋友知道我为玥儿的英语着急之后，把我拉进了朵妈的英语启蒙交流群。在这里我听完了朵妈所有的讲座，第一次知道习得法。也是在这个群里我认识了很多牛娃父母，亲眼看到了这些牛娃的进步，眼界大开：原来英语还能这样学！这时候玥儿已经8岁半，上三年级了，算是大娃，我不确定习得法是否还有效。但是我想试试总没有坏处，就这样，我带着玥儿开始了迟到的亲子英语启蒙。

整个过程出乎意料地顺利。我一开始担心玥儿会觉得学习内容幼稚，结果她完全没有。玥儿有个妹妹，我带着她们姐俩一块儿学，俩人都特别喜欢。我们每天“学习”，看新内容和我讲解的时间很短，也就十几分钟。但是他们自己看视频、听音频的时间很长。每天玥儿中午回家吃饭和晚上吃饭的时候都会看课程里的视频，玩耍时和睡觉前会听音频。上学期间每天看和听加起来至少2个小时。假期里时间就更长了，得有3~4个小时。

玥儿因为年龄大，在学校也学了两年英语，所以很快就可以自主阅读了。我们就按朵妈开的书单，一本本读过去：“牛津阅读树”、*Reading A-Z*、*Elephant and Piggie*、*Fly Guy*、*Nate the Great*、*Mercy Watson*、*Winnie the Witch*、*Ivy Beans*、*Junie B. Jones*……假期里上午读15分钟，晚上读15分钟。开学后就只在晚上读15分钟。只要读过的书都会反反复复听。所以玥儿总结自己学英语的经验就是读呀读呀读，听呀听呀听。最近我让玥儿做了一下

STAR 阅读能力测试，GE（Grade Equivalent 年级等量）值 3.1！而且这个难度的书她裸听都能听懂。说实话，学了才一年多，能达到这个水平我非常知足了。

有了大量的听力输入，玥儿的口语水平也大幅度提高。平时我会带着玥儿和妹妹玩朵妈课程里的游戏，另外玥儿还继续上着外教课。跟前两年只能说 Yes 和 No 不同，现在她跟外教交流已经完全没有问题，聊得很嗨。朵妈天天强调听是说的基础，听得多才能说得出，真是一点不假！

我在朵妈的交流群里很少发言，但是看到她指导其他家长，解答其他家长的问题我都非常关注。适合玥儿的，我就会照着去做。一路走下来，就像有个人在手把手地教我似的，没走一点弯路。所以我觉得我们很幸运，虽然开始晚了，又掉了坑，耽误了些时间，但碰到朵妈，用对方法，追赶还来得及。

当然，如果能重来一次，我肯定会选择在玥儿四五岁时就给她做启蒙。一来早启蒙时间宽裕，不需要每天投入那么多时间，学得更从容。二来学语言还是小孩子有优势。妹妹跟玥儿一起学，因为年龄小，学得不如姐姐快，但是妹妹的口音、语感明显更好。等她到玥儿这么大的时候，肯定比姐姐强多了。

三、牛娃的成功可以复制

看完这些孩子的故事，你是不是觉得：英语牛娃和他们的父母好像没有什么特殊之处嘛。

其实本来就是如此。

如果你能够像我一样，近距离观察几百个牛娃的成长经历，你会发现，这些牛娃都是普通人。不仅不是什么天才，甚至有的小朋友语言发展还比同龄人迟缓。有个小男孩儿直到两岁多才开始讲话，3 岁多刚把汉语讲明白。4 岁整开始学英语，5 岁半能够看懂 *Peppa Pig*，生活中能讲不少英语，甚至发高烧时都在说英语，6 岁多已经能够读英文初章书了。

事实上，语言习得根本不需要智商。不管聪明还是愚笨，只要给予适当的环境，所有的孩子都能学会一门语言，这是专家经过科学实验证明的。

这些孩子的父母也都是普通人。有的在北上广深一线城市，有的在二三线城市甚至一些我都没听说过的小县城。他们中有医生，有编辑，有公司职员，有仪表厂工人，也有全职宝妈……真是天南地北，各行各业。

其中英语好的人只占小部分，绝大部分人英语水平都很一般，不少人连大学英语四级都没过。给我印象最深的是几个英语几乎零基础的妈妈，带着孩子学，最后孩子学出来，她们自己在生活中也能说不少英语，真是实现了父母和孩子的共同成长。

这充分说明，孩子的天分、父母的英语水平高低，在培养英语牛娃这件事上都不是关键。如果你还把英语牛娃归因于孩子牛，父母牛，而不去尝试给孩子做科学的英语启蒙，那只会让自己的孩子错失语言学习的敏感期。

再看牛娃们的学习方式，这些孩子绝大部分都没有上过国际幼儿园，没有上过英语培训班。部分孩子有上在线外教课的经历，但都是在已经具备相当的听说基础之后。更重要的是，这些孩子都学得很开心。他们跟朵朵一样，是在一个个有趣的英文故事中成长起来的，不背单词不学语法也不刷分级，自然也没有"刻苦学习"的感觉。

而且他们每天花在英语上的时间并不多，一般也就一个小时左右，其中大部分还都是穿衣洗漱、车上路上这种碎片时间。因此，这些孩子的发展都比较均衡，没有出现英语一枝独秀的情况。比如朵朵，既喜欢看《哈利·波特》，也喜欢看《红楼梦》，还对中国历史和诗词有着浓厚的兴趣。小石头不仅英语好，数学、编程也很厉害，拿了很多奖。

之所以介绍牛娃们的学习方式，因为我始终认为，学好英语很重要，但更重要的是，用好的方式学好英语。我心目中的好方式，标准有两条：无痛、高效。

英语学习的方法有很多，有的人通过背单词背课文来学，有的通过看电影背台词来学，有的通过刷分级读物来学……正所谓条条大路通罗马，各种方法都有人学到不错的水平，但付出的代价却不一样。

比如有一种学法是看原版电影，要求每部片子看几十遍。如果孩子恰巧喜欢这部电影还罢了，如果不喜欢，那将是怎样一种折磨？还有让孩子背单词背新概念课文的，把本该轻松愉快的英语学习变成了一件苦差事。一个方法再有效，如果孩子学起来痛苦，我觉得都不是好方法。何况痛苦的方法往往效果也不会太好。因为如果孩子感到痛苦，不等效果出来，早已经“厌学”甚至“罢学”，从此对英语深恶痛绝，那真是赔了夫人又折兵。

有的方法倒不算痛苦，但效率奇低。比如我认识一个小学六年级考过托福的孩子，英语的确很好。但是这个好是怎么来的呢？他从两岁开始每天看一个多小时的英文动画片，三岁开始每天上在线外教课，寒暑假甚至每天三四节外教课，各种教材学了好几套，还要看英文书、学语法、做练习册……几乎所有课外时间都花在英语上，结果除了英语好之外，其他科目全都不行。这种效率低下，靠时间堆出来的成功非常不可取。英语不是孩子的一切，孩子不仅仅需要学好英语，还需要各科均衡，还需要玩耍与社交。

相比之下，我觉得我看到的这几百个英语牛娃的学习之路特别具有借鉴意义。因为都是普通父母普通娃，学习过程又无痛、高效，大部分家庭都能够复制。

有意思的是，当我把这些成功案例放在一起，跟很多启蒙失败的案例做对比的时候，我发现这些牛娃的启蒙之路竟然惊人地相似——有些事情牛娃父母都在做，而有些事情他们都没有做。套用托尔斯泰的那句名言：启蒙成功的家庭都一样，失败的家庭各有各的问题。

那这些英语牛娃的秘诀究竟是什么呢？我挑选最重要的四点在后面的章节中给大家说一说。

2

第二章　牛娃秘诀之一：起步早，抓住启蒙黄金期

但凡种过花花草草的人都知道，播种得看季节。季节对，种子发芽就顺利，错过季节种子就难发芽，或者即使发芽也长不大，长不好。同样道理，孩子的英语学习也有敏感期，合适的年龄开始学，学得轻松学得好。年龄不合适，时间花得多还未必有好效果。

根据我们对这几百个英语牛娃的调查研究发现，他们绝大多数开始英语启蒙的年龄都在 2 ~5 岁，其中尤以 3 岁左右启蒙的效果最佳。不管是口音的地道程度，还是使用英语的自如程度都非常好，而且孩子学得轻松，大人也不费劲儿。为什么会这样？下面我就从几个方面来解答一下。

一、为什么英语启蒙要趁早?

孩子各种能力的发展都有一个黄金时期，在这个时期内学习效率高，效果好，事半功倍。外语学习也是如此。

美国华盛顿大学学习与脑科学研究所的一项研究结果表明，语言学习的黄金期是从出生到7岁，也就是学龄前。7岁之后，语言学习能力开始下降，10岁之后急剧下滑，待到青春期时这种能力跟幼时相比就非常弱了。

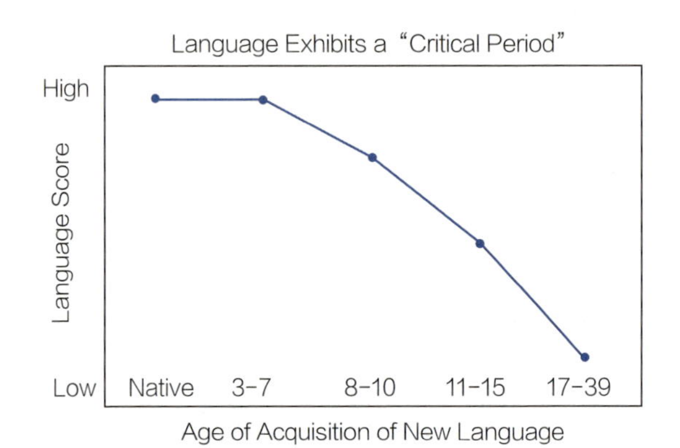

之所以小孩子学外语容易，是因为他们在生理、心理上具有诸多优势，具体来说就是听力好，敢开口，喜欢重复。

英语听说需要辨音能力。我们很多时候听不懂外国人说英语，不是因为不知道单词和语法，而是我们成年人辨音能力弱，听不出来人家说的是哪个词。所以同样一句话，写出来我们能懂，说出来就发懵。

小孩子恰恰具有超强的辨音能力，6个月内的婴儿可以分辨出世界上任何一门语言的发音。然而这种辨音能力随着年龄的增长而逐渐下降，到成年的时候我们就只能识别母语中有的音，母语中没有的音我们就“听不到”了。比如日语中没有/r/这个发音。所以日本人学英语时所有/r/都会听成/l/，也会发成/l/。

孩子的辨音能力之强，我有切身体会。有一次我和朵朵一起听一个英文故事，里面讲 put the cake on his shoulder，我百思不得其解，忍不住问朵朵：“为什么要把蛋糕放肩膀上呢?”朵朵说：“哪儿有什么蛋糕，是 put the cape on his shoulder，把斗篷披在他肩上。”自从朵朵学英语以来，这样的事就经常发生。虽然我词汇量一万多，在美国生活多年，辨音能力却远不及这个刚接触英语的孩子。

除了听以外，低龄孩子在说方面也有很大优势。我们这些成年人学了十多年英语也不会说，心理障碍其实是相当重要的一个原因。大人在学英语时，往往会在意自己的语法是否正确，口音是否标准，说错了会觉得没有面子。但是不开口练习说，怎么能学会一门语言呢？于是绝大多数人都在这种“怕说错→不敢说→缺乏练习更容易说错→更不敢说”的死循环中学成了哑巴英语。

相比之下，小孩子没有这种面子观念，只要觉得好玩就愿意开口说，不会去想对与错，反而有更多练习机会，说得更好。随着年龄的增加，孩子大了，脸皮薄了，就变得跟大人一样，怕丢人，不敢说了。

早启蒙的另一大好处是低龄段孩子特别喜欢重复。很多爸爸妈妈可能都碰到过这种情况，同一个绘本故事讲了一遍又一遍，同一个动画片看了无数遍也看不厌。朵朵两岁多的时候曾经痴迷一本绘本《妈妈买绿豆》，我和她爸爸前前后后给她读过不下两百遍，读得书页都掉光了。

在成年人看来，枯燥无味的重复是一件苦差事，可孩子对于他们感兴趣的事往往乐此不疲，而且年龄越小越是如此。他们在重复中不断学习，发现新收获，建立安全感。所以，儿童教育学家蒙台梭利将重复称为“儿童的智力体操”。

重复对语言学习尤为重要。孩子正是在一次次的重复中熟悉语言规律，掌握发音技巧。等孩子大了，对重复的忍耐力大大降低，那时候再学英语，这个优势就没有了。

英语牛娃们能够在短短三五年的时间内实现英语听、说、读、写自如，跟他们启蒙早，抓住了英语学习黄金期有很大关系。所以要想孩子英语好，早点起步很重要。

二、大童启蒙难在哪儿？

我接触的家长中有相当一部分是二胎宝妈，她们很多人是有了老二之后才开始跟着我们做科学的英语启蒙。她们问得特别多的一个问题是：“老二学得很好，老大也能这样学吗？”如果老大已经 9、10 岁，上小学高年级甚至初高中了，我不得不遗憾地告诉他们：很难。

除了老大的辨音能力不及他们的弟弟妹妹，脸皮薄不敢开口之外，困难还来源于另外两方面：一是素材，二是时间。

有效的英语学习需要大量语言输入，这种输入主要来源于原版动画片和书籍。既然是原版，这些动画片和书籍都是按照英语国家孩子的年龄和认知水平设计的。大童启蒙，认知能力强，英语基础弱，看简单的英文动画片和绘本嫌幼稚，看适龄的电影或书籍又看不懂，陷入“高不成低不就”的尴尬境地，没东西可学。

第二个关键因素是时间。英语学习不需要智力，但需要时间。即使方法正确，该花的时间也得花，没有捷径可走。一般每天花 30 分钟到一个小时的时间在英语上是必要的。这里面大部分是穿衣洗漱、路上车上的碎片时间，但也需要一些整块儿的时间来学习和阅读。学龄前孩子没有课业压力，每天花几十分钟学英语不是什么难事。小学低年级，作业少，还可以多听多看。到了小学高年级和初高中，孩子每天作业都写不完，哪儿还有时间学英语啊？

我也见过大童启蒙成功的，9 岁开始启蒙，三年之后能读英语原版 *Harry Potter*。但代价是每天三四个小时的英语学习时间。这种强度一般家庭根本无法复制，而且很可能是以牺牲其他科目为代价。我们为什么不让孩子早点开始学习，避免走到这一步呢？

三、要不要一生下来就启蒙？

很多家长不知道英语学习有黄金期，所以我见到每个家长说得最多的事就是：“早点启蒙，别错过黄金期。”但有时我也会碰到一些对孩子教育特别上心的家长问我：“朵妈，孩子 1 岁了，可以学英语吗？”甚至有孩子才刚三四个月，家长已经把英语学习提上了日程。对此我的看法是：性价比不高，家长最好量力而行。

2 岁之前启蒙，宝宝太小，为了保护孩子的视力和注意力，不能用电子产品，看不了视频。而小宝宝看书的注意力时长又特别短，一般只有两三分钟，因此可以用来做启蒙的资源非常少。要想启蒙有效果，英语输入主要靠家长在日常生活中跟孩子说。这就存在几个问题。

首先，家长的英语水平必须很高，想说什么就能说什么。其次，跟孩子相处的时间还得多，否则输入量不够。这就是为什么很多奶娃启蒙成功的，妈妈一般都是全职带娃，从早到晚跟孩子说英语。这样的孩子学英语基本跟学母语没有区别，我们叫“类母语”启蒙。最后，家长的口音还不能太差，因为除了家长说之外，很少有其他标准音输入，家长说得多，孩子的发音自然会接近家长的发音。

有的家长可能会问，我没有能力，也没有时间做这种“类母语”启蒙，那我下班后教孩子唱唱儿歌，读点英文绘本没有用吗？可能有一点用，不过因为孩子太小，认知能力弱，吸收很慢，对于整个英语启蒙而言用处真的不大。这些孩子虽然启蒙开始得早，但是几年之后跟同龄人相比看不出什么优势来。换句话来说，做与不做差别不大，反而战线拖太长，对家长的耐心和信心都是一种挑战。

我个人认为启蒙的最佳起点是 3 岁。这个结论不是拍脑门拍出来的，而是我在带几千个家庭做英语启蒙之后，观察不同年龄段孩子的启蒙效果得出的。最有说服力的是很多二胎家庭，老大三四岁，老二只有一两岁，同一个妈妈带着学，学同样的内容，老二的学习速度和效果明显赶不上老大。

这跟孩子的认知能力有关。3 岁以上的孩子理解力，模仿力更强，不管是吸收新语言，还是输出句子，对他们来说都更容易。而且孩子大一点，家长引导起来轻松很多，效率也更高。

根据我们观察到的案例来看，3 岁启蒙的孩子不管是英语能力还是口音，都可以达到近母语级别，一点不比生下来就启蒙的孩子差。

所以我的建议是，家长要量力而行。如果自己英语非常好，时间和精力充足，可以轻松给孩子做“类母语”启蒙，那早一点没问题。如果自己英语一般，每天又有工作要忙，那就没必要勉强自己，太早启蒙。3 岁开始完全来得及。孩子学得好，家长也不费劲。

2 岁之前，有时间多给孩子读读中文绘本，陪他玩玩游戏，对于他的发展更有好处。孩子的母语发展得好，认知能力强，后期学英语学得更快更好。正所谓磨刀不误砍柴工。

四、英语启蒙早会影响汉语的发展吗?

有的家长想早点给孩子做英语启蒙，但又担心会影响汉语的发展。特别是有老人的家庭，老人可能会说：“这么小的孩子，学什么英语！”爸爸妈妈还得顶着压力给孩子做启蒙。

那英语启蒙早会影响汉语的发展吗？答案很简单：不会！

美国巴巴拉·皮尔逊（Barbara Pearson）博士针对双语儿童做的研究显示：弱势语言（外语）的引入不会影响强势语言（母语）。换句话说，就是英语和母语一起学，并不会影响母语的正常发展。

这是因为从脑科学的角度来看，从小接触两种语言的孩子，他们的大脑就像有两块独立的区域一样，可以自主分辨这两种不同的语言，所以并不会造成所谓的“语言混淆”。

其实即使没有这些科学研究，我们也能确定地说同时学习两门语言不会造成混淆，因为世界上会双语甚至三语的人太多了！

比如瑞士被德、法、意三国包围，官方语言就有 4 种，德语、法语、意大利语和罗曼什语。许多瑞士人是双语人士，一生下来就在法语和德语或者德语和意大利语的双语环境中长大。我在瑞士的采尔马特旅行时，旅馆里的服务员不仅会德语、意大利语、法语，还会英语。他们才真正是“见什么人说什么话”，切换自如。又比如马来西亚的大部分华人都会说马来语、英语、普通话和粤语。我曾经问一个马来西亚的华人朋友，会这么多种语言会不会混乱，他说完全不会。

专家研究发现，相比于只接触母语的宝宝而言，双语宝宝的大脑尤其是前额叶更为活跃。而前额叶正是与智力密切相关的重要脑区，它影响着我们的记忆、判断、分析、思考和操作能力，所以会两种语言的孩子更聪明。《实验儿童心理学杂志》报道的研究也显示，双语儿童大脑的执行功能比单语儿童更强，它能在不同的任务之间轻松切换，所以双语环境下长大的孩子以后解决问题的能力更突出。

所以，爸爸妈妈们大可不必担心英语学习会对汉语造成影响。两种语言同时学习不仅不会混淆，对孩子的大脑发育来说还是一件好事儿。

五、早启蒙对孩子整个学习生涯的意义

绝大多数父母选择给孩子做英语启蒙时可能出发点都比较简单，就是希望抓住孩子的英语敏感期，让孩子轻松愉快地打个好基础，将来在学校学英语不吃力。但其实早一点给孩子做英语启蒙，对将来孩子的整个学习生涯都有积极影响。

首先，孩子英语好，有一门优势学科，更有利于他们建立学习自信。我们看到的英语启蒙早、学得好的孩子，上小学后无一例外英语成绩都在班上名列前茅。这些孩子哪怕语文、数学暂时不算好，他们也绝不会认为自己一无是处。相反，他们会觉得三门主科，有一科我遥遥领先，我是不笨的。只要好好学，其他科目我也能学好。

我们再来看看目前高考科目及分数分配情况。语、数、英三科是必考科目，每科 150 分，剩下的物理、化学、历史、地理等科目不管以何种方式考查，总分都不会超过 300 分。也就是说高考总分中，英语至少要占 20%。

在这所有的科目中，英语的考查难度是最低的，英语高考题目难度相当于美国小学四五年级的水平。这就意味着英语是一门容易考高分的科目。考 130 多分、140 多分非常现实，满分都不足为奇。相比之下，数学要考 130 分以上

相当难，需要一定的智商。语文能考高分的孩子更是凤毛麟角，需要大量的阅读积累和一些灵气。唯有英语，只要开始得早，方法得当，任何一个孩子都能在小学毕业前达到高考英语的水平。事实上，无数的英语牛娃已经证实了这一点。不挑娃，投入产出比高，这么容易得的分数，大家不抓住岂不是太可惜？

小学毕业前把英语学到高考水平还有个好处，就是之后不需要花太多时间学英语，可以集中火力攻其他学科。不要小看英语释放出来的这些时间。每天在英语上少花一个小时，初高中六年下来就是2190个小时。这意味着早学英语的孩子在中学阶段会比其他孩子多出2190个小时来，这些时间用在其他科目上，对孩子的帮助有多大可想而知。

所以英语启蒙早不仅仅是英语一科的事，还是对孩子学习生涯的一个整体规划和时间分配。规划得当，在合适的时间做合适的事，孩子学习更轻松，学业更出色。

3

第三章　牛娃秘诀之二：路线对，释放孩子的语言潜能

起步早并不代表一定能学得好。很多孩子 3 岁就开始上培训机构，比如朵朵的幼儿园同学，6 岁时已经学了三年英语了，还只能蹦单词。而朵朵只学了短短半年，就可以用句子跟外教沟通。这就涉及学习路线问题。

英语学习的方法五花八门，但是看其本质，无非就两条路：一条习得，一条学得。我所认识的这几百个英语牛娃，无一例外，都是走的习得之路，也就是大家常说的原版路线。这绝不是偶然。事实上，只有走这条路，孩子才可能在短短三五年的时间内实现从零基础到阅读《哈利・波特》的飞跃。

一、英语到底该怎么学？砌墙 vs. 种树

做英语教育这些年来，我几乎每天都能收到家长关于英语学习的各种问题。很多新手家长在决定给孩子做英语启蒙之后，往往会有各种疑问，比如：

- 儿歌怎么给孩子解释？
- “牛津阅读树”“海尼曼分级阅读”和 *Reading A-Z* 哪个好？
- 一本绘本要读多少遍才能换新的？
- 要不要让孩子跟读或背诵？
- ……

但有一个我觉得至关重要的问题，是每个新手父母都必须知道的，却很少有人问，那就是：英语到底应该怎么学？

大家不问这个问题有两种原因，一种是外包心理，觉得自己英语不好，必须找个专业的机构来教，至于怎么学，自有老师去操心。另一种是潜意识里觉得自己知道该怎么学。比如很多家长自己当年学英语是从 ABC 开始的，就觉得学英语当然要先学 ABC。有的家长看书上说要“磨出英语耳朵”，就觉得只要给孩子大量地听就能学好英语。有的家长听别人说孩子刷分级读物考过了 KET 和 PET，就觉得刷分级读物就能把英语学好，于是天天逼着孩子读分级读物。很遗憾，这些想法都是一知半解。

启蒙之前不搞清楚英语应该怎么学就动手，就好比要出门却没有地图，只凭着自己的一点经验或听别人说的只言片语就上路，而且往往这条路自己和别人都没走通过。选的路到底对不对？能不能到达目的地？这条路好不好走？哪里有障碍？哪里有坑？需要多长时间？统统不清楚。

运气好，路走对了，孩子能够轻轻松松、顺顺利利地到罗马。运气不好走错了，一路上荆棘丛生，爬坡过坎，孩子学起来辛苦不说，走弯路，掉坑里，耽误孩子宝贵的语言黄金期，最后可能永远到不了罗马。所以要做英语启蒙，第一件事就是搞明白正确的英语学习之路。

那英语应该怎么学？简而言之，要种树，不要砌墙！

所谓砌墙，就是我们传统的学习方式，学教材，背单词，学语法，做练习题，专业术语叫作“学得”（learning）。这种方式是把英语当成知识来学，就跟学数学一样，需要一定的智商和理解力，记性还得好。

为什么我把“学得”法比喻成“砌墙”呢？因为这是一个机械的过程，单词要一个个地教，语法要一条条地学，教材里没有教到的就不会。这不就像是用砖砌墙吗？根据营造图纸，一块砖一块砖地垒，不垒墙就不会增高，垒不稳砖还会往下掉。

与之相对的另一种学习方式叫作“习得”（acquisition），是通过大量可理解输入，孩子在反复接触和使用中，潜移默化地学会一门语言。因为用到大量原版音视频和书籍，又被很多家长形象地称为“原版路线”。

我把“习得”比成“种树”，因为在这种学习方法中孩子不是被动地等着别人告诉他有关英语的知识，而是自己从大量语言素材中归纳总结出单词的意思和语法结构，实现“无师自通”。对于习得法的孩子来说，看一集动画片就能学会几个新单词，读一本书就能学会几个新的句式，他们不背单词，不学语法，但随时随地在积累新的英语表达。这种感觉就像一棵小树苗扎根在肥沃的土壤里，自由自在地吸收着养分，越长越高，越长越粗壮，最后枝繁叶茂。

二、学得与习得的效果差别

学得与习得的学习原理不同，导致两者的效果差别巨大。

学得法能学成什么样，做个简单的数学计算就可以知道。采取这种学习方式，不管是学校还是培训班，不管线下还是线上，一年所学的词汇量不到300，因为学太多孩子学不会，记不住。不信你随便拿一本英语教材翻翻看，词汇量就那么点儿。这样从小学一年级学到高三，十二年也不过只学了3000多个单词而已。

这点词汇量够做什么呢？一般英语日常会话需要5000~7000词，要看懂报纸杂志需要8000~9000词。我们再来看看美国人的词汇量，5岁孩子的词汇量5000左右，普通成年人词汇量大约2万。难怪咱们的孩子学了十几年英语，即使大学毕业了也看不懂原版电影、电视剧，读不了原版书籍、杂志，因为词汇量不够。

这还仅仅只是从词汇量的方面考虑。如果说到实际的语言运用能力就更差。学得法学下来，不出意外，大多是“聋哑英语”—— 攒了一肚子关于英语的知识，可一碰到外国人，吭吭哧哧，抓耳挠腮，半天憋不出一句话。哪怕能说出来，也是结结巴巴，错误百出。

在这方面我最有发言权，因为我是典型的聋哑英语受害者。当年出国留学我单词没少背，词汇量在 18000 以上，参加 GRE 考试分数更是高居 97% percentile，也就是说全球跟我同时参加考试的人，包括英国、美国、加拿大、澳大利亚等母语为英语国家的考生，97% 的人分数都不如我。可是当我坐上去美国的飞机，空姐问我“Coke or orange juice?”的时候，我一脸懵。到了美国去超市买菜，结账时收银员问我：“Paper or plastic?”也就是用纸袋还是塑料袋装，重复 5 遍我都没听懂，最后收银员把东西往纸袋里一放，扔给了我。我当时那种尴尬，相信很多人都能体会，因为你们肯定也有跟外国人交流听不懂、说不出的苦闷经历。

而习得法学英语大不一样，习得法像种树。种树与砌墙的不同之处在于，墙是死的，树是活的。墙需要人去垒，树却可以自己生长。这一点从朵朵的学习经历就可以看到。学英语四年多，她的汇量从 0 涨到 6000，平均每年学会 1500 多个单词，或者说每天掌握 4 个新词。而且这些词都是她在读英文书和听英文故事的过程中自己学会的，完全没有人教过。

不仅词汇量增长迅速，语言运用能力也突飞猛进。短短两年时间，她就从说“I am hungry.”这种三四个词的简单句，到可以脱口而出“You are one of the funniest people I've ever seen in the history of the whole world.”这种复杂的句子，完全可以算是自学成才。

其实想想咱们孩子学汉语，不就是这样自然生长的吗？他们不背单词，不学语法，但是到三四岁他们都能说一口流利的汉语。孩子天生具有这种惊人的语言潜能，为什么学英语的时候我们不加以利用，而是把他们当成只能机械接受知识的教学对象，试图去“教”孩子每个单词、每条语法规则呢？一门语言有如此多的单词、如此复杂的语法现象，一个一个教过去，得花多少时间才能教得完？孩子又能掌握多少呢？更不用说孩子能否运用了。语言不是教出来的！

有的家长可能会说汉语有环境，英语没有语言环境。放到十年前，这个说法是成立的。像我小时候，家里除了课本，带英语词的书只有一本薄薄的《英语三百句》，想要走习得的路也没那个条件啊。但是现在英语视听资源和原版书籍多得让人眼花缭乱，唾手可得，创建家庭英语小环境完全不是什么难事。条件的变化让英语学习进入了一个新时代。

在这种环境里用习得法学英语的孩子就像开上了汽车，能更快更轻松地到达终点。如果家长无视环境的变化，依然让孩子用学得法学英语，那就像是让孩子骑自行车去跟开汽车的孩子比赛。哪怕我们能给孩子找到最好的老师，用最好的教材，也不过是一辆最好的自行车而已。孩子拼尽全力蹬，也比不过坐汽车的人。这就是学习路线的重大意义。

三、牛娃们的习得路线图

前面说了，牛娃们无一例外走的都是习得路线。原因很简单，靠学得，实现不了这么高的效率。那这习得之路，他们是怎样一步步走过来的呢？我仔细研究了这些孩子的学习历程，总结了一个以 3 岁为起点的英语习得路线图。

	听说启蒙			自主阅读	全面发展					
	3	4	5	6	7	8	9	10	11	12
听	儿歌童谣+TPR+绘本+动画			原版动画，桥梁书音频	章节书音频				原版书音频+新闻+电视节目+电影	
				能听懂 *Peppa Pig*	能听懂 初章书		能听懂 高章书		能听懂 新闻	
说		亲子游戏互动+生活对话		外教口语课	（无需专门学习，主要通过大量的听力和阅读输入以及外教精读写作课来提高）					
				能简单 日常交流			能够 讨论		能够 自如交流	
读				高频词+ 分级读物 自然拼读+ 分级读物	原版教材精读课					
					泛读					
					AR=1	AR=2	AR=3	AR=4	AR=5	AR=6
写				单词拼写	原版教材写作课					
						能写 3句话	50词的段落 （KET水平）	100词的短文 （PET水平）	200词的短文 （FCE水平）	400词的短文
语法								语法学习		

大家可以看到，这些孩子的学习经过了三个阶段，完全模拟了英美小朋友的语言发展路径：

- 听说启蒙阶段（3～5岁）
- 自主阅读阶段（6岁）
- 全面发展阶段（7～12岁）

下面我给大家详细介绍一下每个阶段的具体情况。

听说启蒙阶段（3～5岁）

用　　时：3年

阶段目标：培养孩子对英语的兴趣、习惯，培养核心听说能力

衡量标准：
- 掌握1000个核心听说词汇
- 能看懂国外原版动画片，听力入门
- 能跟外国人做简单的日常交流，习惯说英语

一颗种子要生长，首先要做的事是什么？破土？发芽？都不是，第一件事是扎根。有了根，种子才能源源不断地从土壤中吸收营养，才能破土而出，向上生长。

英语学习也是如此，我们首先要帮孩子扎下根，孩子才能从英语资源中吸收语言养分，实现英语学习像树一样自己生长。什么是英语学习的根呢？不是会唱多少儿歌，不是认识多少单词，不是刷了多少分级读物，而是三个东西：兴趣、习惯和核心听说能力。

兴趣和习惯对于孩子学英语的重要性，再怎么强调也不为过，可惜往往容易被家长忽略。前面说了，语言习得不靠教，而是靠孩子从语言环境中自主吸收而来。对英语有兴趣，习惯听说英语，孩子才愿意长期浸泡在英语环境中，学习才有机会发生。

一个孩子能不能学好英语，有时候看他的状态就能猜得一二。

对英语没兴趣的孩子一提起英语就愁眉不展。例如我的一个朋友听说磨耳朵很重要，就要求孩子每天听半小时音频。孩子听得懂，可是不喜欢，她老跟妈妈讨价还价："今天作业好多，能不能不听了啊？""今天我累了，能不能只听10分钟？"即使听，她也是没精打采，心不在焉，左耳朵进右耳朵出。这个状态怎么可能有很好的吸收呢？不要说每天半小时，就是每天听八小时效果也未必好。

相比之下，英语牛娃们每天用MP3听英文故事，看英文书，沉迷其中不可自拔，想让他们不听不看都难。我们有个小学员因为有天晚上妈妈手机坏了，一时看不了我们的课程哇哇大哭，比玩不了游戏还伤心。有这种劲头，怎么可能学不好英语呢？

如果说兴趣的重要性还有部分家长能意识到，习惯则几乎从未被人重视过。可是孩子英语学不好，很多问题的症结往往都出在习惯上，比如：

- 不愿开口说英语，一说英语就紧张；
- 只蹦单词，不说整句；
- 听英文故事爱走神，无法集中注意力；
- 不爱看英文书，一看英文书就犯困；

这些都是因为从未养成过听说英语和读英语的习惯。

习惯听说英语的孩子一眼就可以看出来，因为他们的状态非常放松，你跟他说英语，他可能在看电视，在玩玩具，一副心不在焉的样子，但是你说什么他都知道，而且头也不回地回答你，完全没有那种努力思考的痕迹。这种孩子可能启蒙刚半年，能力不见得有多强，会的句子也不多，但听说英语对他们而言就跟呼吸、吃饭一样稀松平常，有这个状态，这些孩子成为英语牛娃的可能性就非常大。

读英文书也是需要习惯的，这点大家可能没想到吧？我的TOFEL、GRE考分都不错，又在美国生活了这么多年，按说英语阅读水平不会差。可是我读英文书读得慢，还累，必须打起十二分的精神来，稍不注意就不知所云，完全不像读中文书那么轻松。其实那些单词我都知道，语法都懂，说到底还是不习惯，因为我的英语是学得的，没有经过海量的阅读训练。可以说我从初一开始学英语直到大学毕业所读过的英文书，全部加起来还不如朵朵半年读得多。所以如果一本书有中英文两种版本可选，我肯定会选中文版，因为看起来轻松啊。

朵朵就不一样。她读了大量的原版书籍，已经养成了读英文书的习惯。有些英文书有中文版，她看了之后反而觉得英文版读起来更容易懂。现在我跟她共读一本英文书，常常是我刚读完一半，她就嚷嚷着要翻页了。她的英语水平显然远不及我，但她比我更习惯英文阅读。

习惯的强大之处在于，一旦习惯做一件事，人就觉得轻松。因为轻松，就更愿意去做。所以如果说兴趣是孩子英语学习的发动机的话，习惯就是帮助孩子前进的那股惯性。有动力，有惯性，孩子的英语学习就能够长期自动前进。

最后说说启蒙阶段需要培养的核心听说能力。孩子想要自己从英语环境中吸收新单词，理解新的语法现象，做到“无师自通”，需要一定的能力基础。

英国语言学家查尔斯·凯伊·奥古丁（Charles Kay Ogden）在他的著作《基础英语》（*Basic English*）中曾指出：只要灵活组合 850 个基础词就基本上可以表达所有想说的事。美国 3 岁孩子的词汇量不到 1000，但他们已经能够非常自如地跟人交流，而且他们的语言大爆发也发生在这个时候。朵朵学了一年英语，能跟外国人简单交流时，我测了一下她的听说词汇量也是在 1000 左右。这不是巧合。

这 1000 个高频使用的基础词就是英语的核心词汇，运用这 1000 个词的能力就是核心听说能力。听说启蒙阶段的终极目标就是如何用最快的速度帮孩子建立起这个能力。

大家看到这儿可能会很惊讶，心想自己词汇量有 5000 甚至更多都无法跟外国人对话，为什么美国 3 岁的孩子会 1000 个词就能交流？因为我们只是“知道”这 5000 个词而已，并没有掌握它们。换句话说，我们有的是关于这 5000 个词的知识。美国 3 岁孩子虽然只会 1000 个词，却是听到秒懂，张口就来，运用自如，他们有的是使用 1000 个词的能力。

拿工具来打个比方，我们攒了 5000 个工具，但绝大部分只是叫得出名字，会使用的没几个。美国3岁孩子只有1000个工具，但个个都用得得心应手。你说干活的时候谁能干得更好？

核心听说能力是怎么来的呢？反复接触和使用。这就好比学钉钉子，如果自己不动手练习，只是听老师讲“钉子保持竖直，锤子举到半米高，快速砸下……”，那么真到钉钉子的时候，一锤子砸下去，不是钉子砸歪了，就是砸到自己手了。必须得练好多次，才能真正学会。练得越多，钉得越熟练，到最后闭着眼睛也能钉。

语言学习也是如此。它是一项技能，需要大量重复，直到完全内化为止。听力要听到一句话能立刻反应过来是什么意思，不能想半天。因为看原版动画片，听章节书，跟外教交流，是没有时间想的。你可以没有那么多词汇量，但是在知道的范围内，必须是条件反射，这才是能力。口语也是，你可以只会说20句，但这20句必须是张口就来，不假思索。在这个基础上不断增加，从20到40，到60，到100……能力才能建立起来。如果学了100句，到说话的时候99句都需要想半天，那就不叫能力。

核心听说能力中又以听力为重中之重。我觉得启蒙阶段最重要的目标是让孩子实现“听力入门”，也就是裸听 *Peppa Pig* 这样难度的原版动画片能听懂90%以上。只要有这个水平，接下来孩子的英语听说基本就可以自学成才了。

英语牛娃的父母们，不管是有心还是无意，都在启蒙初期成功地培养了孩子对英语的兴趣、习惯和核心听说能力，实现了听力入门，这才有后面的自学成才和火箭般的学习速度。反观很多家长，只关注读了多少绘本，刷了多少分级读物，背会多少个单词，却没在兴趣、习惯和能力这种底层东西上下功夫，孩子的英语自然迟迟进入不了快车道。

在孩子的英语学习过程中，听说启蒙阶段是父母最能使上劲儿的阶段，因为后面的精读、写作和语法都比较专业，最好是跟着老师学。唯有英语听说，父母不仅能够做，而且比老师做得还好，因为天天跟孩子生活在一起，有足够的机会去引导孩子的学习兴趣和习惯。所以说，听说启蒙阶段，家庭是英语学习的主战场。

自主阅读阶段（6岁）

用　　时：1年

阶段目标：上承听说，下启阅读，进一步提升听说能力，培养孩子的自主阅读能力和习惯

衡量标准：
- 听力词汇达到3000个
- 阅读词汇达到1000个，220个高频词认读熟练
- 能够自主阅读桥梁书，AR值达到1（即阅读能力达到美国小学一年级孩子水平）

孩子具有核心听说能力之后，只要有源源不断的输入，英语之树就能持续生长。他们能看懂的动画片，能听懂的英文故事越来越难，会的单词越来越多，说的句子越来越长，越来越复杂。不出意外，两三年之后，孩子的英语就能达到日常交流的水平。也就是说把孩子放到一个纯英语环境，例如去国外参加个夏令营，交流沟通都不会有太大问题。

可是，孩子的英语学习一直这样下去就行了吗？当然不是。听说只是语言的一方面。如果不识字，不阅读，孩子的这棵英语之树就长不大，长不高，成不了松柏那样的参天大树。同样是美国人，大学毕业生的词汇量在2万以上，但是文盲的词汇量只有5000多个听说词汇，跟一个5岁的孩子差不多，差出来的这1万5千词就在于阅读。

所以牛娃的父母们无一例外地，在孩子的听说启蒙成功之后立即开始了对他们的英文扫盲工作，让他们学习220个高频词和自然拼读规则。从我接触的案例来看，高频词和自然拼读的学习能让孩子更快更顺利地进入自主阅读，阅读词汇量的增长速度更快，对今后的单词拼写也有帮助。

进入扫盲阶段，家长需要特别注意保护孩子的学习兴趣，因为这个阶段会比较枯燥。不管是学高频词、自然拼读，还是读分级读物，都属于学得，也就是有意识的学习，因此不可能像听说启蒙阶段看动画片、听故事那样自然有趣。

有的孩子天生对文字敏感，很快就能进入阅读状态，甚至可能都不需要正式的学习。但是有的听觉型、动觉型的孩子学起来有些困难，会比较抗拒，难以跨过这道坎。这时候特别需要家长耐心引导，尽量通过游戏增加学习的趣味性，甚至提供一些物质和精神上的小奖励，帮助孩子顺利踏上自主阅读之路。

扫盲阶段不要拖得太久，尽量速战速决，快速进入到自主阅读阶段。一旦开始章节书的阅读，孩子就进入了一个更广阔的、丰富而有趣的英语世界，更有利于提高孩子的学习兴趣和效率。

与此同时，在这个阶段听说一定不能停，需要继续给孩子提供大量听力输入，比如原版动画片、英文故事音频等，让孩子积累更多听说词汇，进一步提高听说能力。理想情况是，本阶段末听力词汇达到3000个以上。

全面发展阶段（7～12岁）

用　　时：6年

阶段目标：实现听、说、读、写全方面发展

衡量标准：
- 阅读词汇达到6000个以上
- 阅读能力与美国同龄孩子同步
- 通过KET、PET和FCE考试

进入全面发展阶段后，孩子掌握3000多个听力词汇、1000多个阅读词汇，能够用英语进行日常交流。孩子的听、说、读、写都有了坚实的基础，英语学习开始进入快车道。因为能力越强，学得越快。就像滚雪球一样，雪球越大滚得越快。朵朵进入这一阶段后，每年阅读词汇量增长在1500个以上，口语表达也变得更加丰富流利，呈现一种爆发之势。其他牛娃也都有这样一个英语突飞猛进的过程。

进入这个阶段，孩子需要习得、学得两条腿走路。一方面习得不能停，我们要继续用好孩子的语言天赋，源源不断地给他们提供各种资源：英文书籍、动画片、电影、电视节目、有声书……让孩子浸泡在英语环境中，泛读泛听，扩大语言库，实现“量”的增长。

另一方面，这个阶段学得的比重要加大。读写与听说不一样，不是孩子与生俱来的能力，需要后天学习。即使对于母语是英语的孩子来说，读写也需要在学校有意识地学习。我们中国孩子学英语更是如此，通过精读、写作和语法的学习，实现英语水平“质”的提高。

精读和写作怎么学？最好跟着专业人士学。我曾经尝试自己教朵朵 *Wonders* 教材，结果是费时费力，效果还不好。首先我需要花大量的时间去备课，一节 40 分钟的课，备课时间起码要一小时。而学教材不像启蒙时那样好玩，没有儿歌，没有动画片，也没有吸引人的故事，有的是严肃的文本，枯燥的讲解和练习。加上面对的是自己妈妈，不是老师，朵朵学几分钟就要赖，不愿意好好学下去，惹得我一肚子的气。几次下来，我们俩的亲子关系都大受影响。我赶紧给她请了个英国老师在线教，结果我也轻松，她学得也挺好。所以专业的事还是交给专业的人来做。如果跟着外教学，不仅读写能得到系统的训练，口语也练到了，一举两得。

除了精读和写作外，这一阶段还有一个任务是学语法。对于这一点，很多家长可能不理解，觉得孩子不是走的原版路线吗？不是习得吗？为什么还要学语法呢？这岂不是又回到学得的老路上去了吗？并非如此。

语法，是从人们说的语言中归纳总结出来的一套规则，它的作用是帮助我们规范语言，就像给一棵树修枝剪叶，让它外形更漂亮。母语为英语的孩子都要学语法，以帮助他们说更正确的英语（proper English），咱们中国孩子如果想把英语学好，达到一个较高水平，当然也需要学语法。

做好这三件事：继续泛读泛听习得、学习精读和写作、学好语法，孩子的英语学习就可以顺利地拾阶而上，实现听、说、读、写全面发展，能力与考试两手都硬。基本上，小学毕业时，孩子能够顺利通过 FCE 考试，掌握 6000 词汇量，相当于大学一二年级水平。从学业角度说，如果孩子没有出国的打算，英语学习已接近于完成。如果孩子要出国留学，只需要拓宽眼界，多阅读一些自然科学、社会科学类学术书籍和报纸杂志，多看一些新闻时事节目，中学后考雅思或托福基本就没有问题。

由于每个孩子开始启蒙的年龄不一样，各个阶段所用的时间长短也有些差别。如果启蒙的时候年龄比较大，各个阶段就需要适当压缩，才能追上3岁起步的孩子。比如朵朵启蒙比较晚，6岁才开始，所以听说阶段只用了一年就开始自主阅读。进入全面发展阶段之后进展也比较快，三年时间AR值就达到了5.1，相当于美国小学五年级孩子的水平。这时候朵朵正好10岁，实现了这个路线图的规划，追上了3岁就开始启蒙的那些孩子。这是大孩子的优势，认知能力强，学起来比较快。但是他们的发音不如3岁启蒙的孩子纯正，而且因为汉语强势，激发他们对英语的兴趣难度比较大。所以启蒙能够早就不要晚，能3岁启蒙就不要等到6岁。

这三个阶段，孩子的英语水平的进步和家长的参与度并不同步。第一个阶段家长投入最多，但是孩子的英语水平提高最缓慢。因为这是在帮孩子扎下英语的根。第三个阶段家长投入最少，到了后期已经基本上不太管，但是孩子的英语水平提高最快，是典型的“先苦后甜”。这就像摇轱辘，要把一个静止的轱辘摇转起来，一开始需要费点力气。一旦转起来之后，反而不费劲。了解这个规律，家长对于前期的辛苦和孩子进步的缓慢就有个预期，不会觉得“怎么学得这么慢”。

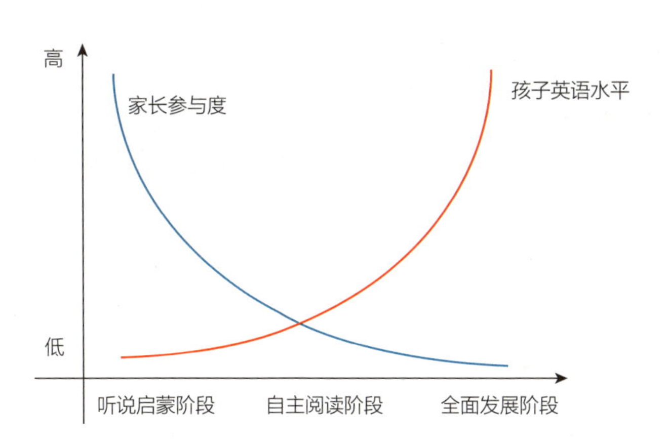

4

第四章　牛娃秘诀之三：效率高，力气使在刀刃上

习得法并不是一个新东西。从美国语言学家斯蒂芬·克拉申（Stephen D. Krashen）教授提出“二语习得”的概念以来，世界各国用这个方法学外语已经有三四十年了。在中国，最早一批走习得路线的英语牛娃大概是从 2010 年开始启蒙的，现在他们已经读高中了。

这十多年来，随着英语牛娃的不断涌现和很多教育人士的大力推广，越来越多的家长知道习得法，越来越多的孩子开始走习得路线。别的不说，仅从英文绘本销量的猛增和英语视听资源的大流行就可以看出来。现在一个家长不囤几个 G 的英语资源都不好意思说自己在给孩子做英语启蒙。

可是启蒙成功的多吗？不多。

我有一个朋友，自己深受学得法之苦，希望孩子能习得英语，真正把英语作为一个交流工具来用。她关注了很多关于英语启蒙的公众号，听说习得需要英语环境，从孩子 1 岁起，就给孩子看英文动画片，听英文儿歌，读英文分级读物，每天花的时间至少一小时以上。4 年之后孩子 5 岁上外教课，一测试只会两三百个单词，连一些最简单的问题都回答不了，更别提跟外教交流了。整整 4 年的浸泡，感觉英语没比其他孩子强多少。不仅如此，孩子的汉语越来越强势，渐渐开始抗拒英语。她很郁闷地问我："别人唱儿歌我也唱儿歌，别人看动画片我也看动画片，别人读分级读物我也读分级读物。别人做的事我都做了，为什么孩子的英语还是不好呢？"

我这个朋友算是牢牢地抓住了孩子英语启蒙的黄金期，选的路线也对，可是因为方法有误，起了个大早，赶了个晚集。像她这样的家长不在少数。他们都很想知道："我们跟牛娃，究竟差在哪里？"

答案是：差在效率。

牛娃之所以能用短短几年时间把英语学通关，是因为他们的父母抓住了习得法的关键，他们的学习效率特别高。而其他孩子虽然表面上看起来在做同样的事情，但是关键点没抓住，导致有行动，无效果，绝大部分时间都是在做无用功。这种效率的差别一天两天看不出来，几个月过后就会有明显差异，几年之后的差别简直是天上地下——自己家孩子还在读初级的分级读物，牛娃已经在读《哈利·波特》，跟外教畅聊了。所以英语学习不能只关心"我做了什么"，而要关心"我做对了吗"。

那牛娃父母做对了什么，才能使孩子的学习效率这么高呢？

一、先听说，后读写，按顺序，分开学

语言学习要按照"听—说—读—写"的步骤来进行，我想这句话你已经听过无数遍了。很多关于英语启蒙的畅销书都提到过类似的话"先听说，后读写""听力先行"。可是真正听进去的人没几个，大部分家长都是左耳朵进右耳朵出。为什么？因为我们自己用学得法学英语的时候是听说读写一起上的，所

以习惯性地认为学一个东西就应该听得懂，说得出，能读能写，才算是掌握了。

可是用习得法学英语，尤其是低龄孩子学英语，一定要把听说和读写分开来，各个击破。

什么意思呢？我们所谓的学英语，其实要学四个方面：听、说、读、写。

听：听到声音（音）→ 明白意思（义）；

说：知道意思（义）→ 发出声音（音）；

读：看到文字（形）→知道声音（音）→ 明白意思（义）；

写：知道意思（义）→知道声音（音）→ 写下文字（形）。

这四个方面是相对独立的技能，每项都需要花大量时间练习才能熟练掌握。所以如果一个单词我们只要求孩子能听懂，只需要花一倍的时间。如果我们要求孩子既听得懂又说得出，就要花两倍的时间。如果我们要求孩子听说读写都会，那就要花四倍的时间。

更糟糕的是，低龄孩子学英语，听最容易，说次之，读写最为困难。因为他们听力好，喜欢重复，敢于开口，学习听说有巨大的优势。而文字敏感期要5岁左右才开始，在此之前，学会读写需要的时间远比听说花的时间多。所以听、说、读、写一起学，用的时间比只听懂多得多，远不止四倍。

做个简单的数学计算就可以看出，如果启蒙阶段只学听说，不管读写，孩子可能两年就能建立起英语的核心能力，从此以后就不需要大人帮助，自己就能从视听资源中积累新单词、新表达，走上“自学成才”之路。但是如果听说读写一起学，往往4年都建立不起核心能力，可能需要5年、6年甚至更长的时间。如果3岁开始启蒙，这时候已经八九岁了。孩子的听说优势、认知水平跟材料匹配的优势、时间充裕的优势统统没有了，想要继续走习得之路，难上加难。

牛娃效率高，就在于他们把听说和读写分开学，各个击破，不让弱势项目拖累优势项目。

不仅如此，他们几乎都是从听入手，而不是从读入手。为什么？因为听说能力转化成阅读能力非常容易，只需要用短短几个月学习高频词和自然拼读，孩子储备的听说词汇就能迅速转化成为阅读词汇，实现阅读能力的大跳跃。

很多牛娃妈妈跟我分享过这种“阅读跳跃”的现象，就是听说基础好的孩子在学完高频词和自然拼读之后，很快就能读懂初章书甚至中章书了。孩子的阅读能力提升之快，常常让父母惊诧不已。而且听力词汇量越大，这种提升速度越快。我见过速度最快的一个孩子，6 岁这一年时间从一字不识到直接读 *Geronimo Stilton*，一套 AR 值超过 4 的中章书，也就是美国小学四年级孩子读的书，相当于咱们国内高中生水平。听说能力到阅读能力的转化就是这么快。

但是反过来并不成立。阅读能力再强，没有任何办法能在短期内转化成听说能力。拿我自己来说吧，我去美国留学的时候阅读词汇量 1 万 8 千个以上，但是听力很差，很多时候都听不懂别人在说什么。这种情况直到我留学两三年之后才有所改善，也就是说我用了两三年时间才把听力补起来。这还是我在美国，完全浸泡在英语环境的条件下。如果缺乏语言环境，花的时间还要更长。

英语牛娃的学习无一例外遵循了听说读写分开学，先听，再说，后读写这一规律。3 ~5 岁听说优势大的时候将全部力气使在听说上，以最快的速度实现听力入门，让孩子进入“自学”状态，通过大量看动画片和听英文故事来不断提升听说词汇量。然后当孩子 5 ~6 岁进入文字敏感期时，快速解决识字问题，迅速把几千听力词汇转化为阅读词汇，进入章节书的自主阅读。这样做下来一般只需要 3 年时间，到 6 岁的时候，听、说、读都可以有一个相当好的基础。

小知识

听力入门：可以在没有看过动画片或者绘本的画面，没有读过书的情况下直接听懂音频，通过听的方式来滚雪球式地学习新单词，这就是听力入门。

与之相比，那些从阅读入手的孩子，不管是学自然拼读还是刷分级读物，如果不重视听说的训练，同样是3岁起步，哪怕到6岁时读到了初章书（事实上，绝大部分人还达不到初章水平），听说能力依然需要花几年的时间来补。过了语言敏感期，还未必补得起来。

先听说，后读写，各个击破，按顺序来，充分利用优势能力，这就是牛娃们效率高的秘诀。至于“听、说、读、写”全面发展，这是后期的目标。前期一定要让孩子轻装上阵，小步快跑。

二、掌握3H原则，吸收更高效

习得法的原理是给孩子提供一个语言环境，让他们自己主动从中吸收各种词汇和语言表达。这个过程其实跟孩子吃饭很相似。我们给孩子听的、看的这些视听资源，就像是他们吃下去的食物。这个食物里的营养能不能变成他们的血液、骨骼、肌肉，成为他们身体的一部分，要看他们有没有消化吸收。有的孩子吃得不少，但总是面黄肌瘦，不长个，不长肉，就是因为吸收不好。同样道理，有的孩子听的、看的不少，英语能力却没什么提高，也是因为吸收不好。我们前面讲到的那个朋友的孩子就是这样的情况。

怎样才能吸收好？我基于二语习得之父克拉申教授的理论，以及朵朵和众多英语牛娃的实践经验，总结出了一个3H原则：

- High quality 高质量的输入；
- High frequency 短时高频的输入方式；
- Happy mood 快乐的心情。

做到这三点，孩子的吸收好，英语学习效率一定高。反过来，如果启蒙效果不好，效率不高，从这三个方面去找原因，往往最容易发现问题。从我这几年指导家长的经验来看，英语启蒙80%的问题都出在这三个方面。很多父母听了我的讲座，了解到这些原则后，自己就找出了启蒙中的问题所在，稍一调整，学习效果立即就不一样了。

\ 原则一 /

High quality：没有可理解输入，你做的都是无用功

High quality 的意思是指输入的质量要高。学语言的时候，孩子的大脑就是一个加工厂，我们提供的输入质量直接影响孩子的吸收和产出。“Garbage in, garbage out.”输入质量不高，学习效率自然不可能高。

那什么样的输入质量高呢？可理解输入（comprehensible input）。简单来说，如果我们想教孩子一句话，比如：“What are you doing?”孩子必须得理解这句话的意思才有可能学会。如果不理解，这句话对于孩子来说就是噪声，跟“Naxwh kehf iseh skjehf?”没什么两样，在他的大脑里不会留下任何痕迹。可理解输入是外语习得的第一大原则。违背这条原则，习得无法发生。

我们家长需要从两个方面确保给孩子提供的输入是可理解输入，一是选择难度为 i+1 的输入材料；二是在听说启蒙阶段要给孩子解释。

1. 输入材料的 i+1 原则

最好的可理解输入材料遵循 i+1 原则，其中 i 代表孩子现有的英语水平，+1 就是在原来的基础上加一点点新知识，这样对孩子来说最容易理解。

如果一段话里只有一个词不知道，孩子很容易通过上下文猜出来，这个难度就是“+1”。比如：

> Tom walked around the restaurant. He was carrying a【 】with some vegetable salad on it.

我们很容易猜出来【】是一个类似盘子的餐具。

反之，如果一段话里大量单词不知道，那就远远超过了“+1”，变成+10，甚至+100 了。比如：

She looked【 】. She was【 】 a lunch【 】, which was【 】【 】.

大家可以看到，提供这样难度的材料给孩子学习，孩子完全不知所云，怎么可能有效习得？

给大家打个比方，我们当过父母的人都知道，要想孩子吸收好，给他吃的食物一定得是他能够消化的。孩子刚生下来的时候只能吃奶，4 个月左右可以加辅食，吃点苹果泥、米粉糊，8 个月左右可以吃蔬菜瘦肉粥了，蔬菜和肉还得剁得碎碎的…… 如果我们给 4 个月的孩子吃米饭会怎么样？孩子肯定消化不了，吸收不到营养不说，搞不好还有副作用 —— 拉肚子。

英语习得也是如此，我们提供给孩子的英语“食物”，也必须得适合他们的英语水平，这就是 i + 1 的意义。难度过高的素材，孩子不仅理解消化不了，还会有其他副作用，比如不感兴趣，甚至厌恶抗拒。毕竟，谁愿意看天书啊？

现在我们拿这个 i + 1 原则来审视一下启蒙中的方法和问题，大家可能就豁然开朗了。比如为什么启蒙一开始最好用 TPR 游戏和短小的儿歌童谣呢？因为这时候孩子英语零基础，i 是 0，加的 1 只能是一点点。两三个词的 TPR 指令，十几个单词的儿歌童谣难度刚好合适，属于完美的高质量输入（High quality input）。这时候如果看 *Peppa Pig*，一集 50 多句台词、400 多个单词，孩子可能 99% 都听不懂，那就是 i + 10000。再好的材料，用的时机不对，就是低质量输入。这就像是给刚生下来的孩子吃牛排，孩子根本吸收不了，牛排营养再好也没用。

从学英语的角度来说，因为不理解，这些看动画片的时间基本都是浪费掉了，效率怎么可能高呢？

食物易消化，孩子才能长得好。输入可理解，孩子的英语才能学得好。

家长自查

看看自己给孩子提供的英语输入，难度合适吗？ 如果难度不合适，首先要做的是找到难度 i +1 的英语视听素材。

2. 听说启蒙阶段，一定要解释

很多家长在给孩子做听说启蒙的时候只是给孩子唱儿歌，看动画片，读绘本，并不解释。问他们为什么这样做，回答是："很多大V都说了不需要解释。你看美国孩子没人给他们解释，不也能自己悟出来吗？只要输入量足够大，孩子自己就能理解。"

没错，美国孩子的确没人给他们解释，但是有个重要的前提是他们处于真实的英语环境中。这个英语环境是从早到晚每天十多个小时的输入，并且有大量真实生活场景，有真人互动反馈。只有在这种环境中，孩子才可能靠猜，靠悟，在短短两三年的时间里实现听说自如。

对比我们给孩子创造的英语环境，每天有一两个小时的输入就不错了，时间仅仅是美国孩子的十分之一。不仅如此，输入的形式还是儿歌、动画片、绘本，都不是真实的生活场景。凭什么指望在这样的语言环境下，孩子能够达到美国孩子一样的学习效率，靠自己猜，自己悟，两三年就建立起核心的听说能力呢？

事实是：不能！

我们给孩子创造的这个模拟英语环境，跟英美孩子所处的真实英语环境从输入的质和量上都有巨大的差距。既然如此，就不能完全照搬他们的学法，需要有调整。这个调整就是在启蒙初期，父母一定要给孩子解释，减少他们"猜"的时间，尽快实现听力入门。

对于一个零基础的孩子来说，i＝0，哪怕学习内容难度合适，做到了i＋1，比如学一首只有十几个单词的儿歌，如果我们不加解释，孩子也需要花很多时间才能"猜"出歌词的意思。与其等着孩子这么慢慢地猜，不如几句话给他们解释清楚，大大缩短学习时间。这样学个一两年，孩子听力入门，能高效地"猜"之后，再放手让他们去猜。事实上，那时候你想解释孩子都嫌烦，因为他自己能听懂很多了。

牛娃父母们深知可理解输入的重要性。他们精心选择符合i＋1原则的输入材料，给孩子搭起一串小台阶，让他们可以不费劲儿地拾级而上。而且在启蒙之初，他们还通过解释来帮助孩子快速理解。相当于扶着孩子，让他们在这些台阶上快走，直到孩子能力具备，可以甩开家长的手，自己跑起来。这就是英语牛娃效率高的秘诀。

\ 原则二 /

High frequency：重复，重复，重复！重要的事情说三遍

第二个原则 High frequency 的意思是“高频反复接触”。研究表明，一个英语单词，孩子需要反复遇到 5 ~ 16 次才可能记住。如果想要完全掌握甚至运用，需要重复的次数就更多。这个重复量不仅要大，还要集中发生在一段时间内，也就是说要短时高频。

关于重复的重要性，美国脑科学家帕特里夏·库尔（Patricia Kuhl）说得很明白。在她著名的 Ted 演讲《孩子的语言天赋》中，她这样描述孩子语言学习的方式，她说：“宝宝在专心地听我们说话，他听的时候在做统计，统计自己听到的声音。”所以一个表达重复的次数越多，孩子统计到的次数也越多，他就越容易学会。而这一切都是在无意识中自然发生的。这正是习得的重要特征 —— 在反复接触中无意识地学会一门语言，而不是靠有意识的死记硬背。

那为什么要短时高频呢？艾宾浩斯遗忘曲线告诉我们，新学的东西一开始忘得最快，1 天后只剩 34%，1 周后只剩 23%。所以最好的策略是在学完之后几天内高频率地重复，孩子更容易掌握，内化成为他自己的东西。

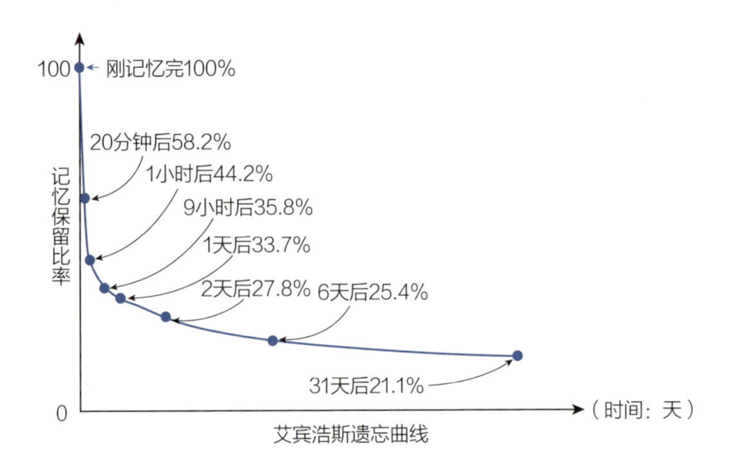

艾宾浩斯遗忘曲线

我观察过很多家庭的启蒙实践，发现缺乏高频重复是孩子习得效率低的一个重要原因。有的父母知道要大量输入，于是每天恨不得读十几本绘本，看一两小个时动画片。不过这些绘本的主题各式各样，毫不相干，动画片也是每集看一遍就过。这本书里看到了 elephant，之后几天再也见不到这个词。这集动画片里听到了 "It's bed time."，之后几天再也听不到这个句子。等到下一次孩子碰到 elephant 这个词，或者 "It's…time." 这个句型的时候，已经过了好长时间，之前的印象已经近乎没有，所以孩子依然不懂。这种做法输入量看起来很大，但是短时间内重复得太少，所以真正掌握内化的没几个。

还是拿吃饭来打比方，有的孩子吃得挺多，可就是不长个不长肉。医生会说，他们能消化，可是不吸收。营养物质穿肠而过，没有进入孩子的身体，没有成为他们的骨骼血肉。学英语，一句话理解了但没内化，就好像是食物消化了但没吸收，没有进入孩子的语言库，没有成为他们听到"秒懂"的语言。只有学完后短时高频地重复才能促进孩子吸收。

重复的方式很有讲究，不能是机械的操练。比如有的家长为了重复，每本绘本规定连读一周。如果孩子喜欢这本书还好，如果不喜欢，这样的重复简直是折磨。

比较好的方式是变化地来重复。比如：今天学了儿歌 *Itsy Bitsy Spider*，讲小蜘蛛爬上水管的故事，当孩子完全理解歌词的意思之后，我们可以带着孩子唱几遍。明天我们可以给孩子看这首儿歌的动画，后天我们可以看这首儿歌的绘本，大后天我们再教孩子这首歌的手指操，甚至来个小小的舞台剧，把儿歌内容演出来……同样的语言以不同的形式，在不同材料中反复出现，重复次数越多，孩子理解越深，记忆越牢。

另一个不那么费妈的重复方式是"磨耳朵"，就是理解了的内容反复听，特别简单易行，只需要一个小小的 MP3，把学过的内容音频拷进去听就可以了。孩子喜欢听哪个就听哪个。不挑时间，不挑地点，随时随地都可以进行。如果你看到一个孩子脖子上挂着一个 MP3，走到哪儿听到哪儿，沉迷于其中，不用问，这肯定是个英语牛娃。英语牛娃都是这样"磨耳朵"，一路听过来的。

在朵朵的学习过程中，磨耳朵起到了非常大的作用。一开始听《鹅妈妈童谣》，听到上句就能接下句。后来听动画片 *Peppa pig*、*Ben and Holly* 的音频，喜欢的几集听了不下 30 遍，听得我的耳朵都起茧子了。听着听着，动画片里的语言，像“My tummy is rumbling.”“ I'm so hungry；I can eat a horse.”等，全都开始往外冒。

后来她听章节书，特别喜欢的几套，比如 *My Weird School*、*Geronimo Stilton*、*Diary of a Wimpy Kid*、*Harry Potter*，常常一听听几个月，这种书中语言往外冒的情况就更多了。有时候她说英语我都分不清究竟是她说的，还是引用的书中的语言。其实又有什么关系呢？她能在生活中恰如其分地运用书中的语言，就说明这些话已经进入她的语言库，成为她自己的了。

我们把这个磨耳朵功能应用在我们的课程中，让孩子们反复收听所学内容的音频，我们发现，孩子磨耳朵的时间长短跟学习效果高度相关。听得多的孩子听力明显更好，能更快听懂动画片，裸听能力也更强。说的时候更容易脱口而出，没有那种苦思冥想的表情，也不会磕磕巴巴。所以磨耳朵不仅能训练听力，还对口语有巨大的促进作用。

其实想想看，这个道理很简单，一个声音听多了自然会在大脑中形成记忆。有些流行歌曲，你可能没有专门学，但是因为大街小巷都在放，听多了，你自然也就会唱两句。

语言是一种技能。任何技能都要靠大量重复才能掌握。所以要想听得懂英语，无它，唯耳熟尔。

\ 原则三 /

Happy mood：情绪好，吸收才会好

第三个原则 Happy mood 的意思显而易见，就是孩子越开心，学得越好。在二语习得专业领域有个“情感过滤器假说”，意思是语言输入的时候，孩子的情感就像一道闸门，越高兴，闸门开得越大，进到孩子大脑里的输入就越多，越不高兴，进去得越少，特别糟糕的时候，闸门都快合上了，输入再多也

没用。

情绪对孩子的学习效率影响之大，可能很多家长都想象不到。有一次我给朵朵读 *The Pigeon Needs a Bath* 这本绘本，里面的鸽子特别挑剔，洗澡时一会儿嫌水冷，一会儿嫌水烫，一会儿水深了，一会儿水浅了……配合着画面中鸽子搞笑的表情，令人捧腹大笑，朵朵甚至笑得满床打滚。过了几天我无意中提起这本书，朵朵突然开始大段地背诵书中的语言，把我彻底惊呆了。那时朵朵启蒙才半年多，这本书也只读了一次，这种吸收效率简直是火箭级别的。原因就是她太开心了，觉得那只鸽子太好玩了，所以书中的语言她印象特别深。

而另一次我教朵朵一个单词 spoon，爬山的时候从山脚教到山顶，足足半个多小时，她也没学会。学不会不是因为她笨，而是这个东西对她来说毫无意义，没趣，她根本不想学，是我一门心思想让她记住，把她搞得很焦虑，很烦躁。这两次学习的效率可以说是天上地下，也让我充分见识了情绪的力量。

不止我，我们很多学员妈妈也有类似发现。有的妈妈告诉我陪孩子玩过演过的内容孩子记得特别牢，几个月都忘不掉。有的妈妈说逼着孩子读台词剧本，感觉孩子的脑子就像筛子，啥都没留下，可是喜欢的绘本却能一字不落地复述下来。

所以如果家长觉得启蒙效率不高，一定要看看孩子的状态。他喜欢英语吗？他开心吗？他自信吗？他放松吗？如果我们逼着赶着让孩子学，孩子还不情不愿，磨磨唧唧，那肯定学不好。

要让孩子开心，学习内容很重要。按克拉申教授的话来说：要有意义，有趣。儿歌、绘本、动画片都是适合孩子的输入材料。如果能根据孩子的心理年龄、喜好和特点来做一下选择更好。比如低龄的孩子一般喜欢翻翻书、机关书这类可以动手玩的书，有的孩子喜欢车，有的喜欢恐龙，有的喜欢小动物……这些喜欢的东西更容易引起孩子的兴趣。

学习方式也很重要。我看到很多家长忽视情绪的重要性，要求孩子逐句跟读甚至背诵绘本内容，或者要孩子读动画片的台词剧本，有的要求孩子读完原版书要做习题，生生把有趣的习得搞成了枯燥无味的学得。这样一来，再有意思的内容也会变得面目可憎，令人讨厌了。

花这些时间与其让孩子跟读背诵做题，不如跟孩子做做游戏。比如玩 TPR 时家长可以跟孩子比赛，儿歌可以替换单词来唱，动画片绘本可以演……哪个孩子不喜欢玩游戏呢？玩开心了，英语也学到了。无痛、高效，这才是习得的正道。

培养孩子的兴趣和自信还有一个好办法是及时给孩子正反馈，多多鼓励。小孩子的特点是“你越是夸我，我越愿意学，越要努力做好”。朵朵启蒙的时候，每一点小进步我都会发自内心地夸奖，而且是在她爸爸面前很夸张地说：“哇，她说了这么长一句话，6 个单词哎！” “朵朵竟然都会 spotlight 这个词了！”“你听到了吗？她用了从句！她会用从句了！”“朵爸，朵朵这样学下去，很快就会超过你了！”每次听到我的夸奖，朵朵都抿着小嘴，乐得全身直抖。就在我这种花痴式的夸奖中，朵朵越学兴趣越大，越学越有自信，跟坐了火箭似的蹭蹭蹭地进步。所以我一直跟家长们说，学英语一定要夸孩子，使劲夸，不放过任何一个闪光点。英语牛娃都是夸出来的。

三、用好外教，少花钱，多办事

我们小时候，不要说跟着外教学英语了，见到一个外国人都是新鲜事儿。我一直到进了北大，因为有外教课，才第一次有机会跟外国人交流。不过一个班一二十个学生，一堂课 40 分钟下来跟老师也说不上两句话。

现在的孩子条件好多了，想跟外教学习很方便。于是，有的孩子刚开始启蒙，家长就把外教课安排上了。因为他们认为，学英语嘛，当然要跟说英语的外国人学了。

可真是这样吗？用外教课启蒙效率高吗？我们看看 3H 原则就知道了。要想孩子英语启蒙效率高，需要输入可理解，需要短时高频重复，需要孩子开心。这三条哪一条外教有优势呢？

首先，零基础的孩子上外教课能理解吗？不能。即使这个外教非常擅长外语教学，在课堂上仅仅通过图片、实物和动作想让孩子理解，都是一件非常低效的事。更何况绝大部分外教其实只是长了一张外国人面孔而已，根本没有外语教学经验，不懂得如何让孩子理解。所以零基础的孩子上外教课，绝大部分时间都是云里雾里，处于一种“我猜，我猜，我猜猜猜……猜不出来”的状态。没有理解，就学不到东西。理解得慢，学习效率就低。

其次，外教课能做到短时高频的重复吗？做不到。一般外教课都是一周一节或两节。这种频率对于英语学习来说是远远不够的。要想加大频率，只有两个办法，一是上外教带班的国际幼儿园，二是天天安排外教课。这两个办法无论哪种，都需要大量的金钱投入。

最后说到 Happy mood 这个原则，大部分外教做得还不错，能通过游戏、夸张的表演调动孩子的学习兴趣，可是也有很多外教上课毫无激情，就是照本宣科，带着孩子一遍一遍地认单词，读句子。朵朵幼儿园的外教就是这样，20多分钟全程闪卡教学。朵朵坐在最后一排，看不清小小闪卡上的图，也听不懂外教说的话，所以无聊至极。碰到这样的外教，孩子不但学不好英语，还可能对英语产生厌恶情绪。

总的来说，在启蒙这个阶段，外教课的效率非常低，三年下来不会听说是常态。有人会说，可我看到有些孩子上外教课学得很好啊。那你一定要看看这个孩子上外教课的频率以及除了外教课之外是不是还有别的学习方式，究竟是哪个东西在起作用。

那么英语牛娃们是不是都不用外教呢？不是的。我所接触到的几百个牛娃中绝大部分都上过外教课。但这些牛娃父母们非常清楚外教的优势所在，他们把时间和钱花在刀刃上，只在适合用外教的时候用，追求学习的高效率。

外教的优势是什么？不是帮助孩子理解语言，也不是大量重复。在英语听、说、读、写这四个方面的教学上，外教最不擅长的是“听”，最擅长的是“说”。所以这些父母都是在孩子有不错的听说基础之后才开始上外教课。

我这些年指导了很多父母，经常有家长把孩子上外教课的视频发给我看，让我有机会亲眼见证牛娃们口语的突飞猛进。这些孩子在上外教课时听力已经可以裸听原版动画，但口语还处于比较基础的水平，说得比较慢，用的句子也比较简单。在此基础上，他们一般只需要十几节外教课口语就能爆发，开始说长句子，表达的内容和句式也开始丰富起来，说得越来越流利，越来越自如。

再过几个月，他们能聊的就更多，开始给外教讲自己的生活、宠物，编故事给外教听，有些孩子几乎从头说到尾，开口时间能占到接近80%。有时候我们甚至开玩笑说，外教成了捧哏，只能说一些“Wow，that’s amazing!”“I love your story.”或者“So what happened?”之类的话。25分钟的课孩子吧啦吧啦讲了20分钟。这样练口语效率能不高吗？

反之，如果孩子刚启蒙，英语基础为零或者听说能力还很弱就着急上外教课，一节课90%的时间都是外教在说，孩子不知所云，剩下10%的时间孩子也只能Yes/No地蹦单词，这究竟练到了什么呢？练听力，听不懂，练口语，说不了几句。作为口语课，孩子开口时间不到50%就是低效的，不能说句子就更是低效。

所以如果想让孩子的口语课出效果，请一定确保孩子听说有基础，听力词汇有一定储备。否则练来练去，就好像是在不停地拧水龙头开关。“听力词汇”这个上游水库没有水，再怎么拧也流不出水来。输入是输出的前提。

外教还有一个优势，就是讲精读和写作。不过这种课对老师要求比较高，不是任何外教都能胜任，需要有丰富的教学经验。这就像虽然我们人人都能说汉语，但是没几个人教得了小学的阅读理解和写作一样。

精读和写作课虽然中教也能教，但是外教效率更高。一方面因为精读的学习内容一般有大量文化背景的东西，外教讲起来更生动，另一方面外教口语好，上精读写作课顺便把口语也练了，一举两得。

在合适的时间用合适的外教，不仅能省钱，还能帮孩子省时间，让他们在专业人士的帮助下迅速提升英语水平。这是牛娃进步快的又一大秘诀。

四、长期坚持，定期评估，不鸡不佛效率高

1. 长期坚持

英语学习是个长期的过程。像这些英语牛娃，哪怕学得很快很顺利，要到

一个中级水平，比如考过剑桥五级的 FCE，怎么也得五六年，甚至更长时间。所以除了方法正确之外，牛娃们成功还有一个很重要的因素就是坚持。

这是由语言学习的特点决定的，高频重复，就是需要孩子每天都碰到。同样是一周学 7 小时，周末两天集中起来学，效果就不如每天学一个小时好，甚至可能还比不上每天学半小时的效果。所以我一再跟家长们强调，宁可每天时间短一点，也要坚持学。实在没时间带孩子学的那几天，让孩子自己看，自己听，不要断。英语学习要的是水滴石穿的那股劲儿，水滴很小，但是架不住一直滴。孩子每天学的很少，但架不住天天学。

如果三天打鱼，两天晒网，有时间带孩子学一学，忙起来就放一放，过段时间想起来又学一下，孩子很难学出来。我就碰到过好多这样的家长，孩子本来学得相当不错，不过因为这样那样的原因，坚持得不好，几年过去了，启蒙并没有很好的效果，颇为可惜。

坚持对于执行力强的家长来说不难，但是对有的家长来说是个挑战。我自己并不算一个执行力很强的人，回头看我给朵朵启蒙的过程，能够坚持下来有多方面的原因。巧的是我曾经让一些牛娃家长做分享，他们提到的坚持下来的原因竟然跟我非常相似，说明坚持也是有诀窍的，这里我跟大家分享一下：

窍门 1：调整好心态，不功利，不焦虑

要想长期坚持，家长心态一定要好。如果功利心太重，恨不得一年 KET、两年 PET、三年 FCE，或者爱攀比，看到别的孩子学得好就恨铁不成钢，觉得自己孩子笨，那我告诉你，你十有八九坚持不下来。即使坚持下来，你和孩子都会很痛苦，而且学习效果不会好。

如果家长太过焦虑，就会有很多内心戏，比如孩子刚学两天就纳闷孩子怎么还不开口，孩子开口又嫌孩子进步不够快，孩子有进步又羡慕别的孩子学得好，孩子稍微走个神就担心这个单词没学到怎么办……总之整天患得患失，就没轻松过。这样的心态下，本该温馨快乐的英语启蒙成了一种折磨，当然难以坚持了。

我给朵朵做启蒙的时候心态很放松，纯粹是抱着学一点算一点、有进步就

好的态度去做，所以从未焦虑过。即使前半年她不开口，我也不着急，每天还是该怎么跟她玩就怎么玩，丝毫没有“学了这么久，怎么还不会?”或者“学不好，以后怎么办?”的担忧。现在想来，如果我当时功利心太重、目的性太强，搞得自己和朵朵太痛苦，估计早就坚持不下去了。

好多牛娃家长都有类似经历，他们说回头看的时候发现，正是这种“不焦虑”的心态给了孩子充足的时间和轻松的氛围去成长，反倒让启蒙变得高效。

窍门2：养成习惯

万事开头难，只要坚持一段时间，养成习惯，后面就会越来越轻松。一件事轻松就容易坚持。

所以启蒙之初，家长不要在乎学多学少，最重要的是花时间花心思把孩子的习惯培养起来。包括每天学英语的习惯，每天磨耳朵的习惯，在生活中说英语的习惯。

我教朵朵的时候除了日常对话之外，一般每天会在固定的时间、地点带朵朵学英语。固定的好处是容易养成习惯。比如我们一般是晚饭后在朵朵的小床边学英语，有时候唱唱儿歌，有时候读读绘本，后来学学高频词，然后在她洗漱睡觉之前和早上起床之后放音频磨耳朵。小孩子的作息一般比较固定，只要不出去玩或者没有特殊事情发生，每天都是这套程序。一段时间过后，英语就成了日常事务，就跟洗脸、刷牙一样，一到那个时间就开始，想都不用想。

等孩子英语水平高一点、能听懂更多、对英语兴趣更浓的时候，坚持就更容易。因为这时不是大人要他们学，而是他们自己想要学。比如朵朵每天一到时间就自己拿着英文绘本来让我给她讲故事。她一主动，我只需要配合，坚持这件事就变得容易多了。

窍门3：用对方法

朵朵启蒙之初，我经验不足，方法没用对，朵朵不配合不说，还没有任何效果。如果当时我不做改变继续下去，估计很快我就会偃旗息鼓，宣告启蒙失败。

幸运的是我及时找原因，做调整，不久就走上了正确的启蒙之路。方法对了，就能看到效果。眼看这个小孩儿从对英语一无所知，到开始蹦词，说句子，编故事，看小说……总是不断给我惊喜，我当然越来越有信心坚持。

对于英语学习这件事，看到效果是坚持下去的最大动力。所以牛娃父母比学不好的孩子父母更容易坚持，因为他们不断看到孩子的成长和变化，知道自己走在一条正确的路上，对未来充满信心。

对于我们刚起步的父母来说，重要的借鉴意义就是在启蒙之前先把习得的正确方法搞明白，不走弯路不掉坑，争取学出效果来，进入“有效果→信心足→坚持得好→效果更好→更有信心→ 更容易坚持” 的良性循环。

除了心态好、养成习惯和方法正确之外，家长还可以借助一些外力来帮助自己坚持。比如有的网课有社群，有人领学，有些妈妈组成互助的打卡群等，都是帮助家长坚持下去的办法。有人带着学，一群人一起学，更容易走下去。

2. 定期评估

长期坚持对于英语学习来说很重要，但是如果方法不对，盲目坚持就变成了无用功。所以英语学习的路上，还需要定期能力评估，来了解孩子这段时间的学习是否有效。

用习得法学英语，孩子的能力增长具有很强的规律性。比如孩子一般 3 ~ 6 个月能开口，一年能听懂不少生活指令，两年左右能看懂 *Peppa Pig*，能简单交流。每个孩子的进展可能会有差异，但不会差得特别多。比如静默期一般是 3 ~ 6 个月。开口快的可能一个月不到就说句子，慢的可能要半年甚至更长。但是如果超过一年还不开口就肯定是学习方法出了问题。

通过定期评估，我们可以了解到孩子的能力是否以合理的速度在增长。如果没有，家长能及时发现问题，做出调整，避免在错误的道路上走下去，浪费时间。

可惜 90% 以上的家长都没有意识到定期评估的重要性。很多父母特别在意短期结果，今天学了个单词就要求孩子今天会，但是孩子学了很长时间，听说能力没有任何进展，他们也浑然不觉。或者有的父母把孩子交给培训机构，学了几年都不知道孩子究竟学了些什么，对孩子的能力更是一无所知。这种“静待花开”风险很大，很有可能永远等不到花开的时候。

评估不能过于频繁，因为能力的提升需要时间。习得跟学得不一样，并不是今天学今天就会，而是今天学了，接下去好长一段时间反反复复接触，孩子才能逐渐内化掌握，所以效果显现会有些滞后。比如经常有妈妈跟我说，孩子学了一首儿歌，一直不唱，也不知道学没学会，过了一个多月突然自己唱起来了。或者学了一句话，一直不说，某一天突然蹦出来了。这就是很典型的输出滞后现象。一般学习方法正确的话，孩子的英语水平 3 个月一个小变化，6 个月一个大变化，所以半年评估一次比较合适。

牛娃家长们正是这样，每天学习的时候不向孩子要结果，却通过定期能力评估来检查教学效果，做到对孩子的学习情况心中有数。不鸡血，不焦虑，但也不盲目佛系，所以牛娃们才能轻装上阵，稳步前进。

第五章　牛娃秘诀之四：观念正，不走弯路，不掉坑

英语牛娃们学习效率高，除了他们的父母特别善于运用优势和资源，把时间和精力花在刀刃上以外，还因为观念正确，成功地避开了习得路上的各个大坑，完全没有浪费时间。

这些大坑就是家长的错误观念。有些来自家长自己学英语时的经验，比如经常有家长问我，为什么我们的课程一上来就直接学儿歌、看动画片、读绘本，不先教 26 个字母。因为他们自己当年学英语是从 ABC 开始的，就以为学英语必须先学字母。有些错误观念来自家长的执念，比如觉得英语思维特别重要，于是不顾学习效果只追求纯英语环境，或是把口音看太重，为了让孩子有一口地道英音或美音而不惜牺牲效率。还有一些则是被市场上的利益集团所误导，比如有的教培机构宣称学好自然拼读英语就能学好，导致一些孩子一上来就学自然拼读，结果学成了新时代的哑巴英语。

错误观念对孩子的影响有多大呢？轻则影响学习效率，重则让启蒙无功而返。我亲眼见到不少家长很多方面都做得不错，可是一旦掉进一个坑里，大人孩子再怎么努力，英语启蒙都停滞不前。所以我在推广习得法的时候，除了给大家普及习得法的原理和方法之外，花时间最多的就是给家长讲避坑指南，让他们不要掉进坑里或者赶紧跳出来。

从我这几年指导众多家庭的经验来看，我觉得陷进去人数最多，对孩子学习影响最大的坑有如下几个。

\ 坑 No. 1 /

能唱能背能读就是英语好？那是虚假繁荣！

当了父母的人，多半碰到过这样的场景：朋友圈或者微信群里一个妈妈扔出孩子唱英文儿歌、背英文故事或者读英文书的视频，立即有无数人点赞夸奖说：“好棒啊！真厉害！”大家纷纷打听秘诀：怎么学的啊？上的什么培训班？用了哪套原版教材？取经的迫切心情跃然纸上。

可是，能唱能背能读就是英语好吗？我见过能唱 100 多首中文歌的菲律宾女歌手，但当我问她：“Do you speak Chinese?”她摇摇头说：“Oh, no. Not at all.”我也见过很多刷分级读物的孩子，书读得很溜，可是非常简单的对话都听不懂，也答不上来。更可怕的是一些从学自然拼读开始的孩子，拿本书哇啦哇啦地读，可是你问他读的什么他却不知道。原来这些孩子不过是用拼读规则把单词读出来而已，连识字都算不上，更不用说会英语了。

说到底，唱儿歌、读书、背诵这些都是机械记忆和解码技巧，跟复读机、点读笔的原理差不多。难道复读机和点读笔会英语吗？当然不是！

还有一些家长喜欢把词汇量当成评判英语能力的标准。我曾经碰到过一个妈妈，很骄傲地跟我说自己孩子已经有 1000 多个的词汇量了，她准备再花几年时间把孩子的词汇量提高到 3500 个，她说：“这样，孩子的英语就差不多了。”我稍一了解，发现这个孩子连最简单的“What fruit do you like?”都听不懂，非常简单的分级读物也读不明白，这样的孩子英语好吗？当然也不是！

那怎样才算是英语好呢？在我看来只有一个标准，那就是能够与人交流。语言不是才艺，在台上表演给人看，语言是交流工具，听得懂说得出能沟通才是英语好。即使是书面交流也得能读懂文章，而不是只念出来就可以吧？

所以当我想要了解一个孩子的英语水平的时候，我都会问：听得懂什么难度的素材呀？是最简单的教学动画 *Big Muzzy*，还是简单的原版动画 *Penelope*？或是难一点的 *Peppa Pig*，甚至更难的 *Paw Patrol*？口语能跟人交流吗？说话时是用单词、短语，还是句子？能用长句甚至复杂从句吗？阅读能力测试的 GE 值是多少啊？能写多少词的作文呀？

其实大家想想看，这不就是英语考试的方式吗？考试中听力一般是听音频做题，看能听懂多少。口语是与人对话，看能不能表达自己。读是做阅读理解题，而写就是写作文。只有这么考，才能真正了解孩子的英语水平。你见过哪个英语考试是考唱歌、背故事或者读书的？没有吧？因为这些东西根本看不出孩子的英语水平。

英语想要学得好，首先要知道怎样算是英语好。如果连标准都不对，把一些流于表面的、短期容易培训的东西当成英语好，孩子的学习往往容易走偏。因为劲儿都使在读呀、背呀这些方面了，真正能够培养孩子英语应用能力的时间就少了。

比如觉得“能读书就是英语好”的家长可能天天只顾着让孩子刷分级读物，却不花时间培养孩子的听说能力。甚至可能只逼着孩子一本接一本地读，连是否理解都不关心，最终孩子英语听不懂说不出，读也读不懂，只是当了好多年的人肉点读笔而已。这就是目标不对，努力白费。

我从没见过一个英语牛娃的父母把唱歌、背诵和读书这些表演性的东西当成英语好的评判标准，他们更关注孩子的听说交流能力和阅读理解能力。正确的目标和正确的评估方式是这些孩子成功的重要原因。

\ 坑 No. 2 /

从自然拼读开始学英语，小心自然拼读后遗症！

对英语启蒙稍有了解的家长，可能都听说过自然拼读（phonics）。这原本是英语国家的孩子学认字时的一种方法，但很多培训机构过于将它神话，号称学了自然拼读，“见字能读，听音能写”。搞得好像学完自然拼读，英语就学好了似的。于是很多孩子学英语的路径都是，先学自然拼读，然后分级读物一路读下去。

这样真能把英语学好吗？我看到过很多沿着这条路学过来的孩子，很遗憾地说，学不好。不仅学不好，有时候还有严重的后遗症。

后遗症之一是读得出声，却读不懂。自然拼读是一套发音规则，学会之后孩子只要看着单词就能读出来，不需要人教，也不需要查音标。可是这个词是什么意思，这句话又是什么意思，自然拼读解决不了。

比如下面这句古诗，借着拼音的帮助我们都能读出来，但是不懂躐、骖、殪这几个字的意思，也不懂这句话的意思，跟读天书一样。没有听说基础的孩子，靠自然拼读规则解码英文书就是这种感觉。

> líng yú zhèn xī liè yú háng，zuǒ cān yì xī yòu rèn shāng.
> 凌余阵兮躐余行，左骖殪兮右刃伤。

所以自然拼读只解决了“见字发音”这个小小的环节，而从读出来到读懂才是英语学习的核心。这件事只有靠大量可理解输入才能完成，没有其他捷径可走。

后遗症之二是口音不好。孩子的英语口音是由输入决定的。原版口音听得多，孩子的口音才会纯正地道。可是从自然拼读学上来的孩子，往往读得多听得少，甚至有的人只读不听，导致口音有很大问题。比如单词发音奇怪，读句子的时候一字一顿，不流畅，没有重音、连读和吞音。明明是真人读，倒像是点读笔的发音，听着使人难受。

后遗症之三是单词读不对。自然拼读的作用跟国际音标很类似，都是帮助孩子把不认识的单词读出来。不同之处在于根据国际音标读出来的音100%正确，而根据自然拼读规则读出来的音只有70%～80%正确，剩下的20%～30%是错误的，因为这些单词不遵守自然拼读的发音规则。

比如sword（剑）这个单词，按照自然拼读规则应该念/swɔːrd/，但是其实正确的发音是/sɔːrd/，w不发音。英美的孩子不会读错，因为他们在学自然拼读之前已经有几千个听说词汇。他们根据自然拼读规则拼出/swɔːrd/后，跟大脑中存储的听力词汇一对比，发现没有这样发音的单词，但是有个相近的发音/sɔːrd/。他们又知道/sɔːrd/是“宝剑”的意思，放在句中完全讲得通，于是他们立刻就知道这是一个发音不规则的词，正确的发音应该是/sɔːrd/。

可是从自然拼读开始学的孩子没有听说基础，缺乏这种自我纠正机制，读错了也不知道，就会一直错下去。要知道，不符合自然拼读规则的单词占比20%～30%，并不是少数。你就可以想象，这些孩子会读错多少单词。

自然拼读不是不能学，只是不应该让零基础的孩子学，不应该作为学英语的第一步。先把听说基础打好，有至少1000个听说词汇之后再学，才能真正发挥自然拼读的作用。而且学了自然拼读之后，还得保持大量的听力输入才能确保发音的正确。

\ 坑 No. 3 /

背景音乐式磨耳朵，耳朵磨破了都没用

磨耳朵现在是一个很火的概念，给孩子做英语启蒙，不知道磨耳朵仿佛就落伍了。一次我去一个朋友家，她的孩子在客厅玩玩具，音箱里放着英文绘本的音频。我问孩子：“你在听什么呢?”他说：“不知道。”我又问：“你听得懂吗?”他说：“听不懂，我在玩火车，呜呜。”

这时，我朋友凑过来说：“给他磨耳朵呢，随便听听。”我说：“可孩子根本听不懂啊。”她说：“没事，就当背景音乐听吧。习得靠语言环境，我这不是给他创造英语环境吗?天天这样熏陶着，多少总能学会点东西。”

这可能是很多家长的想法，磨耳朵不就是听嘛，只要是英语，放给孩子听就行了，这样就有英语环境了。这是对英语环境的极大误解。

语言是声音和意义的结合体。如果观察美国孩子学英语的过程，他们听到的每一个词、每一句话，都伴随着能让他们理解这句话的情境。例如，听到“apple”这个声音，孩子会看到爸爸指着的苹果；听到“Do you want milk?”孩子会看到妈妈递过来的牛奶。换句话来说，孩子听到的声音跟他眼前看到的情景紧密相连，包括周围的环境、东西的颜色和气味、人的动作和表情、语气和情绪等。所有这些信息构成了声音的“意义”。所以，一个环境里除了声音之外，还伴随着声音的意义，这才是语言环境。

我们用这个标准来衡量一下前面我那个朋友的孩子听到的英语，可以一眼看出，那不是一个英语环境。只有声音，没有意义，孩子听起来完全是噪声。这样磨耳朵，耳朵磨破了都没用。不信爸爸妈妈自己可以试一下，找一些非洲歌曲来听，天天听，听一个月，看能不能学会只言片语。估计不用试大家就知道，是学不会的。

那耳朵还用磨吗？当然得磨，必须磨。大量听力输入对于语言学习来说非常必要，只是姿势要对。磨耳朵用的音频，一定得是孩子学过、能理解的。比如给孩子听儿歌 *Walking, Walking* 之前，我们要先给孩子解释清楚 walk 是“走路”、hop 是“蹦”、run 是“跑”、stop 是“停”，解释完之后再听，孩子就能听得懂。对他来说，歌词有了意义，是语言，而不是噪音，再去磨耳朵才有效果。

可理解、有意义是磨耳朵的前提。希望父母能把握好这个前提，磨出孩子的英语耳朵。

\ 坑 No. 4 /

培养英语思维需要纯英语环境吗？No!

也许因为我们这一代成年人深受中式英语之苦，所以在孩子的英语教育中，我们特别希望培养孩子的英语思维。于是很多家长追求纯英语环境，上培训班必须是纯英语的，录播课视频必须是纯英语的，上直播课必须要外教，自己给孩子读绘本也不敢用汉语解释……总之他们觉得一定要纯英语环境才能培养出英语思维。

这是一个巨大的坑！对纯英语环境的盲目追求是导致孩子英语学习低效的重要原因。

这些父母的逻辑是：孩子不需要解释，他们自己能猜出意思。美国孩子就没人给他们解释，他们也能学会啊。这种不看具体条件的对比害死人。我们前面讲过，美国孩子处在一个真实的语言环境中，语言输入的质量非常高，给孩子的猜测提供了大量线索。而且这种高质量的语言输入每天长达十几个小时，孩子有足够的机会去猜，去学，所以他们才能在短短两三年时间内实现听说自由。

再看看我们中国孩子上的纯英语课堂，有场景吗？有前因后果吗？有实物吗？线索这么少，你让孩子怎么猜？更何况一周才上一两次课，一次一个多小时，一个月的输入量加起来也不及美国孩子一天听得多。这种环境下，你凭什么指望孩子也能通过"猜"在短短两三年间学会英语？

如果是在线外教直播课，隔着屏幕，老师想要比画做动作都受限制，孩子猜起来难度更大。至于纯英语的 AI 录播课，没有真人互动，就跟看英文动画片一样，如果父母不解释，孩子几乎不知道台词说的是什么。

有的妈妈自己给孩子启蒙，也坚持纯英语环境，名词指着说，动词做出来，不能指不能做的用英语解释。可是如果孩子听不懂什么是 grumpy，难道你用 bad tempered 或者 easily annoyed 解释孩子就听得懂吗？哪怕孩子最终能猜出来，明明可以一句话、10 秒钟就解释清楚的东西，为什么非要让孩子花一天、一周甚至一个月时间去猜呢？

英语启蒙学习效率低就是这么来的！

我有个朋友就是个活生生的例子。她的孩子英语零基础，从 3 岁开始上在线外教课，三年后她发了条朋友圈："孩子终于开口说句子了！"配了一张妈妈老泪纵横的图来表达她的心情。原来，孩子一直只会 yes/no 地蹦单词，这天第一次说了一句："I don't know." 让她觉得看到了曙光。可是，这样的学习效率实在是太低了！

相比之下，英语牛娃的父母们不拘泥于解释方式，怎么高效怎么来，能看图看图，能做动作做动作，不好演示就直接上汉语，三年下来孩子已经听说自如，可以跟外教随便聊天了。

线下线上的培训班也好，上录播课也好，自己启蒙也好，只要违反可理解输入的原则，孩子的英语学习效率都高不了。

有的家长会问，用汉语解释，孩子不会形成中式英语吗？我可以负责任地说：完全不会。因为朵朵和我接触到的几百个英语牛娃都是听着汉语解释学过来的，他们的英语非常地道，丝毫没有中式英语的痕迹。不仅如此，他们听说英语的反应速度非常快，接近母语水平，有时甚至会在睡梦中或者生病发烧的时候说英语。这说明他们的大脑中没有汉英翻译的过程。这不就是家长们梦寐以求的英语思维吗？

其实造成中式英语的根本原因是听得太少，模仿不够，只好翻译来凑。讲个小例子，朵朵有个朋友，一直上着线下外教课，有一天在我们家玩，把一个玩具递给朵朵时来了句："Give you." 我愣了一下，然后才反应过来她是在说："给你。"然而这句话的正确说法是 "Here you are." 或者 "Here you go." 显然，她没听外教说过这句话，于是将汉语直接翻译过来，成了中式英语。

相比之下，朵朵学英语我一直用汉语解释，但她的英语很地道，有些用法甚至连我这个在美国待了很多年的人都自叹弗如。原因就在于她有大量的英语输入，每天要听半小时到一小时的音频，一年能读几百本原版书，很多英语说法她都听到或见到过，自然知道该怎么用。

由此可见，纯英语环境不一定能培养出英语思维，而用汉语解释也并不一定会造成中式英语。这些根本不是培养英语思维的关键，真正的要诀是大量输入，多听多模仿。

电影《后会无期》中有句台词："你连世界都没有观过，哪来的世界观？"套用一下：你连英语都没听过多少，哪来的英语思维？

\ 坑 No. 5 /

知道≠能力，启蒙最怕夹生饭

我跟家长交流的时候，为了给出个性化的建议，经常会问家长："孩子的英语水平怎么样？"对于这个问题，家长们的回答多半是这样的："英语学了两年了，《剑桥英语》学到 Level 3，分级读物读了 300 多本，颜色、形状、蔬菜、水果这些单词都知道……"这时候我只能很无奈地说："对不起，你说的都是孩子学过什么，知道什么，而不是孩子能力如何。"

家长往往容易把"学过"或者"知道"错误地等同于能力，好像学过、知道就是掌握了。这样一直闷着头往前走，很容易做成夹生饭。你说孩子不会吧，看到红色想一想他能知道是 red，你说他会吧，问他一句："Can you find something red?"他瞪着大眼睛看你，很茫然。等你再慢慢重复两遍，指指红色的东西，他又恍然大悟明白过来。

这是英语学习路上特别尴尬的一种状态。这时候如果从头来过，从基础的东西开始，孩子往往嫌简单，觉得自己都"知道"，没法沉下心来学。父母也觉得不甘心，明明学过的东西还要再学一遍。

可是如果继续往上学，孩子往往越来越学不明白。就像我们有些学员，学第一级的时候家长只满足于每课都学过，没有反复看视频和磨耳朵，结果孩子知道的东西不少，能听懂的却不多。进入第二级，句子变长，孩子开始感到吃力，但还能勉强应付。到了第三级，句子更长更复杂，孩子就完全跟不上，不知所云。这些孩子的英语就像是雪球没团紧实，一滚就散，总也滚不起来。

而前两级掌握得好的孩子，越往上学越轻松，学到第三级的时候，家长经常会发现新课内容几乎不用解释，孩子就能听懂 80%，而且孩子的吸收速度越来越快，有时候看两遍就会了。因为孩子的能力提升了，雪球越大，滚起来越快。

课程是一样的课程，掌握内化的程度不一样，导致有的孩子越学越难，有的孩子越学越轻松。

这种"夹生饭"是怎么形成的呢？最主要的原因是练得少，重复度不够。

还是那句话，语言是一项技能，不是一门知识。就像游泳，光知道腿怎么打、手怎么划没用。不仅光在岸上学习理论知识不够，下水学但练得不够也学不会。你见过哪个孩子是上一堂课就会游泳的？还不得来来回回游，反复练，游个几千米才能形成肌肉记忆，真正掌握啊？

学语言也是如此。光知道“Can you find something red?”这句话的意思还不够，必须要反复多次听到，直到不需要任何思考，听到秒懂，才算从听的方面掌握了这句话。这个反复听的过程就是听力练习，也就是磨耳朵的过程。

所以家长在孩子的英语学习过程中不仅要关注孩子“学”了什么，更要关注孩子“学会”了什么。只有孩子掌握内化的东西才能成为他语言技能的一部分，才能为将来的学习奠定坚实的基础。而那些“知道”的知识就像一个简陋的地基，摇摇晃晃，撑不起孩子的英语大厦。

\ 坑 No. 6 /
错误的“扎实”是效率杀手

前不久有个妈妈咨询我：“朵妈，我怎么觉得学英语的时间特别不够用啊。每天晚上我带着孩子学一个小时，勉强能读完一本绘本。”我听了大为吃惊，忙问她是怎么学的。原来，她先给孩子读绘本，读的过程中每句话，甚至每个词都逐一解释，她觉得重要的一些单词还要展开讲，生怕孩子理解得不够充分。这样一通讲下来，半个多小时过去了。然后她又从头到尾给孩子读一遍，挑自己觉得重要的单词考考孩子，再让孩子跟着点读笔跟读两遍。她这么做的原因是“怕孩子学得不扎实”。

跟这个妈妈有相同想法的家长不在少数。有妈妈跟我说：“孩子不读几遍就总觉得心里不踏实。”还有个妈妈说：“孩子刚学过的书，我考了一下其中一个单词，孩子不会啊。这怎么行呢？重新再学一遍吧。”包括一些卖得很火的绘本精读课就是在迎合家长的这种想法。几句话的绘本，明明 5 分钟就能讲完，非要搞出十几个环节来：词汇预习、智能导读、自由跟读、单词练习、阅读理解、限时阅读、独立朗读……没有一个小时学不完。

英语要学扎实没错，不扎实就成了夹生饭。可是把一本书读成这样，花这么多的时间就能学扎实吗？不能。这是掉进了英语学习路上的另一个大坑：错误的“扎实”。

语言是在反复接触中习得的。这个反复接触并不是学的时候翻来覆去地讲，也不是学完之后反复操练背诵，而是在理解意思之后反复听到。就像咱们教孩子汉语一样，我们跟孩子说：“那儿有只蜘蛛。”只要孩子明白这句话的意思就行了，肯定不会絮絮叨叨地解释“那儿就是远一点的地方，蜘蛛就是这种动物。形容蜘蛛的时候量词要用只……”我们也不会让孩子一遍遍地说“那儿有只蜘蛛”，我们更不会让孩子背诵。

我们只会在下次碰到蜘蛛的时候又说：“那儿有只蜘蛛。”这样一次又一次碰到，一次又一次重复，孩子听到的次数足够多，直到有一天自己冒出一句：“妈妈，那儿有只蜘蛛！”

英语习得也是这个道理，孩子是通过听到很多遍学会一句话，而不是靠冗余的解释或者跟读背诵学会的。反复接触，反复听才是真正的扎实。

跟读和背诵特别花时间，尤其是在刚启蒙，孩子处于静默期的时候，开口说英语对他们来说非常困难。如果家长再要求完美，读不准读不清楚还要重来的话，半小时也跟读不完一本绘本，背诵花的时间就更多了，几个小时是起步。难怪这些家长总觉得时间不够用，孩子学得特别慢。同样的时间如果用来听，孩子早就学会了。因为听才是他们的强项啊。

更糟糕的是，死记硬背下来的东西是作为知识存储在大脑的记忆区的，调用起来需要一个搜索过程。这样“掌握”的单词和句子，将来听英文故事或者看动画片很难用起来，因为反应不过来。而通过反复听习得的语言存储在大脑的威尔尼克区，调用起来更加迅速。这些孩子听到英语可以秒懂，这种秒懂正是未来学习的基础。

所以精读、跟读、背诵不仅时间花得多，学习效果还不好。追求这种“扎实”纯属费力不讨好。这个观念不转变过来，英语学习的效率高不了。

家长想要让孩子英语学得扎实，最应该做的是每学完一部分内容之后多给孩子磨耳朵，多找同主题的资源给孩子看，在生活中多使用这些语言。一言以蔽之，多重复，多听。这才是有效的扎实。

\ 坑 No. 7 /
追求口音纯正，是丢了西瓜捡芝麻

除了英语思维之外，口音是很多中国父母特别在意的一件事。在意到什么程度呢？大有为了口音不惜牺牲一切的劲头，成了一种执念。

我有一个做同声传译的朋友，在外企给高管做翻译。大家知道做同传英语得多好吧？耳朵听着汉语或者英语，嘴里得同时说出另一种语言。反正我是做不到。出乎我意料的是，她竟然不敢给孩子做英语启蒙，理由是自己口音不够好！她希望孩子拥有一口纯正美音。

于是她女儿的英语就靠看动画片和上外教课来学。从刚 1 岁还不会说话就开始看动画片，每天至少看半小时。3 岁加了外教课，一周 5 节，除了周末天天有，寒暑假更是每天两节。还搞来各种练习册给孩子做，花在英语上的时间真是不少。到孩子 7 岁多小学一年级的时候，能看 *Magic Tree House* 这样的初章书了。乍一看，她的启蒙还算成功，但是考虑到这六年投入的时间、精力和金钱，效率实在是太低了。她是完全有能力从孩子一出生就对着孩子讲英语，轻轻松松实现类母语式启蒙的啊！

有多少父母像她一样，放着效果更好、效率更高的亲子习得之路不走，偏要走一条更贵更低效的路，就是因为觉得自己口音不好，不敢给孩子启蒙。或者放弃一些非常负责任，既懂孩子又懂教学的中教，选择没有任何教学经验的外教，只因为中教口音不够标准。或者宁愿花数倍的价钱上北美外教的课而不愿意上物美价廉的菲律宾外教的课，只因为嫌菲律宾外教的口音不够纯正。虽然在我看来这些菲律宾外教的口音已经相当标准了。

我很想跟这些家长说：口音好≠英语好！口音真的没有这么重要！

我以前在美国工作的时候，身边是来自世界各地的同事，大家的英语多多少少都会带点地方特色，印度同事的口音尤其难懂，把 thank you 说成 dank you，people 会说成 beoble，我常常要竖起耳朵听才能听懂。

可是这些印度同事英语差吗？当然不！他们英语表达的流利度、准确性和生动性是我们其他中国同事完全没法比的。在汇报项目的时候，我们中国人的英语要么说得磕磕巴巴，要么用词不当，表述不清，而印度同事却可以用流利的英语简洁明了地把想法表述出来。在领导看来，当然是他们能力更强。几次下来，我的印度同事就变成了我的顶头上司。口音好有什么用？又不是要当播音员。

再假想一下，你有两个外国朋友，一个普通话说得非常标准，但是半天才憋出一句话，还经常词不达意，不知道他想说什么。而另一个虽然带着老外腔，但是说得不仅特别溜，还能跟你开玩笑，能用网络流行语，就跟中国人讲话一样。这时，你更愿意跟谁聊天，跟谁玩？肯定是说得溜的那个啊。外国人也是这么想的，他们完全不介意你有口音，只怕你说不清。

语言是用来交流的，口音只是形式。交流是否顺畅，用词是否恰当，表达是否地道，这些才是重点。不在口语表达能力上下功夫，死揪住口音不放，完全是丢了西瓜捡芝麻。家长们，放弃对口音的执念，回归英语学习的本质，孩子才能走进轻松高效的英语世界。

\ 坑 No. 8 /

汉语强势？排斥英语？原因可能在爸妈

刚开始英语启蒙的家长最常碰到的一个困难是：孩子不喜欢英语，不愿意学。而家长一般把原因归结为孩子汉语强势，排斥英语。乍一听起来是孩子的问题，但是根据我这么多年看到的案例来说，我倒觉得 90% 的情况问题都出在父母身上。

听听这些父母描述他们带孩子学习的过程，假如你是孩子，我想你也不会愿意学英语。

“我们家孩子绘本听不下去，听一半就跑。”“你给他解释了吗？”“没有，还要解释吗？”（不解释孩子都不知道故事讲的是什么，怎么可能有兴趣？你听天书会有兴趣吗？）

“让他老老实实坐着学，根本坐不住，看个视频扭来扭去，一刻也停不下来。”（这又不是上课，孩子只要眼睛看了，耳朵听了，不就够了吗？连动都不能动了？才三四岁的孩子，坐得住才奇怪了。）

“唱完儿歌之后我都让她把歌词念一遍，不知道是不是舌头大，就是念不清楚，一句话得读好多遍。”（明明是儿歌，能唱就可以了，为什么还要让孩子读，而且还得读清楚才能过关？）

“我们家这孩子笨，学完绘本让他照着跟我对话，总是记不住词，还不肯动脑筋想，真是气死人。”（说英语是靠听到耳熟，脱口而出，不靠动脑筋。刚刚学完就要孩子说，不是孩子笨，是你方法错了。）

“明明是她自己要玩游戏的，句子说不对，我纠正了几遍，就不干了，不要玩了。”（孩子自己想要玩英文游戏，多好的开端啊，干吗非得不停地给孩子纠错呢？有点小错糟糕还是孩子不想学更糟糕啊？）

还有那些让孩子跟读，背诵，动不动就把孩子拎出来考一考的……各式各样。每次听完我都觉得孩子好可怜。

英语不过是一门语言，有什么值得孩子喜欢的地方？没有哪个孩子天生喜欢英语。不管是听妈妈讲有趣的英文故事，还是跟爸爸玩幼稚的英文游戏，吸引孩子的都是故事和游戏，以及跟父母共度的温馨时光。

尤其对刚启蒙的孩子来说，基本听不懂英语，沟通非常不方便，但是故事和游戏好玩，还有爸爸妈妈的用心陪伴，这个不便也能忍下来。如果家长目的性太强，要求太多，处处挑剔，眼里只有英语没有孩子，再有趣的故事和游戏都变成了苦差事。哪个孩子还愿意干？

所以不要再用汉语强势、排斥英语这种说法来掩盖问题。如果孩子一听英语就跑，家长一定要从自己身上找原因，看看是不是自己说的某些话、做的某些事让孩子排斥学英语这件事。注意，孩子排斥的是这件事，是家长的态度，并不是英语。

我观察过，佛系的家长、亲子关系很好的家长往往极少碰到孩子排斥英语的情况。因为他们功利心没那么重，没那么多要求。他们的想法是：

- 孩子语法有错，错就错吧，反正以后还会学，玩得开心就好。
- 不喜欢老老实实坐着，跑来跑去没关系。我继续讲，讲得更夸张一点，看能不能把他吸引过来。
- 孩子记不住很正常，多给他讲几遍，多听几天就好了，慢慢来，不着急。
- 英语听得懂说得出就挺好，口音没那么重要，以后他又不当播音员。

……

因为没有功利心，没有要求，这些家长带着孩子学英语的时候没有很强的“教”的痕迹。与其说他们是在教孩子，不如说他们是在亲子陪伴，只不过这个陪伴过程中穿插了英语罢了。他们跟孩子一起学习，一起玩耍，真心享受跟孩子相处的亲子时光。肩并肩，而不是面对面。

这些家长看起来对孩子的英语学习没什么要求，可是他们的孩子反而更容易对英语产生兴趣，把英语学好。

其实所有的教育本质都是关系。关系好了，教育才进行得下去。英语也是一样。亲子英语，亲子在前，英语在后。顺序放对了，启蒙才可能成功。

Part

牛娃养成篇

小童（3~5岁）

零起点英语学习实操指南

6

第六章　听说启蒙阶段（3~5岁）

现在了解习得法的父母越来越多，很多人都知道孩子需要语言环境，知道要可理解输入，知道听力先行……但具体怎么做却不清楚。就像我一个朋友说的："道理我全都懂，可是一上手就懵。"相信很多家长都有类似的想法。别着急，现在我就来手把手地带大家具体操作英语启蒙。

不过，如果有朋友没看前面几章，直接翻到这儿的话，我强烈建议你回头了解一下习得法的原理。因为根据我指导这么多家长的经验来看，缺乏理论指导的实操，往往一听就懂，一做就错，很少能够成功。而脑海中有习得理论的家长，不仅能做正确，还能根据自己孩子的实际情况做出调整，学习效果更好。

我们的实操指南从听说启蒙阶段开始，这个阶段有三重"最"：

- 它是孩子整个英语学习过程中最关键也最困难的阶段。因为要实现英语能力从0到1的突破，达到“听力入门”，也就是能够通过“听”实现自学成才的水平。
- 它也是家长投入时间和精力最多的阶段。因为需要给孩子讲解，陪玩陪聊，引起他们对英语的兴趣，培养他们的听说习惯。不过现在的陪，正是为了日后的不陪。
- 它也是家长作用最大的阶段。因为后面学的东西越来越难，普通家长能够做的事也越来越少。唯有这个阶段，父母不仅能做，而且还能比老师做得更好，因为天天跟孩子生活在一起。

顺利完成这个阶段，孩子的英语学习就算走上正轨了，最难的部分已经解决。这个阶段过不去，后面想把英语学好比较难。

一、阶段细分：孩子如何从零基础成长到能听会说？

在我们讲具体的启蒙做法之前，我想先给大家描述一下孩子英语能力从0到1是如何实现的。为什么讲这个？因为不了解这个过程，家长要么瞎着急，比如刚学三天，就来问孩子为什么不说句子；要么盲目佛系，学了好几年孩子没进步还依然“静待花开”。

大家想想，换作学汉语，父母还会这样吗？不会。没有谁会因为孩子6个月了不说话而焦虑，也没有人会等孩子4岁了不说话还不去看医生。因为我们多多少少都了解一点孩子母语发展的过程，知道1～2岁开口都算正常，2岁多还不说话就需要关注，3岁之后还不开口很可能会有问题。我们心里有一个标尺帮助我们做判断。可是对于英语学习，我们缺乏这样的标尺。

其实用习得法学英语，只要方法得当，听说能力的发展具有非常强的规律性。听说启蒙阶段，孩子的听力发展可以细分为3个小阶段：

第一个阶段：学过的内容能听懂

此时孩子对英语这门语言还比较陌生，只有家长给他讲解过的、反复听过的句子能听懂，其他语言都是噪音。具体表现是动画片和绘本只能看学过的，没学过的看不懂。这个阶段大约要半年到一年。

第二个阶段：在画面辅助下能听懂没学过的内容

这个阶段的孩子已经掌握了不少核心词汇和句式，但对声音的熟悉度还不够高，对英语的理解能力也还不够强，需要依靠画面来辅助理解。具体表现是看动画片、读绘本时，只要难度合适，有些没解释过的语句结合画面也能听懂，但如果脱离画面裸听还是听不太懂。这个阶段大约用时半年到一年。

第三个阶段：能够裸听没学过的内容

孩子对核心的词汇和句式已经非常熟悉，牢固建立起了音和义之间的对应关系。只要材料难度合适，不需要任何辅助就能理解，而且具有根据上下文猜词的能力。具体表现是能够在没看过动画片、没读过绘本的情况下裸听动画片和绘本的音频。到这个程度，孩子的听力就算是入门了，也就是说具备了初步的自学能力。家长不用教，只要继续给孩子看难度合适的原版动画片，听故事音频，孩子的词汇量就能不断上升，表达方式日益丰富。这个阶段大约要3~6个月。

如果一个孩子英语学了两年还只听得懂学过的东西，换一个难度合适的内容，即使有画面也听不懂的话，这个学习肯定是有问题的。如果一个孩子学英语三四年还不能裸听 *Peppa Pig* 难度的音频，那么这个启蒙也不太成功。

说完听力，我们再来说说口语。孩子的口语能力发展分为四个小阶段：

第一个阶段：静默期（3~6个月）

刚接触英语的一段时间内，孩子可能只听不说。这个说是指孩子自发的表达，不是机械背诵。这段时间叫作静默期（silent period），根据二语习得理论，这个时期一般会持续3~6个月。

但实际上根据我们的观察，有的孩子静默期较短，最短的只有几天。这跟孩子的智力没什么关系，而跟性格有关。有些孩子性格大胆外向，不怕被笑话，开口就会早，而性格内向谨慎的孩子一般需要的时间会长一点，可能会超过6个月，但一般不会超过一年。开口早的孩子并不代表以后英语就好，开口晚也并不代表就学不好。朵朵是启蒙快半年才开口的，也学得挺好。只要在合理范围内，家长不必因为孩子开口迟而焦虑。

静默期是语言习得的一个非常重要的阶段。孩子不说，并不代表他没学。在这段时间内，他们的主要任务是大量地听，熟悉英语的发音，理解语言规律，积累听力词汇。当孩子处于静默期时，父母千万不能逼迫孩子开口，那样只会让孩子对英语心生反感，甚至产生畏惧心理。

但是没有输出，家长容易心慌，不知道孩子学没学会。所以启蒙初期TPR游戏是最好的学习方式，因为孩子可以用动作来反馈。比如我们跟孩子说："Touch your nose."孩子用手摸了摸鼻子，那我们就知道孩子听得懂这句话。我们还可以教孩子一些简单的回答，比如"Yes, I do."和"No, I don't."既有互动又能减轻孩子的心理压力。

如果孩子长时间没有输出，比如超过大半年，就应该引起重视，看看是不是哪里出了问题，而不要一味地等待。我有个朋友的孩子在培训机构学英语，三年下来孩子除了死记硬背文章以外没有任何自发的表达。当我提醒她应该换机构时，她却说："老师说了，英语学习有静默期，现在不说是因为还没听够。"这不纯属忽悠人吗？哪有静默期有三年这么长啊？稍微懂一点孩子的口语发展规律就不会上这种当。

第二个阶段：模仿表达期（6~12个月）

进入这个阶段孩子愿意开口说英语了。这时候的说还是一种简单的模仿，就像鹦鹉学舌一样，把动画片、绘本里学的一些话原样照搬出来，顶多做一些单词替换，但不会进行结构变换。比如，在动画片里学了："I'm cold."孩子觉得冷的时候就会说："I'm cold."但不会说："I'm a little bit cold."或者"I'm not cold at all."

模仿表达期是用习得法学英语的孩子特有的阶段，学得法的孩子基本没有模仿表达期。因为学得法中没有场景，自然也不会有模仿。他们学的是单词和语法，然后用这些单词和语法去造句。所以当遇到一个场景时，孩子只能将汉语句子生硬地翻译成英语。缺乏模仿是造成中式英语的主要原因。

模仿表达期的最大意义在于让孩子有了基本的英语交流经验。虽然看起来是套路，但用对场景就是合适的表达。模仿的经验足够丰富才可能去创造。

因此模仿表达期是一个非常必要的时期，并非越短越好。我们应该给孩子足够的时间去模仿，6 ~ 12 个月都是合理的。千万不要在孩子能力还不够的时候让他们自己去创造，这样只会导致很多的语法错误和中式英语。

第三个阶段：创造性表达期（12 ~24 个月）

鹦鹉学舌地说了一段时间英语之后，孩子会进入更高级的创造性表达期。进入这个阶段的孩子在生活中开始频繁地冒英语。他们能讲的多了，不再是一句两句，而是一段一段的话。更重要的是，他们说的不再全是学过的句子，而是有自己的变化和创造了。比如他们不再满足于说："I'm cold." 而会说："I'm too cold to talk."

这是因为他们在模仿过程中自己总结出了很多英语的语言规律，也就是语法。他们发现自己学会的那些句子和单词通过变化组合，可以生出不同的意思来。这一发现令他们着迷。就像一个一直按说明书搭乐高的孩子，某天突然发现原来乐高积木可以随意组合，搭成自己想要的东西，就玩得停不下来了。

这个阶段有的孩子会出现自己一个人在那里嘀嘀咕咕、念念有词的情况，你仔细一听，人家是在用英语编故事呢。他们的故事可能不那么完美，有的句子还会有错误，但没有关系，这是孩子练习英语的一种重要方式。孩子在体验说英语的乐趣，觉得自己好厉害，竟然可以这么大段大段地"飙英语"了。这时家长一定要多加鼓励，千万不要打击孩子："胡说些什么啊？听都听不懂。"也不要试图纠正孩子的语法错误，因为正确的口语不是纠正出来的。

从模仿表达到创造性表达是一个具有标志性的台阶，能够迈上这个台阶的孩子英语口语可以算是一只脚入门了。所以宝爸宝妈们如果看到孩子用英语自言自语，编故事编歌，都应该暗暗高兴：孩子的英语能力实现了一个大飞跃。

这个阶段一般要12～24个月的时间，甚至更长，才能过渡到下面的自由表达期。听力输入量在这个过程中起了关键作用。如果孩子浸泡在大量可理解输入中，词汇量和表达快速增长，过渡就快，否则就会比较慢，甚至迟迟无法达到自由表达的状态。

创造性表达期一般处于听说启蒙的后期到自主阅读阶段，甚至可能延伸到全面发展阶段的初期。听力入门一般两年就能实现，口语自由表达还要多花一两年时间，也就是说，口语能力的发展比听力发展要缓慢。

第四个阶段：自由表达期

创造性表达就像一个句式和单词的拼装游戏，孩子玩着玩着对英语的使用就越来越熟练。随着积累的句式和词汇不断增多，他们会进入第四个阶段——自由表达期。

进入这个阶段的孩子可以流利地讲故事，跟外教轻松聊天。话题范围比较广，可以中英文随意切换。如果他们去美国生活，基本没太大问题。可以说这些孩子已经"口语入门"了。

这种状态是我们这些父母中的很多人梦寐以求的，但能实现的人却寥寥无几。甚至有些英语专四、专八的毕业生和教了一辈子英语的老师都做不到，更不要提非英语专业的了。幸运的是现在用习得法，很多孩子三四年就可以做到用英语自如表达。好羡慕他们啊！这是教育方法的进步。

二、启蒙阶段学什么？

1. 英语启蒙的四驾马车、TPR、儿歌童谣、原版绘本、原版动画片

3～6岁孩子的听说启蒙，我主张这四种方式同时用：TPR、儿歌童谣、绘本、动画片。

为什么？因为方式越丰富，输入的质量越高。一个新的单词孩子一般需要接触5～16次才能完全掌握。如果只有一种输入方式，简单重复，孩子肯定会觉得枯燥。如果有多种形式的输入，孩子就可以在不同的场景下，以不同的方

式去接触这个表达，兴趣更高，学习效果更好。例如学“It’s raining.”这句话，孩子在英文儿歌 *It’s Raining*；*It’s Pouring* 中听到，在绘本 *Are You Ready to Play Outside* 中听到，在动画片 *Peppa Pig* 中听到，再加上真实生活中下雨时妈妈指着天空告诉他：“It’s raining.”孩子很快就能把这句话跟下雨联系起来。这种变化的重复对孩子来说是最好的习得方式。

况且不同的孩子有不同的学习风格。有的孩子喜欢唱儿歌，不愿意听绘本故事，有的孩子特别喜欢看绘本，不爱看动画片……如果只用一种方式给孩子启蒙，孩子不喜欢，很难说孩子是抵触英语还是不喜欢那种输入方式。

大多数家长给孩子启蒙的时候都会用到 TPR、儿歌、绘本和动画片，可是在我看来，80% 以上的人都没用对。这四种学习方式各有优势，适用于不同阶段，了解它们的特点才能用出效果来。

TPR（Total Physical Response）

TPR 通俗一点讲，就是“我说你做”。比如妈妈说 close your eyes，孩子就闭上眼睛，妈妈说 clap your hands，孩子就拍拍手。是不是特别容易？

TPR 的特点是指令短小精悍，一般是由 2 ~ 4 个单词组成的短语，如 jump up，touch your nose 等，意思形象直观，一看就懂。另外 TPR 非常符合“听力先行”的习得原则，不需要孩子有口头上的输出，听懂后只需要做动作就可以，大大降低孩子学英语时的紧张感。所以 TPR 最适合零基础的孩子，应该是英语启蒙的第一步。

而且在 TPR 这种学习方式下，孩子反复“听英语，做动作”，将指令的音和义直接联系起来，绕过汉语翻译，这不就是无数父母苦苦追求的英语思维吗？

扫码关注后输入 70784，观看小学员玩 TPR 的视频

为了帮助家长用 TPR 做英语启蒙，我们专门开发了一款 TPR 游戏，里面包含几百个常用的 TPR 指令。家长只要每天用它跟孩子玩上几分钟，就可以积累包括身体部位、动作、表情、颜色等在内的高频英语单词。TPR 游戏既可以让孩子自己玩，看看能做对几个动作，也可

以家长跟孩子一起玩，比谁反应更快。后一种玩法孩子更喜欢，因为有机会打败爸爸妈妈。总之，千万不要把 TPR 当作学习，要当作游戏玩起来效果才会好。

儿歌童谣

启蒙到底需不需要用儿歌？这个问题颇有争议。有的专家觉得不需要，理由是我们中国孩子学汉语并不需要唱儿歌。我对此有不同意见，中国孩子学英语跟学汉语并不完全一样，不能凡事都类比。我觉得儿歌在英语启蒙过程中作用很大。

在启蒙初期，最容易引起孩子兴趣的，非儿歌莫属。因为很多经典儿歌，旋律为孩子所熟悉，歌词短小精干，朗朗上口。例如 *Walking Walking* 这首歌：

> Walking，walking，walking，walking.
> Hop，hop，hop.
> Hop，hop，hop.
> Running，running，running，running，running，running.
> Now let's stop.
> Now let's stop.

《两只老虎》的旋律小朋友都会唱。歌词简单，还押韵，学起来非常容易。没有哪个绘本或者动画片能达到这么短且简单的程度。因其简单，孩子才愿意学，才容易学会。所以儿歌其实是比绘本和动画片更容易的切入口。

儿歌不仅容易学，还是帮助孩子开口的利器。初学英语的孩子，很多长句子说不出来，但是能唱出来。比如 *Five Little Monkeys* 这个经典绘本，如果你跟一个刚启蒙的孩子念文字：Five little monkeys jumping on the bed，one fell off and bumped his head. 他根本不可能说出那么大段的语句。但是同样的文字配上音乐唱起来，零基础的孩子也能学会。这是因为音乐的旋律和节奏让输出变容易了。等到孩子唱熟练之后再引导他说就更容易说出来。

对于两三岁的孩子而言，儿歌更为重要。3 岁之前的孩子对音乐和律动有一种天然的亲近感，我们常常会看到小小孩一听到音乐就自发地跟着哼哼或者扭起小屁股来，手舞足蹈。而这个年龄段的孩子对安静的绘本却没有那么感兴趣。我们从众多小学员的启蒙实践中发现，3岁之前的孩子对儿歌的兴趣明显大于绘本。所以低龄儿童启蒙，家长一定要重视儿歌。

除了带音乐的儿歌之外，还有不带音乐的童谣（nursery rhyme），这是常常被家长所忽视的一大宝贝。童谣有点儿像咱们的数来宝，句子一般押韵，打着拍子念。例如：

> Mable，Mable，strong and able.
>
> Take your elbows，off the table.

童谣的好处是短小精悍，一般就两三句话，十来个词，比歌曲还短。节奏感强，又押韵，既容易学也容易记。朵朵的英语学习就是从《鹅妈妈童谣》开始的。

跟动画片和绘本相比，节奏（rhythm）和韵律（rhyme）是儿歌和童谣的重要特性，两者对孩子感受和记忆一门语言帮助巨大。英美国家的幼儿园和小学教育十分重视节奏和韵律，会花大量的时间去专门学习。现在我们中国的小学英语课本中也有大量的儿歌和童谣，它们对于英语学习的重要性可见一斑。

绘本

大概是受廖彩杏和汪培珽两位老师的影响，原版绘本几乎成了中国家庭英语启蒙的标配。绘本的语言难度从易到难跨度很大，但总体介于儿歌和动画片之间，是听说启蒙期的主力。有一些特别简单的绘本，尤其是大量重复句式的，零基础的孩子都可以用，比如 *Brown Bear，Brown Bear，What Do You See？* 和 *Where Is the Green Sheep* 等。

绘本的优点是画面的艺术感染力强，拓展性强。一本分级读物孩子读完可能很快就忘了，但是一个优秀的绘本故事，孩子读完终生难忘。经典的绘本往往有很多衍生创作，比如 *Brown Bear，Brown Bear，What Do You See*、*Dear Zoo*、*We're Going on a Bear Hunt*……这些经典绘本都有歌曲，有的被做成了绘本动画，有的做成了舞台剧，有的有作者的真人演绎。我们读完绘本之后把这些音视频都利用起来，让孩子听听歌曲，看看动画和表演，平面的绘本就变得立体了。等再读这个绘本时孩子往往会更喜欢，理解和记忆都更深刻。而且好的绘本像 *The Very Hungry Caterpillar* 不仅可以读，可以演，还可以做手工，甚至还可以玩游戏，特别容易勾起孩子对英语的热情。

如果给低龄孩子挑绘本，尽量挑一些翻翻书、机关书之类的，让他们有种玩玩具的感觉。从内容上来说，尽量挑句子短，以简单呈现具体事物为主的绘本，不要有太复杂的情节，孩子太小理解不了。比如下面的 *Yummy*，*Yucky* 这种绘本就比较合适。莱斯莉·帕特里切利（Leslie Patricelli）和凯伦·卡茨（Karen Katz）等这些美国知名低幼儿童绘本作家的作品是首选。

原版动画片

动画片可能是除了绘本之外，应用最广泛的启蒙资源了。很多孩子的英语启蒙就是从 *Peppa Pig*、*Dora the Explorer* 这样的动画片开始的。但是在我看来，这是一个大坑。原版动画片根本不适合零基础的孩子看。

为什么这么说？原版动画片的语言容量比儿歌绘本要大很多。一首儿歌才几十个单词，简单点的绘本一般 100 多个单词，而一集动画片的词汇量起码

300词以上，稍微难一点的就要五六百甚至上千词了。*Penelope*基本是原版动画中最简单的了，一集也有四五十句话、300多个单词。用习得法i+1的原理来衡量，对于零基础的孩子来说一下子接触几十句话、几百个新单词，难度简直相当于i+10000。5分钟一集看下来，99%的台词孩子都不理解，基本就是在看热闹，学习效率超级低。很多孩子一上来用动画片启蒙，看了两三年还什么都不会，这种情况在我看到的启蒙失败案例中占比非常大。

有的妈妈说："我家孩子看得津津有味呀，问他还知道情节，怎么会学不到东西呢？"因为动画片光靠画面就足以让人看懂大概情节。不信，你找一集法语版的*Peppa Pig*来看，照样能看懂，这就是零基础孩子看原版动画片的感觉。可是光知道情节，听不懂语言，对英语学习来说是完全没用的。

零基础孩子学英语，建议从简短的TPR指令、儿歌童谣和绘本开始，至少半年甚至一年之后再增加原版动画片比较合适。如果启蒙初期要用动画，最好用专门的教学动画，比如韩国的*Didi's Day*和BBC的*Big Muzzy*。前者偏低幼一点，后者适合大一点的孩子。这种教学动画是专门为零基础的孩子设计的，所以台词量少，句式简短，语速很慢。每一集会有几个重点单词和句式，围绕这些单词和句式有大量重复，并且难度循序渐进，非常利于孩子理解和掌握。还是那句话，启蒙初期，简单和重复才是硬道理！

总结起来，启蒙的这四驾马车，从易到难的顺序为：TPR < 儿歌童谣 < 原版绘本 < 原版动画片。大家在合适的时间运用合适的启蒙资源，才能收到更好的效果。

2. 生活对话要不要开展？

看到这儿，有的家长可能会好奇，为什么我列出的英语启蒙四驾马车里竟然没有生活对话？很多专业人士、习得法的推广者，以及一些牛娃父母都说生活对话是最有效的启蒙方式，难道他们是错的？当然不是。

生活对话的确是最有效的启蒙方式。我自己在给朵朵做启蒙的时候就有用到。但是如果笼统地告诉所有家长"生活对话很有效"，让大家尽可能在生活中多说英语，常常会把家长带进一个误区。

首先，家长对“用生活对话做英语启蒙”的理解往往是错误的。他们认为这个方式意味着要尽可能多地在生活中说英语，见到什么说什么。就像一些大V建议的，吃个苹果可以说一串：Look baby，this is an apple. Do you want to eat the apple? First we peel the apple，and then cut it into pieces. How many pieces do you want? Do you like it? Good. An apple a day keeps the doctor away…

这个要求实在太高了。我在美国留学生活多年，英语算好的，可是要这样随时随地说英语，我都嫌累，更何况国内的父母。于是很多本来可以给孩子做英语启蒙的父母被吓退，他们觉得自己做不了这件事。

而另一些父母属于迎难而上型，为了实现“见到什么说什么”的目标，走上了一条自鸡之路。投入小的买了厚厚的《美国家庭万用亲子英语8000句》来自学，投入大点的报了两三千元的英语网课，还有家长甚至花两三万元报线下成人英语班。不得不说他们都是非常优秀的学习型家长，为了孩子也真是拼了，可是效果却并不理想。至少在我看到的案例中，没有一个人把英语学出来，孩子的英语也学得不好。可见这种“我先学好再教孩子”的路径根本走不通。

其实，给孩子做英语启蒙并不需要这种“见到什么说什么”的碎碎念。我教朵朵时从来不这么做。因为那时朵朵6岁了，英语零基础，我要突然说太多英语，她又听不懂，会不胜其烦，打扰她的正常生活，甚至导致她厌恶英语。于是我只挑一些生活场景里最常用的话教给她。比如吃早饭的时候说：“Breakfast is ready. Come and eat.”第一次说的时候给她解释一下，然后接下来几天都用这句话叫她吃饭。一周之后她就完全掌握了，一边回答“I'm coming.”一边跑到饭桌边来。这句话学会之后我再增加一句：“Do you like the egg?”孩子可以简单回答：“Yes，I do.”过几天等这句也学会了，就再增加一句：“Are you full?”教她回答：“Yes，I am. /No，I'm not.”以此类推。这种有解释、有重复、有回答的生活对话非常有效。根据我带很多家长做启蒙的经验来看，这样一句一句来，看起来不如碎碎念说得多，孩子反而学得更快。

那么生活对话到底要不要做，怎么做？我觉得家长应该量力而行。

- 如果英语能力很强，可以随意说，而且口音还不错，可以从孩子一生下来就进行类母语式启蒙，见到什么说什么。
- 如果英语能力达不到随意说，但一些日常用语没问题，就可以像我一样采取“一句一句来”的方法，教孩子最常用的场景对话。
- 如果英语能力再差一些，连日常用语都担心自己说错的，建议不要把生活对话当作主要的启蒙方式，而是作为动画片、绘本的补充，“照本宣科”。就是动画片、绘本里学了什么，生活中刚好能用上的地方就说一下，这样可以确保自己说的肯定是对的。换句话来说，不要把生活对话当作给孩子的英语输入，而是对学过内容的运用和复习。

顺便说一句，在英语启蒙这件事上，家长一定要根据自身实际情况来决定做什么，怎么做。做不到不要勉强。退而求其次，能做几分做几分，总比不做强。如果不顾自身能力追求过高目标，比如明明自己英语不够好，偏偏想随意说，把自己搞得压力很大不说，一些可以做好的事，比如一句一句教，都没做好。反过来，如果因为目标太高干脆放弃，比如做不到随意说就干脆闭口不跟孩子说英语，那么本来孩子可以得到的帮助也得不到，颇为可惜。

我们对孩子要因材施教，对自己也要量力而行。适合自己和孩子的方法才是最好的英语启蒙法。

3. 听说启蒙阶段要不要学教材？

有的家长虽然觉得习得法好，希望孩子走习得路线，但又始终觉得用儿歌、绘本、动画片这些东西来教孩子英语不够“系统”，怕漏学了什么重要内容，一定要拿一本教材来学心里才踏实。这是受学得法影响太深，观念还没转变过来。

想想看我们所有人习得自己的母语，有教材吗？没有吧？因为语言习得从来没有规定哪些单词必须先学，哪些单词必须后学。我们大人只管提供大量的听力输入，孩子会按他们自己的节奏去掌握吸收语言。比如学汉语，有的孩子开口第一个词是“爸爸”，有的是“妈妈”，有的却是“打”“饭饭”“鸭鸭”

等。但是不管顺序如何，最终孩子都能掌握这门语言。

英语习得是同样的道理。虽然儿歌、绘本这些内容看起来没有什么系统的安排，但是重要的单词和语法结构肯定会重复出现。只要输入量足够大，重复的次数足够多，孩子就能掌握。越是重要的单词出现频率越高，像 the、a、I、this 这些高频词更是随处可见，完全不用担心孩子错过什么。

相反，教材的内容被浓缩在薄薄的几十页里，做不到大量重复。这课学了这个词，后面一般不会再出现，孩子反而不容易学会。有的家长为了让孩子掌握得“牢固”，要求孩子做教材里的习题或者配套练习册，涂涂画画，连个线之类。可是听、说、读、写四项能力，这些练习究竟练到了哪项能力呢？如果练不到，就是浪费时间。

既然选择了习得法，就按习得的方式去学习。听说启蒙阶段一定不要用教材和练习册，不要走到学得的老路上去。

4. 听说启蒙阶段慎用分级读物

英语启蒙用绘本还是分级读物？这不仅仅是新手爸爸妈妈常问的问题，也是英语教育界颇具争议的一个问题。在回答这个问题之前，我想先讲讲绘本和分级读物的不同。因为在我碰到的家长中，至少一半以上的人还根本分不清这两个东西。有的家长以为只要是图大文字少的就是绘本。这可是个天大的误会。

绘本叫作 picture book，一般由专门的儿童绘本作家创作，故事生动有趣，画面精美，语言精练，具有独特的韵律美。有些经典绘本，比如 *I Am a Bunny*，简直就是一件艺术品，对孩子有很强的感染力。

有的绘本有各种奇妙的设计，比如 *Where Is Spot* 这种翻翻书，特别符合孩子爱动手、爱探索的天性，让孩子爱不释手。

分级读物叫作 leveled readers，是国外孩子上学后练习识字用的，所以它更像教材，文字是核心，画面只是辅助示意，并不追求艺术性。不仅如此，为了达到学习目的，书中的文字按照科学体系来安排，单词和句式受到严格控制。因此，分级读物，尤其是低阶的分级读物，没有吸引人的故事情节，一般都是同一句型的重复。孩子读起来往往会觉得枯燥无味。下面是著名的 *Reading A-Z* 分级读物的内页，大家可以感受一下，跟上面的绘本内页做个对比。

有的家长选择用分级读物给孩子做启蒙，因为他们觉得跟绘本比起来，分级读物的前几级更简单，读起来、讲解起来都轻松。另外，分级读物都是几十上百本成体系的套装，难度循序渐进，挑一套就可以读几个月，省了选书的麻烦。

分级读物对家长可能比较友好，但是它最大的问题是孩子不喜欢。即使提倡分级读物的人自己也承认："分级读物趣味性不强。"所以用分级做启蒙，要么孩子抵触，不愿意学，根本没有输入的机会；要么孩子被迫学习，但毫无兴趣，吸收效率低。甚至有很多孩子因为刷分级读物把对英语的兴趣给彻底刷没了，从此极其抗拒英语。这样的孩子我碰到不少。

他们的父母告诉我，选择分级读物来做启蒙，是因为看别人这么做成功了。这种例子的确有，我就看到过一个微信公众号号主的孩子学分级读物考过了 FCE，可是大家没有留意她总结经验时说的一句话："我家孩子特别老实，让干什么就干什么。”这种孩子适合用分级读物，因为他不抗拒。可是很多孩子是受不了枯燥的。比如朵朵，让她读点分级读物比登天还难，勉强读一篇都是心不在焉，哈欠连天。如果当初我用分级读物给她做启蒙，估计早就失败了。像朵朵这样的孩子其实是大多数，尤其是学龄前儿童，一般都需要以兴趣为先导。所以大家要不要用分级读物做启蒙要看自己孩子的接受程度，千万不要把少数人的成功当作具有普适性的方法去用。

众多分级读物中，有一套比较适合启蒙用，这就是“牛津阅读树”。“牛津阅读树”是一个庞大的体系，包括超过 20 个系列。我们一般说的“牛津阅读树”是指关于 Biff、*Chip* 和 *Kipper* 这一家的故事系列。

“牛津阅读树”是一套“非典型”分级读物。一般分级读物为了实现科学的词句编排，故事性比较差，孩子读起来往往缺乏兴趣。可是“牛津阅读树”不一样，它围绕 Kipper 一家展开，讲述他们日常生活中发生的各种小故事，充满强烈的生活气息，而且一集接一集，读起来就像追剧一样，让孩子爱不释手。但另一方面，也因为这种家庭生活的设定，“牛津阅读树”的主题和词汇选择颇受限制，生活中一些常见的动物、衣物、身体部位、交通工具、天气等，都不能覆盖到。或者即使用到，也仅仅出现一两次，重复度不高。举个例子来说，儿童读物中经常出现的动物单词 bear、elephant、pig、mouse 之类，在前 4 级都没有出现过。所以“牛津阅读树”不能单用，跟其他材料搭配起来用比较合适。

另外，即使用分级读物，也要注意方式。前面我提到的那个通过学分级读物考过 FCE 的孩子，启蒙阶段他妈妈是把分级读物当故事书来讲的，直到他具备自主阅读能力之后，才开始自己读。所以千万不要一开始就让孩子自己朗读或跟读，这样刷分级读物毫无意义。

5. 如何挑选儿歌童谣、动画片和绘本？难度最关键

用儿歌童谣、动画片和绘本做英语启蒙，选材是第一要务。内容有趣孩子才喜欢，难度合适学习效率才高。

不会挑怎么办？一是看专家和其他家长的推荐，二是看书店的购买量和网站观看量排名。群众的眼睛是雪亮的，很多孩子都喜欢的东西，自己孩子也喜欢的可能性就比较大。

（1）儿歌的选择

儿歌主要用于启蒙初期，所以力求简单。尽量挑那种句子短，重复多，句式简单的，还要旋律朗朗上口，节奏缓慢，孩子才容易学会。比较好的有*Super Simple Songs*、*Kiboomers Songs*、*Maple Leaf Learning* 等。这些儿歌专门为儿童英语教学而设计，歌曲短小，语言简单，最适合启蒙用。

另外有一些做成绘本形式的经典儿歌集，比如 *Child's Play* 洞洞书系列、*Sing Along with Me* 机关书系列也很不错。因为有洞洞，有机关，既能唱，又能看，还能玩，将儿歌和绘本的优势充分结合，对孩子来说吸引力非常大。

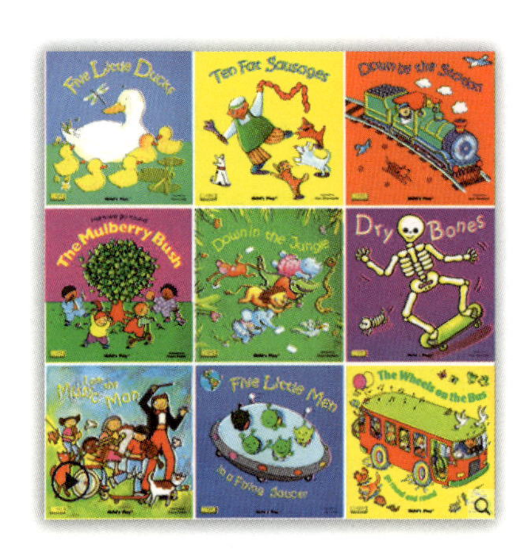

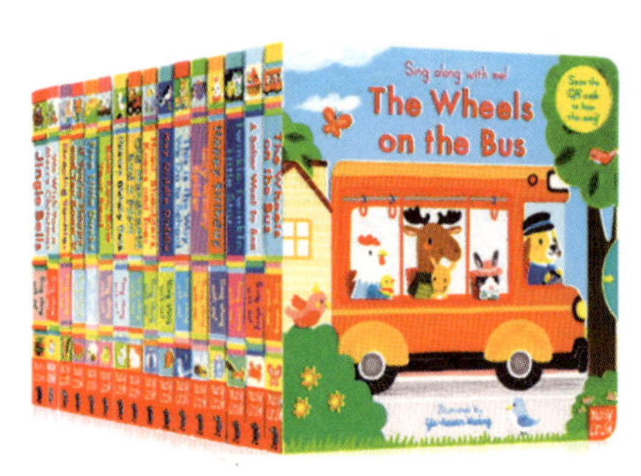

童谣当推《鹅妈妈童谣》。《鹅妈妈童谣》在英美基本上家喻户晓，跟我们的“小老鼠，上灯台，偷油吃，下不来”差不多。《鹅妈妈童谣》虽然好，但并非都适合启蒙用。有的语言晦涩，句式复杂，孩子难以理解，所以挑对版本很重要。湖南美术出版社的 *My Very First Mother Goose* 这个版本不错，里面选的多是短小简单、意思明确的歌谣，比如：

> I'm dusty Bill,
> from vinegar hill.
> I never had a bath,
> and I never will.

朵朵启蒙之初就用到了这本书，我挑里面最简单易懂的歌谣念给她听，对于培养她的英语语感起了很大帮助。我念的时候会用手打拍子，加强节奏感，这一点很重要。这本书有配套音频，也是带着节拍念的，非常适合学了之后给孩子磨耳朵用。

（2）绘本的选择

绘本内容从简到难跨度很大。难度把握不好，影响学习效果。即使有些专家列的书单，难易顺序也是有问题的。例如，*Guess How Much I Love You* 和 *Owl Babies* 这样的绘本基本全是大段的文字和复杂的长句，难度快赶上桥梁书了，可是却出现在一些著名书单的前十几本，刚启蒙的孩子根本听不懂。

其实判断书的难度方法很简单，就三个标准：

- 数量：页数，每页句子数，句中单词数；
- 内容：句式结构和意思；
- 重复度。

用这三个标准我们可以把绘本分成难度系数递增的三级。

第一级：初阶绘本。适合零基础的孩子。

- 一般10页左右，每页1～2个句子；平均每句话约5个单词，最好不超过8个单词；
- 句子以常见句型、简单句为主，意思直观形象；
- 句子重复度高，有押韵更好。

下面我们来看看这种难度的绘本，有一个直观的认识。*Brown Bear, Brown Bear, What do You See*？这是艾瑞·卡尔（Eric Carle）老爷爷的经典之作，也是英语启蒙的绝佳素材。我们拿上面三个标准来对照一下，全书一共有12页，每页就两句话。句子长度为4～8个单词。句子是简单的一般现在时，而且意思非常直观易懂。全书一直重复两句话：What do you see？/I see a … looking at me. 重复度极其高。并且句子结尾的单词see和me押韵，读起来朗朗上口，孩子很容易学会。

第二级：进阶绘本。适合启蒙半年以上、有一定听说基础、有300左右词汇量的孩子。

这类绘本满足初阶绘本的大多数条件，但是在某些方面超出了。比如虽然句型简单，每页单词不多，但是页数比较多。典型代表是 *The Elephant and Piggy Book* 系列，文字又短又简单，但每本书都是50页左右，所以并不适合零基础孩子启蒙用。

有的书页数虽然不算太多，但每页句子数量比较多，或者句子较长，用词复杂，比如 *Go Way*，*Mr. Wolf* 就属于中阶绘本。

第三级：高阶绘本。这些绘本难度系数已经相当大，语言的复杂度已经接近桥梁书。适合启蒙一年以上、掌握大量句型、词汇量600 以上的孩子。

这种绘本一般：

- 页数多，超过 20 页甚至更长；每页 2 ~3 个句子甚至更多；
- 句子长，句式多样，有并列句、从句等复杂结构。

比如经典绘本 *The Very Hungry Caterpillar*，很多家长给零基础的孩子看，有些线下机构也用来作为启蒙读物给零基础孩子学，因为绘本的画面实在太有魅力，几乎是人见人爱。可是从学英语的角度来说，这本绘本虽然有重复句，但词汇量大，句式非常丰富多样，需要有一定的基础才能很好吸收其中的语言养分，过早使用其实是一种浪费。

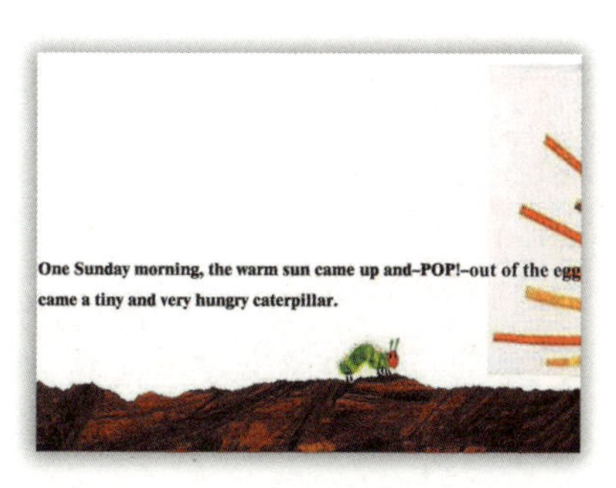

绘本难度除了上面我建议的判断标准外，还可以参考AR值和蓝思指数。这两个都是衡量书籍难度的指标，因为在选择章节书时非常关键，我们将在后面介绍章节书的时候做具体介绍。

一般初阶绘本AR值在1.5以内，蓝思指数200以内。进阶绘本AR值是1.5~2，蓝思指数是200~400。高阶绘本AR值是2~3，蓝思指数是400~600。当然这些指数只能作为参考，家长还是要根据自己对绘本难度的直观判断，结合孩子的喜好和英语能力来选择合适的绘本。

在带过几千个孩子做英语启蒙之后，我从海量绘本中筛选出了60本深受孩子喜欢，同时又最适合英语启蒙的绘本。下面按从易到难的顺序排列，给大家做个参考。

初阶绘本（AR值0~1.5，蓝思值0~200）

Brown Bear, Brown Bear, What Do You See?

《棕熊，棕熊，你看到了什么？》

世界著名绘本大师艾瑞·卡尔的代表作，我心目中的英语启蒙第一本书。全书就两句话，从头重复到尾，还有歌可以唱，带孩子认识了十几种动物和颜色。任何年龄的孩子都喜欢，也都能学会。

一根毛系列

美国著名低幼绘本大师莱斯莉·帕特里切利（Leslie Patricelli）的系列作品，用简洁的线条描绘了一个宝宝的日常生活，画面充满童趣，语言简短，尤其适合低幼孩子的启蒙。

甜心英语系列

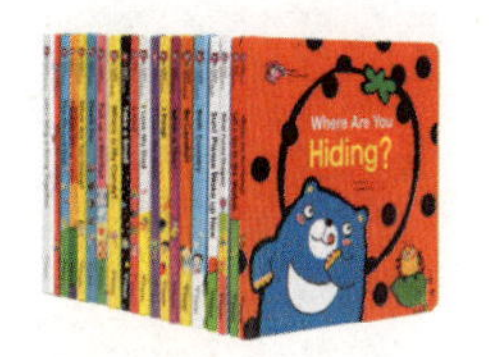

这套书运用了剪贴画、橡皮泥、拼布等多种艺术表达手法，做成了洞洞书、翻翻书、机关书的形式，特别受低龄孩子喜欢。 每本书都围绕一两个句式大量重复，非常有利于孩子习得。

What Is Black and White?

《什么是黑白色的?》

这本书语言极简单，基本是一句话的重复，最适合零基础孩子启蒙用。 画面极具艺术感染力。

Where Is the Green Sheep?

《绿绵羊在哪里?》

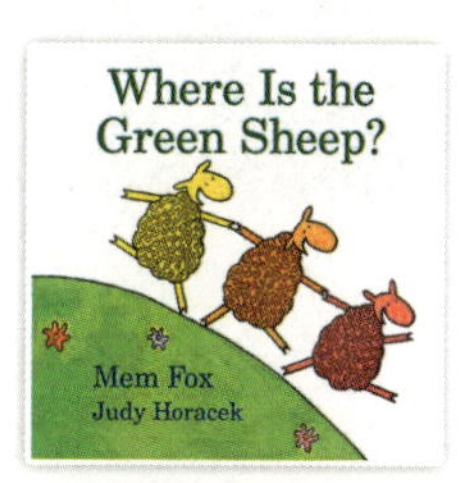

这本来自澳大利亚的经典绘本用充满韵律的语言,将各种小羊生动形象地展现在孩子面前。 语句重复且押韵,读起来朗朗上口，再配上歌曲，孩子很容易学会。

Where Is Baby's Belly Button?

《宝宝的肚脐眼在哪里?》

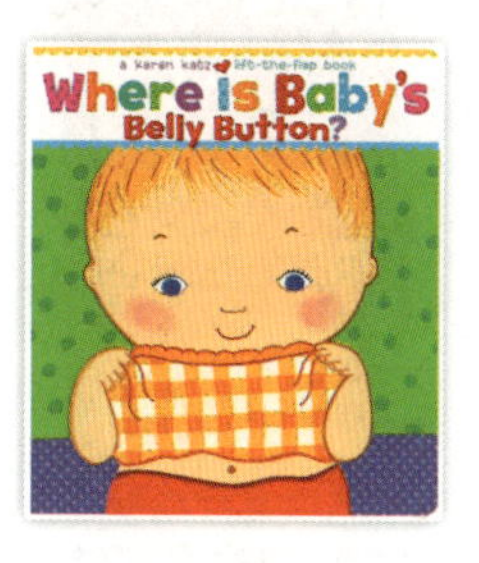

美国知名低幼绘本大师凯伦 · 卡茨（Karen Katz）的代表作，用翻翻书的形式带着孩子认识各个身体部位。 Where is 句型不断重复，非常有利于孩子习得，而且特别适合跟孩子玩亲子游戏。

From Head to Toe

《从头到脚趾头》

艾瑞 · 卡尔的另一本经典之作，带孩子认识各种动物和身体部位，全书不断重复“Can you do it?”和“I can do it.”这两句话，孩子很快就学会了。 这个绘本还有配套儿歌。

Where's Spot?

《小玻在哪里?》

来自英国的经典绘本，跟 *Where Is Baby's Belly Button?* 有异曲同工之妙，用翻翻书的形式，带孩子寻找一只小狗小玻。在寻找过程中，孩子可以轻松掌握 in、under、behind 等介词。

Open the Barn Door

《打开谷仓门》

非常小巧可爱的一本掌上书，用翻翻书的形式带孩子在探索农场的过程中学习各种农场动物的叫声，全书一直重复 Who says...和...says...这两句话。书读完，孩子也就学会了。

Dear Zoo

《亲爱的动物园》

美国家喻户晓的一本翻翻书，妙趣横生的故事情节，让孩子充满期待地翻开每一页。这本书也有配套儿歌。

Go Away, Big Green Monster!

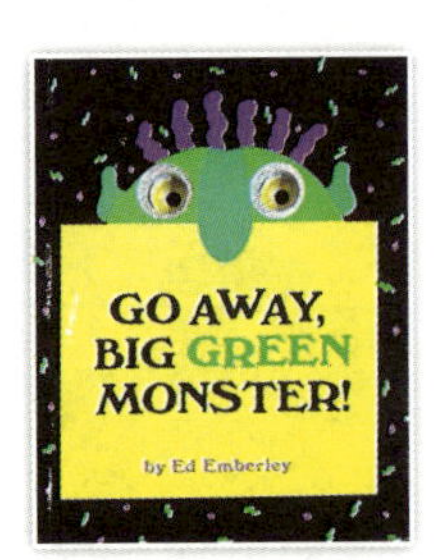

《走开，大绿怪!》

一本充满艺术想象力的书，鲜艳的颜色、滑稽的怪物形象、镂空的设计，不经意间孩子就掌握了五官的说法以及各种对应的形容词。

Five Little Monkeys Jumping on the Bed

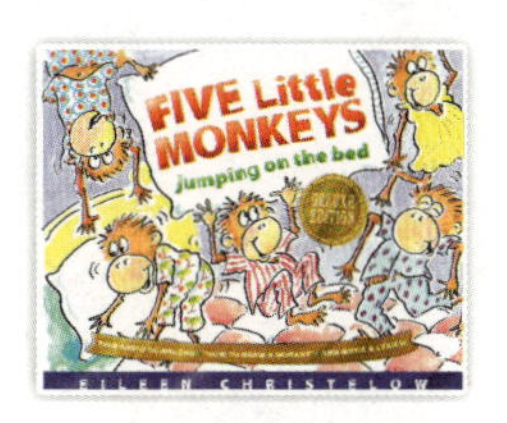

《五只猴子在床上跳》

这本绘本的精髓在于儿歌。绘本语言充满韵律感，而且不断重复，有利于孩子掌握。虽然句子比较长，但得益于旋律动听的儿歌，零基础的孩子也能学会。

What's the Time，Mr. Wolf?

《狼先生，几点了？》

这是一本有趣的手偶书，给阅读增添了很多乐趣。书的语言简单且重复，但是因为涉及时间，更适合 5 岁以上、能认知时间的孩子学。

Does a Kangaroo Have a Mother Too?

《袋鼠也有妈妈吗？》

艾瑞·卡尔的又一本经典绘本，三句话从头到尾一直重复，让孩子认识各种野外的动物。

Today Is Monday

《今天是星期一》

Today Is Monday 本来是一首传统英文歌谣，艾瑞·卡尔据此创作了这本绘本。配上歌曲，这是孩子学习一周七天英文说法的最佳方式。

Pat the Bunny

《拍拍小兔子》

这是一本畅销世界 80 年的触摸书，书中的小兔子身上有真的毛，花朵真的有香味，还用了特殊材料来模拟兔子爸爸长满胡子的脸。这不是一本看的书，而是一本可以“玩”的书。

中阶绘本（AR值1.5~2，蓝思值200~400）

Go Away，Mr. Wolf!

《走开，狼先生！》

这是一个新版的三只小猪的故事。大灰狼一次次地来诱骗小猪跟他出去，小猪们都成功识破了他的诡计，将他拒之门外。这本书里的语言特别生活化，每天都可以用起来。

My Car

《我的小车》

这是一本色彩艳丽的绘本，画风可爱，句子简短，介绍了汽车的各个部件。 适合喜欢汽车的小男孩。

Hey! Wake Up!

《喂，醒醒！》

这本书讲的是小动物们早上起床后的一系列活动，打哈欠、伸展身体、吃早餐、和伙伴们玩耍，可以让孩子学到这些日常活动的说法。

Not a Box

《不是一个盒子》

在孩子眼里，一个盒子从来不只是一个盒子。这本书可以给孩子心中埋下创造性思维的种子（think out of the box），读完这本书，孩子都能学会“It's not a box!”这句话。

See You Later，Alligator!

《再见，短吻鳄!》

这又是一本手偶书，书中语言非常生活化，很多句子在生活中都可以用起来。

Everyone Poops

《每个人都拉便便》

这是日本著名绘本作家五味太郎的作品，主题是每个孩子都感兴趣的“便便”。

Shark in the Park!

《公园里的鲨鱼!》

英国著名绘本作家尼克·夏塔特（Nick Sharratt）的经典作品，作家利用巧妙的剪裁来激发孩子的想象力，制造出了紧张的气氛。There is 句型大量重复，孩子很容易掌握。

The Carrot Seed

《胡萝卜种子》

用极其简单的语言和画面，向孩子传递了耐心等待和充满信心的价值。

Good Night，Moon

《晚安月亮》

静谧的画面，充满韵律的语言，为孩子描绘了临睡前的温馨。

We're Going on a Bear Hunt

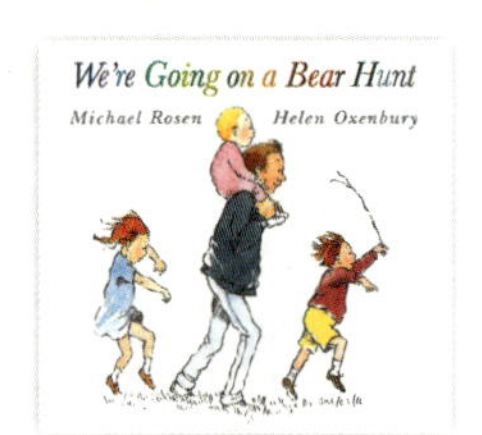

《我们去猎熊》

这是一本获奖无数的经典绘本，情节诙谐有趣，运用反复的形式，语言充满节奏感和韵律感，再加上配套歌曲，几乎每个孩子都会爱上它。

Come Out and Play，Little Mouse

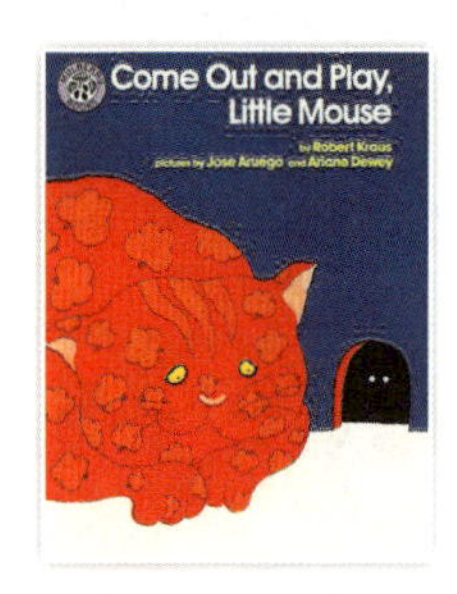

《出来玩呀，小老鼠》

绘本讲述一周七天，狡猾的猫天天来引诱小老鼠出洞，小老鼠却不上当的故事。 绘本中有大量的重复句型。

Snow

《雪》

这是一本充满诗意的绘本。 不管大人和媒体如何自以为是，孩子始终相信自己的所见，并享受着下雪这件事带来的最纯粹的欢乐。

Don't Put Your Finger in the Jelly，Nelly!

《不要把手指放在果冻里，奈利!》

这本书充分利用了孩子“越不让干的事情越想干”的心理，把书上的一个洞做成了千变万化的事物，让孩子忍不住想要一探究竟。

The Napping House

《打瞌睡的房子》

这是一本获奖颇多的绘本，全书文字采用重复和叠加的方式，逐一描述了一座房子里的人和动物，具有独特的节奏和韵律感。

My Dad

《我爸爸》

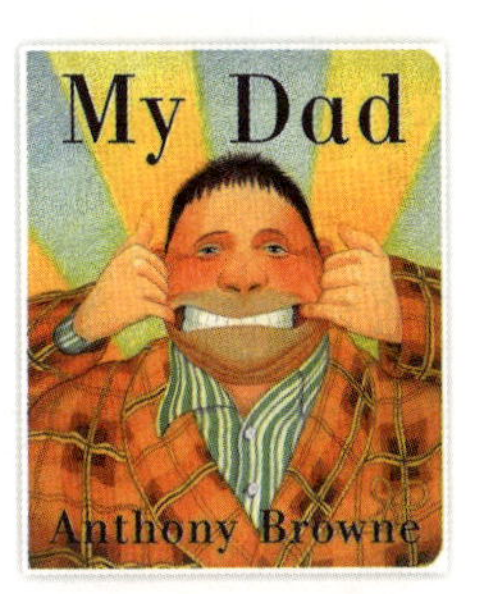

这本绘本描绘了这样一个父亲的形象：勇敢、智慧、高大、强壮，似乎无所不能。这是作者结合自身经历，从一个孩子的视角描述对父亲的爱和崇拜。

Is Your Mama a Llama?

《你的妈妈是驼羊吗？》

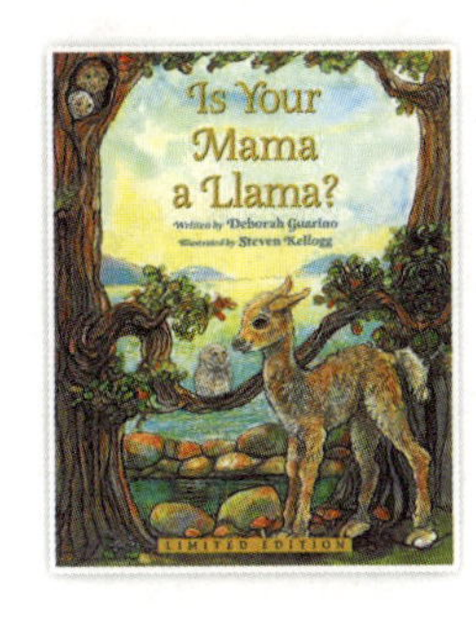

这是一个小驼羊找妈妈的故事，通过各种动物对自己妈妈的介绍，孩子可以学到描写动物样子的语言。

The Very Busy Spider

《好忙好忙的蜘蛛》

绘本延续艾瑞·卡尔一贯的画风和重复的文字风格，讲述了一只小蜘蛛不理睬朋友们的各种邀请，忙着专心织网的故事。

You Are My Mother

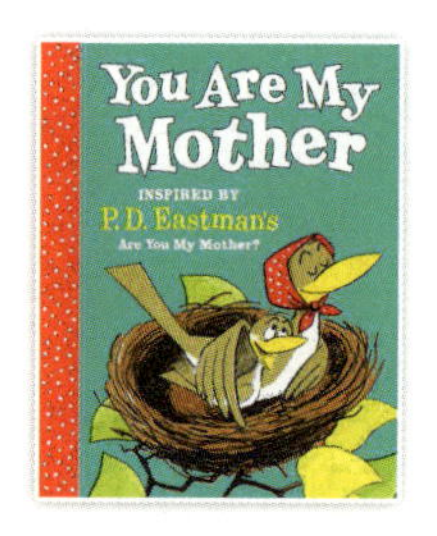

《你是我的妈妈》

美国图书馆推荐孩子必读的100本童书之一。跟咱们的传统故事《小蝌蚪找妈妈》有异曲同工之妙。通过小鸟的一次次问话，孩子对书中的语言记忆深刻。

Gossie

"小鹅戈西系列"

此系列是关于可爱的小鹅戈西和她朋友之间的友谊的故事，共6本。书中充满童趣，语言浅显易懂，句型、句式多重复，读起来朗朗上口。

Biscuit

"饼干狗系列"

这是风靡欧美的儿童读物，全球销量超过2000万册。讲述了小狗饼干日常生活中的各种小故事，散步、玩耍、找朋友、上学等。故事内容很简单，但是生动有趣、温馨感人。

Maisy

"小鼠波波系列"

这也是一套畅销全球的儿童绘本系列，全球销量超过3000万册。小鼠波波的很多行为都很符合孩子的心理，所以深深吸引着孩子。注意这套书有很多不同的系列，难度稍有差异。

Elephant and Piggie

“小象和小猪系列”

这是一套情商教育的英语绘本，作者莫·威廉斯（Mo Williams）运用简单的文字、富有表现力的简笔画、生动可爱的形象和幽默的小故事，让孩子在笑声中理解友情，学会与人交往。这套书适合年龄稍微大一点的孩子。

The Pigeon Book

“鸽子系列”

同样来自莫·威廉斯，该系列绘本延续了他一贯的幽默搞笑风格，让孩子捧腹不已。这套书同样适合年龄大一点的孩子。这两套书是朵朵的最爱。

 高阶绘本（AR值2~3，蓝思值400~600）

Time for Bed

《睡觉时间到了》

这本绘本的内容是一首优美的韵文诗，画面也很唯美，特别适合在孩子睡前低声念给他们听。

I Am a Bunny

《我是一只兔子》

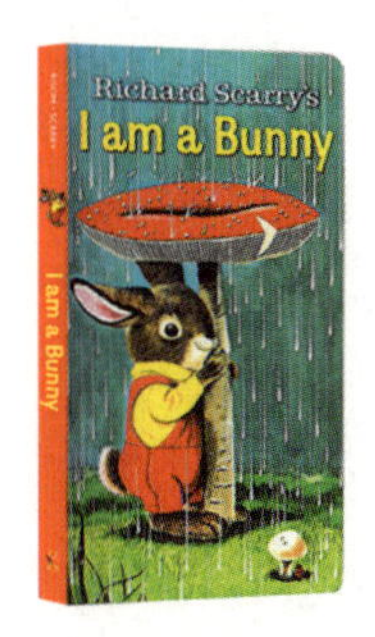

这本绘本的每一页都是一幅可以单独装裱的画作，十分精美。它通过一只小兔子的视角，给孩子展现了一年四季的更替。从书中孩子可以学到关于自我介绍和四季的英语表达。

The Very Hungry Caterpillar

《好饿好饿的毛毛虫》

这个就无须过多介绍了，大名鼎鼎的艾瑞·卡尔的代表作，几乎没有孩子不喜欢，也是拓展最为丰富的绘本。

If You Give a Mouse a Cookie

《如果你给老鼠一块饼干》

教孩子 if 句型，用这一本书就够了。 如果你给这只老鼠一块饼干，接下去很多事就像多米诺骨牌一样接连发生。

The Runaway Bunny

《逃家小兔》

这本经典绘本出版近 80 年来仍然深受妈妈和孩子们的喜爱。 这是一个小兔子和妈妈玩语言捉迷藏的故事，充满着浓浓的爱意。

Guess How Much I Love You

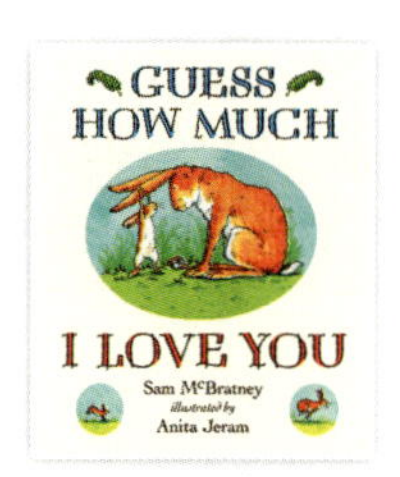

《猜猜我有多爱你》

这是一本经典中的经典，兔宝宝跟兔爸爸比赛谁更爱对方多一点，淡淡的水彩，诗意的句子，描绘出一个关于爱的故事。

The Gruffalo's Child

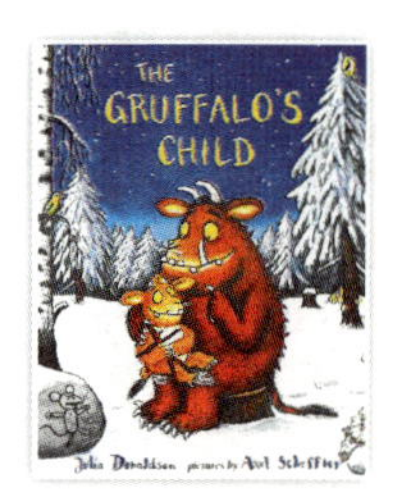

《咕噜牛》

在英国，应该没有孩子不知道这个故事，这就是英文版的《狐假虎威》。

The Tiny Seed

《小种子》

绘本延续了艾瑞·卡尔一贯的画风，不过句子更多更长，讲述了一粒小种子的生命之旅。

Froggy

“小青蛙弗洛格系列”

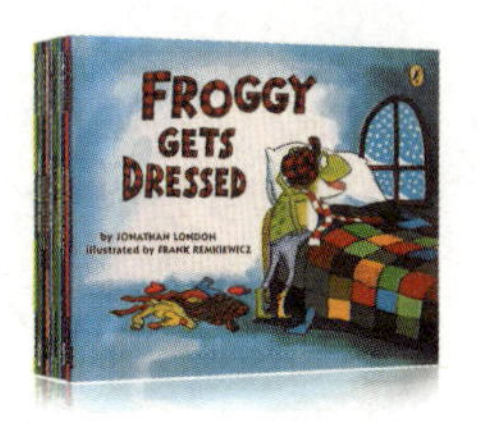

绘本讲述了一只小青蛙的生活趣事，幽默感十足，能让孩子捧腹大笑。

Little Princess

“小公主系列”

该系列在英国是一套人气爆棚的儿童绘本，讲述了一个古灵精怪的小公主，常常有意想不到的想法和创意。 她也有同龄孩子常见的问题，比如怕黑、不洗手、不愿意睡觉，很容易引起孩子的共鸣。

Pete the Cat

“皮特猫系列”

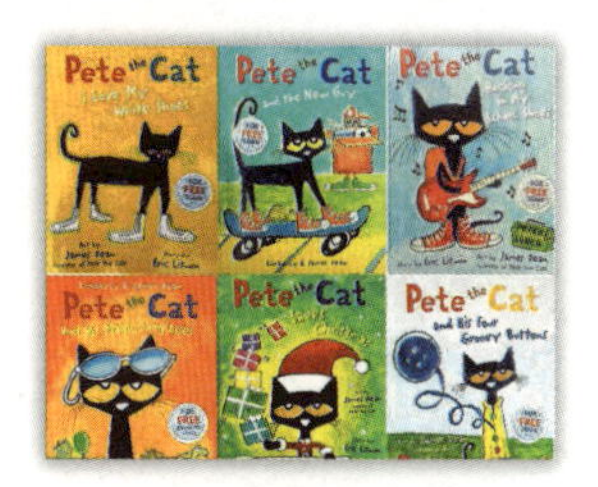

该系列是美国最畅销的儿童情商教育绘本之一，有助于培养孩子乐观、自信、勇敢、乐于分享等好品质。

The Little Critter

“小怪物系列”

该系列是美国家喻户晓的绘本，讲述了小怪物和他妹妹以及家人、朋友的有趣生活。 美式幽默的语言，平实地表现了小怪物的成长历程。

Robert Munsch

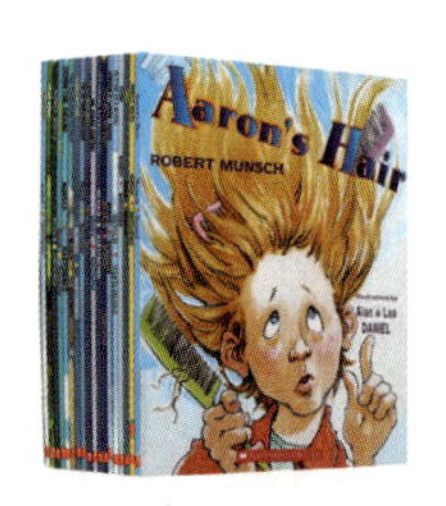

“蒙施爷爷讲故事系列”

该系列是加拿大家喻户晓的一套绘本，几乎每个加拿大的孩子都读过。 每本绘本都是一个独立的故事，有不同的主人公，但从蒙施爷爷的口中讲出来，都能令孩子笑个不停。

I Can Read 系列

这一套书常被很多博主当作分级读物向大家介绍，但其实是优秀绘本和书籍的集合。 这就是美国HarperCollins 出版社的 *I Can Read* 系列。 这个系列的图书跟前面介绍的分级读物有很大区别，它没有对页数、单词量、词汇及句式难度做统一规划和科学编排，只是把一些著名的绘本、桥梁书和章节书收入囊中，然后根据难度做了一个粗略的等级划分。 所以它们是被粗略分了级的绘本（picture book），而不是分级读物（leveled reader）。

这套书里的绘本都由不同的知名绘本作家绘制，画面精美，有一个家喻户晓的形象，比如饼干狗 Biscuit、皮特猫 Pete the Cat、小怪物 Little Critter 等。 除了作为 *I Can Read* 系列的一部分外，也以绘本的形式出版并单独出售。

I Can Read 系列书从 My Very First 到 Level 4 一共分为六级，基本上前两级适合启蒙，从第三级也就是 Level 1 开始就出现 *Pinklicious* 和 *Fancy Nancy* 一类的桥梁书，这种书一般要启蒙两年之后才能听得懂。

I Can Read 系列基本把同一主题的书放在了一个级别，比如*Pete the Cat* 属于 My First 级别。 但是大家千万不要被误导，以为同一主题的难度差不多，事实上难度跨度往往很大。 例如 *Pete the Cat* 的 AR 值从 1.6 到 2.8，覆盖了启蒙绘本进阶和高阶两个阶段。 如果把整套 *Pete the Cat* 不加选择地读给孩子听，就会觉得难度忽高忽低，难以吸收。

总体来说 *I Can Read* 系列的书都非常有趣，跟绘本类似，很适合孩子学英语用，只是要注意书的难度进阶。 难度合适了，学习才有效果。

（3）动画片的选择

对普通家长来说，动画片的难度比绘本难把握。因为要考虑的因素比较多，而且需要家长具有一定的听力水平才能判断。大体来说，动画片的难度要看以下三方面：

首先看每集时长。一般面向低幼儿童的动画片一集在5分钟左右，比如*Penelope*、*Peppa Pig*，这是根据3岁孩子的注意力时长来设计的。长一点的在11分钟左右，比如*Thomas & Friends*，适合4～5岁的孩子。更长的要20多分钟，比如*My Little Pony*、*Paw Patrol*，适合5～6岁的孩子。基本从时长就可以看出这部动画片所针对的孩子的年龄，同时也是语言难度的一个标识，一般越短的动画片语言越简单。对于零基础的孩子，即使六七岁了，也建议从片长时间最短的动画片看起。

其次看台词难度。有的动画片语言比较口语化，句子又短又简单，高频词用得多，这种动画片台词难度就小，典型的如*Peppa Pig*。有的动画片语言比较正式，比如*Thomas & Friends*的台词就比较书面化，句子较长，句式也比较复杂。另外，有的动画片以剧中人物对话为主，比如*Penelope*，有的以画外音为主，比如*Maisy*。相比之下，对话类的动画片更适合启蒙用。因为片中的语言孩子和家长可以在生活中用起来，孩子也更能理解如何回答英语问题，与人交流。

第三看语速和发音。语速越慢，发音越清楚，孩子越容易听懂，比如*Penelope*、*Peppa Pig*这类。

下面这7部英文动画片比较适合孩子在零基础启蒙的时候用。

Didi's Day

每集时长：2分钟　难度：1星

来自韩国的一部幼儿英语教学动画片，画风幼稚可爱，每一集教一两个句子，在不同生活场景中不断重复。特别适合低龄儿童零基础启蒙。

Big Muzzy 《玛泽的故事》

每集时长：10 分钟　　难度：1 星

BBC 制作的经典英语启蒙教学片，画风比较成熟，适合年龄大一点的孩子。

Meg and Mog 《女巫麦格和小猫莫格》

每集时长：5 分钟　难度：1.5 星

基于同名绘本改编的英国动画片，曾获 2005 年英国最佳学龄前动画片奖，讲述的是女巫 Meg、她的猫咪 Mog 和猫头鹰这三个好朋友的生活。

Penelope 《蓝色小考拉》

每集时长：5 分钟　　难度：1.5 星

BBC 少儿栏目 Cbeebies 根据法国同名绘本制作的动画片，讲述一只蓝色小考拉贝贝和她的家人的生活小事。

Maisy 《小鼠波波》

每集时长：5 分钟　　难度：1.5 星

改编自深受全球儿童喜欢的英国同名儿童绘本，讲述了老鼠波波和她的一群好朋友之间的故事。

Peppa Pig 《小猪佩奇》

每集时长：5 分钟　　难度：2 星

风靡全球的动画片，不需要任何介绍了。

Bing Bunny 《小兔兵兵》

每集时长：5 分钟　　难度：2 星

BBC 少儿栏目 Cbeebies 制作的学龄前动画片，讲述了一只小黑兔和他的朋友们的日常生活。

Sarah and Duck 《莎拉和乖乖鸭》

每集时长：5分钟　　难度：2星

BBC出品的学龄前动画片，讲述小姑娘莎拉和她的宠物鸭子之间的故事。

Hey Duggee 《你好道奇》

每集时长：5分钟　　难度：2星

一部针对学龄前儿童的英国学前教育动画片，故事围绕一只友善和蔼的大狗道奇和他开办的道奇幼儿园展开。

三、启蒙阶段怎么学?

1. “讲—听—玩—用”四步学习法

学习内容选好了，还得有个正确的学习方法。哪怕是学同样的东西，学法不同，效果可以差得天上地下。有的孩子学一年就听力入门了，有的孩子学三年还依然什么都听不懂。

在带了几千名家长做孩子的英语启蒙之后，我总结了一个适合大多数父母的“讲—听—玩—用”四步学习法。不管是学儿歌童谣，读绘本，还是看动画片，按这四个步骤来，孩子就能很好地吸收里面的语言。许多家长用下来，觉得简单易行，不再是“道理全都懂，一上手就懵”。

第一步：“讲”

“讲”就是学习新东西。拿到任何学习内容先要给孩子讲解明白，确保输入是可理解的。这一步花的时间并不多，简单的儿歌、绘本5分钟，复杂一点的7、8分钟，动画片连看带讲10分钟足够。如果想对重点词句做点拓展，顶多再加5分钟也就够了。总体时间控制在10～15分钟。时间太长孩子也保持不了那么久的注意力，学习效果不佳。这件事最好每天固定一个时间来做，比如晚饭后。

有的家长会问，“一开始10~15分钟够了，可是后来学的内容复杂了怎么办？有些难的绘本五六十页，15分钟能讲完吗?”如果学到那么难的绘本还需要家长逐句解释，那这个启蒙是不成功的。方法正确的话，到这个时候孩子自己应该能够明白绝大部分内容，只有少数不熟悉的生词和句子需要家长解释一下，所以这个时间是足够的。也就是说，启蒙初期讲解比较多，随着孩子英语水平的不断提高，解释越来越少。到某一天，孩子基本不太需要家长解释就能理解，“听力入门”就实现了。

讲解这一步并不需要家长英语有多好，只要能把英文内容读出来，然后用中文把意思讲明白，孩子完全理解就行。如果英语不太好，可以提前准备一下，查查字典，或者上网查查别人对这个的讲解和翻译。如果自己不会讲，网上还有很多讲绘本的音频可以借鉴，看看别人怎么讲的，学习一下，争取讲得生动有趣一点，这样孩子会更有兴趣。我们有的小学员是爷爷奶奶带着学，他们甚至就直接把我讲绘本的视频给孩子看，孩子也能明白。

特别要注意的是，讲解的时候只讲解，不要让孩子跟读，不要求孩子输出，也不要去考孩子。这些动作对英语学习毫无帮助，只会让孩子对学英语这件事心生恐惧和厌恶。

第二步：“听”

在学完一个新内容之后，接下来的一段时间内每天要让孩子听音频磨耳朵。磨耳朵期间，学过的儿歌视频和动画可以反复看，读过的绘本也可以反复读。这种看和读其实跟磨耳朵是一个作用，都是理解基础上的重复，帮助孩子内化。当孩子理解后，读绘本的时候就只读英文版的，磨耳朵也用纯英文版的，不要用中英文双语的，效率不高。

磨耳朵的时间每天至少半个小时，如果孩子喜欢听时间可以更长。有的孩子可以听一两个小时。磨耳朵的时间长短直接影响孩子学习的速度。我的学员中有一些大童启蒙成功的，其中一个孩子小学三年级才开始启蒙，一年多时间从零基础达到能够裸听和阅读初级章节书的水平，GE值达到3.1，口语也超过

KET 水平。她每天学英语的时间也就 15～20 分钟，但磨耳朵的时间特别多，上学的时候每天听 2 小时，节假日、寒暑假要听三四个小时。

“听”这一步对家长的英语水平完全没有任何要求，不会英语都没关系，但需要家长会“哄”孩子。尤其是刚开始启蒙孩子对英语还很陌生的时候，要想些办法引导孩子养成每天磨耳朵的习惯。

第三步：“玩”

学完一个新东西，听几天音频，等孩子对内容熟悉之后，家长就可以跟孩子用英语玩起来了。儿歌唱起来，动作做出来，绘本、动画演起来，孩子学的内容都可以拿来玩。

比如 *Itsy Bitsy Spider* 这首经典童谣可以带孩子做手指操，*Brown Bear, Brown Bear, What Do You See?* 可以玩很多跟颜色和动物相关的游戏，*We're Going On a Bear Hunt* 完全可以演一出小剧……有的家长比较善于玩游戏，自己能创造出各种玩法。如果自己没想法，可以上网看看别人怎么玩的。

“玩”的作用有两个，一是把所学内容复习一遍。跟被动地听讲解相比，玩游戏的时候孩子为了把语言演出来，需要调动各个感官和肢体，孩子对内容理解更深，记得也更牢。二是“玩”给孩子提供了说英语的动机。咱们的孩子生活在汉语环境中，没有说英语的需求，这就导致孩子学英语开口难。为了让他们开口，我们需要给他们找个理由。“玩”就是一个最好的理由。

玩的时间不用长，5～10 分钟足矣。当然，如果孩子兴致高，想多玩会儿，也没问题。

这里我要提醒家长们，千万不要刚讲完一个新内容就马上拉着孩子玩。因为孩子还没有来得及熟悉、内化，这时候根本说不出来，徒增他们的挫败感。一定要等孩子磨几天耳朵，对内容很熟悉之后再玩。如果听得足够多，孩子可能听到上句，下句就能脱口而出。这样他们才有成就感，才愿意玩。

“玩”这一步需要家长说一点英语。如果家长英语不好，可以打个小抄。比如我们有的学员家长模仿我和朵朵做游戏，词记不下来，就把手机放身旁，需要的时候看一眼。或者自己把游戏的台词写在一张纸上，照着说。

第四步：“用”

做完前三步，孩子对所学内容已经吃得比较透了。如果能把学过的语言在日常生活中用起来，效果会更好。比如我给朵朵读完 *Go Away, Mr. Wolf* 这本绘本，又让她听了几天音频，我又演了两遍，朵朵已经比较熟练地掌握了里面的语言之后，我就把对话应用到了生活中。每天下班回到家，我都会敲门问：“Anybody home?”朵朵在屋里说：“Who’s that?”我装出大灰狼的声音说：“It’s me，Mr. Wolf.”朵朵就说：“Go away，big bad wolf.”我再次敲门，朵朵再问，不过这次我的回答是：“It’s Mommy.”朵朵飞快地打开门，对我招招手说：“Come on in，Mommy.”这些全都是绘本里的语言，连说几天之后朵朵就记得牢牢的了。

“用”的作用除了帮助孩子复习巩固之外，更重要的是让孩子在真实场景中运用语言，养成说英语的习惯。有很多孩子听力不错，但是一碰到英语对话就如临大敌，说的时候结结巴巴，整个人非常紧张，不自信。原因就是没有进行英语对话的经验，不习惯。

这一步对家长的要求稍微高一点，需要家长能记住学过的语言，并在生活中运用。但说的内容不需要家长自己想，全都来源于孩子学的儿歌、动画和绘本这种原版资源，所以不用担心说错。“用”这一步，并不需要家长说很多，关键是做出榜样，让孩子敢于开口，习惯开口，让他们觉得说英语像吃饭、睡觉一样稀松平常，是日常生活的一部分，而不是陌生奇怪的东西。这种对待英语的态度和习惯在孩子的英语学习中非常重要，音视频教不了，只能靠父母。

“讲—听—玩—用”这四步包括了孩子学习一个内容的完整过程。从一开始的理解、熟悉到后来的模仿、运用，一步步帮助孩子加深印象，将语言内化成自己的东西。不需要跟读，不需要朗读，不需要背诵，也不需要学教材做练习，习得法就这么简单。

扫码关注后输入70784，观看“讲—听—玩—用”四步法真人演示

曾经有个妈妈跟我说：“朵妈，好神奇啊！我自己给孩子读了一年绘本，看不到任何效果，跟着你们

学了一个多月，孩子就有很多输出了。感觉这一个月比过去一年还管用。”我问她之前是怎么读的，她说：“就是一本本读给他听啊。每天晚上读几本。”原来她除了照着书读之外，没有讲解，没有磨耳朵，没有游戏，没有运用。学的方式不一样，效果自然不一样。

总体来说，“讲”和“听”这两步对家长的英语水平要求不高，90%的家长都能做。这两步必须同时做，缺一步孩子都不可能学会英语。因为它们解决的是可理解输入和短时高频这两个最核心的问题。这两步做好了，孩子实现听力入门没问题。“玩”对家长的英语水平要求稍高一点，“用”的要求更高。这两步做好了，孩子学得更快，口语发展也更好。如果家长第四步“用”做得非常充足，“玩”这一步也可以少做或者省略，不过有这一步孩子学习兴趣会更高。总之家长量力而行，能做多少做多少。做不了四步做三步，做不了三步哪怕做两步，也有不错的效果。我们的学员中就有爷爷奶奶带着学，只做前两步的，学两年也看得懂原版动画片了。很多培训机构学三五年也未必能达到这个水平。

“讲—听—玩—用”四步学习法总结

	讲	听	玩	用
目的	理解	熟悉	模仿	运用
每天需要的时间（分钟）	10~15	30+（碎片时间）	5~10	0（替换汉语）
对父母英语水平的要求	低	无	中	较高

把任务一分解，你会发现很多家长说的自己没时间、英语不好其实都不是障碍。因为每天只需要投入15~30分钟，家长有高中英语水平就够了。关键是要用对方法，做起来。

关于“讲—听—玩—用”四步法，具体操作的时候家长常常有很多比较细的问题。下面我总结了一些最常见的问题和解决方法，帮助大家把每一步做得更有效。

2. “讲”——让孩子充分理解

Q1 讲解之前需要准备吗?

这个视家长的英语水平而定。水平高的不用准备，直接讲就可以。偶尔碰到不会的单词现场查一下也不影响。还可以坦白地告诉孩子：“妈妈也不会，咱们一起学。”如果家长英语水平有限，最好在讲解前把学习内容快速过一遍，不会的单词查一下，记下读音和意思。否则不会的词太多，全都现场查会影响讲解的流畅性。孩子热切地等着听故事，家长总时不时地停下来，孩子的热情就没了。这个准备工作也就几分钟时间。

家长英语不好未必完全是个劣势。英语好的父母在教孩子时往往会觉得“这么简单的东西怎么都学不会?”无形中给孩子很大的心理压力。英语差一点的父母反而让孩子觉得“爸爸妈妈是在跟我一起学”，而不是“在教我”。他们会更放松，甚至学得比家长快，他们会更有积极性。

Q2 孩子不喜欢英语，不配合怎么办?

没有孩子会喜欢英语，他们喜欢的是儿歌、绘本和动画片，所以要用这些东西去吸引他们。碰上孩子不配合的情况，先看看内容有没有问题：选的主题是不是孩子喜欢的?难度是否合适?朵朵就曾经因为绘本难度过大不配合，当我把难度一调整，问题就解决了。

如果内容没问题，就从我们的态度和讲解方式上去找原因。有时候我们一些不经意的话语和态度都会导致孩子抵触。比如有个妈妈每次学英语就跟孩子说：“快过来，学英语啦!”我告诉她，你这话一出口，孩子立马觉得“又是学习!又是英语!”心里就不乐意了。你要说：“宝贝儿，来，咱们唱个歌儿吧!”或者“这个故事看起来好有意思，你要不要听?”这样的开场白孩子才喜欢。

扫码关注后输入70784，观看朵妈讲绘本的视频

另外，这一步叫作“讲”，而不叫“读”。所以不能

只是给孩子读绘本上的文字，而要像讲故事那样讲给他们听。家长讲得越有趣，孩子记忆越深刻。有的家长讲绘本时“教英语”的感觉太浓，注意力全放在英语上，完全忽视有趣的故事情节和画面。一个词讲半天，讲完了要求孩子跟读，甚至还考孩子“这个单词怎么读？什么意思？昨天不是刚跟你讲过吗！”孩子会觉得，这哪儿是给我讲故事啊，这是学习呢。你叫他们怎么喜欢得起来？

讲解的时候请把“爱”和“有趣”放在英语之前！你不是在教孩子学英语，你是在陪他唱儿歌，讲绘本故事，看动画片。讲解不过是帮助他理解，让他能够更好地享受这个乐趣罢了。孩子沉浸在故事中，自然会吸收其中的语言。而这种无意识吸收远比有意识的学习更容易内化成他自己的东西。

Q3　内容可以用汉语讲解吗？需要逐句逐词解释吗？

不管儿歌，绘本还是动画片，我都建议直接用汉语讲解。原因前面已经讲了，培养英语思维不需要纯英语环境，汉语讲解也不会造成中式英语，这是我和许多英语牛娃父母亲身实践的经验之谈。用汉语讲解，家长讲得轻松，孩子听得轻松，整个互动过程更流畅，学习效率更高。

至于有的专家建议读绘本时每句话一遍英语一遍汉语，讲三遍之后再用纯英语，我觉得大可不必。比如像 *Brown Bear*，*Brown Bear*，*What Do You See*？这本绘本，“What do you see?”和“I see a…looking at me.”这两句话不断重复，孩子都明白了还解释他们会嫌烦。

我的建议是启蒙初期，逐句解释，因为孩子零基础，不解释听不懂。随着孩子英语水平的不断提高，他们懂的就不解释，只挑他们不懂的词句解释就可以了。至于解释多少遍，如果你觉得讲一遍孩子理解了，一遍就够，讲三遍还没理解，就还得继续讲。我们讲解的目的是为了让孩子理解，这才是家长需要遵循的原则，具体讲几遍家长要灵活处理。

讲解时，每句话讲句子大意就可以，对于重点单词稍加解释和示例。比如“Maisy puts on her pajamas.”可以这么跟孩子解释：“Maisy 穿上了她的睡衣。

put on是‘穿上’的意思，pajamas就是这种成套的睡衣，你看，有上衣，有裤子。”不要讲语法，puts的第三人称单数和pajamas的名词复数都不要管，学龄前孩子听不懂。

Q4 儿歌和动画片怎么讲解？是在孩子看的时候讲，还是看完再讲？

儿歌建议尽量选有视频的版本，先让孩子看一遍，对儿歌的内容和旋律有个大概的印象，然后再给孩子讲解歌词意思，这样效果比较好。

动画片的解释可以有两种方式，一种是在孩子看的时候讲。这需要家长陪孩子一起看，碰到孩子听不懂的地方，就快速解释一下，比如动画人物说："How long will it take?"家长就可以轻声说："要多长时间啊？"但是这样解释要快，而且不宜过多，否则打扰到孩子看动画片，他们就不乐意了。另一种是让孩子先看一遍，再快进到需要解释的地方，停下来解释。

有家长问我："朵妈，动画片这么长，一句句解释，孩子不耐烦啊。"出现这种问题根本不是解释的事儿，而是学习内容难度不合适。前面说过，原版动画片不适合刚启蒙的孩子看，因为一集三四十句话，句句都不懂，这么多怎么解释啊？句句都解释孩子肯定会不耐烦。更何况解释了也记不住，学不会。正确的做法是要么看教学动画片，一集就那么几句重点句型；要么先不用看动画片，只用儿歌、绘本，等到孩子水平够了再看原版动画片。那时候孩子大部分的内容都懂，只有几句不懂，这才有可能去解释，有可能学会。

Q5 孩子有一定基础后，看动画片或者听绘本故事，怎么知道孩子看懂了？

"讲"这一步的目标是让孩子充分理解所学内容，那怎么才能知道孩子有没有理解呢？这是一个困扰很多家长的问题。启蒙初期这个问题不大，因为孩子零基础，所有东西都要解释。但是随着孩子懂的内容越来越多，家长只需要对生词或重点句型进行讲解，这时候孩子理解多少就不太好判断。

有的家长为了知道孩子的理解程度，竟然每一集动画片或者每本绘本都让孩子逐句解释，这可千万要不得。这样一来原本好玩的绘本、动画片也变得不好玩了，孩子可能会对英语心生厌恶。

比较好的做法是从三个方面来看。首先，观察磨耳朵时孩子的神态，如果孩子听得入迷，那很有可能孩子听得懂。注意一定是听音频磨耳朵的时候，因为孩子看动画片和绘本的时候有画面，判断不出来他究竟是听懂还是看懂的。其次，可以就孩子看的内容问些问题，就像我们做阅读理解题一样，如果孩子听懂了，应该能答得上来。最后，可以挑一些我们觉得比较难的句子让孩子来解释。如果孩子绝大多数都能解释出来，那家长基本可以放心，孩子是理解的。

Q6　孩子坐不住怎么办？不肯老老实实学怎么办？

孩子听绘本，听着听着跑掉了，这是很多妈妈头疼的一件事。可是大家知道吗？2~3岁孩子的平均注意力时长只有5分钟，4~6岁的孩子注意力时长也不过十几分钟，所以孩子坐不住很正常。如果绘本的选择和读的方式都没问题，那孩子兴致高就多读会儿，不感兴趣就换本书或者少读会儿，灵活处理。

另外，有的家长总希望孩子老老实实坐在那里听自己读书，一看孩子东摸西摸，摆弄玩具，或者晃来晃去就不高兴，要么训斥孩子，要么自己憋着怒火读，效果都不好。其实好动是孩子的天性，只要孩子在听，跟得上讲的节奏，就不要对他的小动作管太多。朵朵就是个好动的孩子，经常一边听我讲故事一边在床上滚来滚去，或者手里玩着玩具，但是听到有趣的地方她会哈哈大笑，听到不理解的地方她会凑过来研究一下画面，我就知道她在认真听呢。

Q7　绘本读到什么程度才换新的？孩子反复读同一本绘本怎么办？孩子只肯读新的绘本怎么办？

这几个问题我放在一起回答，因为它们问的其实是同一件事：读绘本到底要重复到什么程度？我们都知道重复对于英语学习是非常重要的，所以理想状态是一本绘本重复3、4遍，到用纯英语读不做任何讲解孩子都理解时比较好。

可这是理想状态，是我们大人的想法。小孩子有小孩子的需求。当孩子特别喜欢一本书的时候，可能会不停地看。朵朵小时候超级喜欢《妈妈买绿豆》这本书，只要一拿起来就让我一遍遍地读个不停，读得我口干舌燥。读完还要演，拿围棋子当绿豆，拿出她所有的玩具盒子当锅碗瓢盆摆一床，把故事情节一个个地演出来。这本书我和她爸爸给她读了不下200遍，读到书页都掉光了。有的爸爸妈妈可能会觉得这样反复读同一本书浪费时间，学不到新东西，可是对孩子来说，这恰恰是他们的需求。况且从英语启蒙的角度来看，“伤其十指不如断其一指”，如果能真正内化一本书的语言远胜过不痛不痒学十本书。

相比之下，孩子只肯读新书，不愿重复，对英语学习来说并不是一件好事。碰到这种情况，家长可以找一些相同主题、语言有重复的书来读，曲线实现重复的目的。或者跟孩子商量，读一本孩子选的书读一本妈妈选的书，妈妈选书时就可以挑需要重复的那本。

3. “听”——重复到烂熟

Q1 找不出时间磨耳朵怎么办?

在“讲—听—玩—用”四步法中，“讲”和“玩”加起来不到半个小时，“用”穿插在日常生活中，替代汉语，不需要额外时间，唯有“听”这一步用时比较多，最少要半个小时，可以更多。于是经常有妈妈问我：“朵妈，我们找不出时间来磨耳朵怎么办?”尤其是一些年龄比较大的孩子，或者语文、数学什么都要学的学前班的孩子。

其实在我看来，磨耳朵是最不花时间的，因为完全可以利用每天的碎片时间来做。孩子每天早上起床，穿衣服，刷牙洗脸，吃早饭，没有半个小时做不完吧？把早上这点时间利用起来就已经有半个小时了。另外上学、放学路上至少有一二十分钟吧？还有晚上睡前洗漱，怎么也得十多分钟吧？这些时间孩子完全可以一边做事一边磨耳朵，两不耽误。这样算下来，每天听一小时英语音频轻轻松松。怎么会没有时间磨耳朵呢?

Q2　听音频的时候需要孩子坐那儿专心听吗?

如果孩子能比较专注地听音频当然效果更好，但是这样一来就需要整块的时间，而且让孩子什么都不做只听音频，他们未必愿意。曾经就有个妈妈让孩子老老实实坐在桌前专心听音频，孩子百无聊赖，很快就进行不下去了。

我的建议是，启蒙初期，刚学的新内容，最好找孩子没有其他事可做的时候听，而不要边玩边听。比如临睡前躺在床上听 10 分钟，或者上学和放学路上、出门坐车的时候听。因为这时孩子听力水平还不够高，对新内容又不熟悉，需要用心听才能听懂。孩子在睡前、路上、车上这些时候不听音频也没别的事可做，更容易把注意力集中在声音上。

对于已经听过两三天、比较熟悉的内容，或者孩子的听力水平比较好的时候，就无所谓了，什么时候听都可以，边玩边听也没问题。

有些家长担心，孩子玩玩具的时候是不是就根本听不见音频啊？这个要看孩子，如果孩子能够一心二用，那他们是听得进去的。比如朵朵，她经常一边听英语一边玩乐高，我有次不小心把音频关了，她立刻跑过来打开，说："妈妈，不要关，我在听呢。"如果孩子玩玩具很入迷，或是对所听的内容不感兴趣，边玩边听效果就会差一些。这种情况下，家长就尽量找孩子穿衣洗漱的时间听。英文故事跟这些杂事相比还是更有趣一些。

Q3　孩子不愿意听怎么办？可以用看视频代替听音频吗?

孩子刚启蒙的时候可能不太喜欢磨耳朵，主要是不太能听懂，又还没有养成习惯。在这里我想跟大家分享一位妈妈在我们交流群里说的一段话："我家孩子一开始也没有听英语的习惯。每天早上我叫醒她之后就把学过的课程音频打开，当作起床音乐。她爸爸送她上学，我给爸爸派了任务，一上车就放英语音频。下午姥姥接，我让姥姥带上 MP3 回家路上给她听。一个多月之后，她一上车就喊爸爸放音频，放学一见到姥姥就管姥姥要 MP3。有时候跟玩偶玩还用英语自言自语。我想说的是，孩子的习惯不会自己生出来，是需要大人有意引导的。"

有的孩子不喜欢磨耳朵是因为家长管得太死，必须这首儿歌听三遍，那集动画片听五遍，孩子没有半点自由，当然不愿意听了。我的建议是跟孩子好好商量，新学的内容先听几遍，听完之后，其他学过的内容让孩子自己选择。喜欢的就多听，不喜欢的就少听。这样学习效果和孩子的积极性都能兼顾。

有的家长问："孩子更喜欢看视频，不爱听音频，可不可以用看视频替代听音频?"不建议这样做。学完一个内容之后可以看三五遍视频，帮助孩子加深印象，但最终一定要脱离视频裸听音频。因为孩子看视频的时候注意力更多地在画面上，只有裸听的时候才会认真听声音，才能达到听力训练的效果。

Q4 音频听到什么程度才算够？需要能够背下来吗？或是复述出来吗？

"听"这一步的目标是听到耳熟。一般说来，孩子每天听30分钟音频的话，一个内容连续听7～10天，应该就比较熟悉了。这时候大人说上句，孩子可能就会接下句。当然，这只是我们学员的经验总结，每个孩子情况不一样，对内容的喜欢程度不一样，听的时候注意力也不一样，家长需要灵活把握。

千万不要要求孩子背。我一向反对死记硬背，因为这个做法是把大力气花在了对语言习得没什么帮助的地方，费力不讨好。儿歌不用要求孩子会唱，只要听得懂就行，能唱多少唱多少。像朵朵，不喜欢唱歌，儿歌只听，很少唱。有的绘本那么长，更不能要求孩子背。

复述看过的动画片和绘本内容是可以做的，不过启蒙一年之内不要求。启蒙初期孩子口语还没有基础，复述对他们来说是一件很困难的事。有的孩子自己喜欢，能够把绘本内容复述出来，我们只能当成意外之喜，不能作为要求。等孩子听力到一定水平，口语进入创造性表达期之后，可以让孩子复述。复述的目的也并不是检验孩子有没有听懂，而是锻炼他们的口语输出能力。

4. "玩"——输出从模仿开始

Q1 我口音不好，会不会把孩子带跑偏了？

首先，我们在前面已经讲过，学英语，口音不重要。表达是否流畅，用语是否准确地道才是重点。

但有的家长的口音情节就是解不开，总是希望孩子说一口纯正的英语。那也没关系，你依然可以跟孩子说英语。你担心自己口音不好会影响孩子是多虑了。

我们普通人给孩子做英语启蒙，每天跟孩子说英语的时间很有限，大部分时间孩子都是在听原版音频磨耳朵。在孩子听到的英语中，这些原版口音比例很高，起码在70%以上，最后孩子的口音就会非常接近这些原版音。所以只要有大量原版音视频做输入，你的口音根本影响不到孩子。

我和朵朵就是很好的例子。我自己在美国学习生活这么多年，说话是美音，但我教出来的朵朵却是英音。曾经有个英国外教说她有很重的伦敦腔，其实朵朵从来没有去过伦敦，她的伦敦腔都是听BBC的动画片听出来的。

我还见到过很多小牛娃，父母口音连一般都算不上，但这些孩子因为原版音频听得多，学得一口地道英音或者美音。读起绘本来，如果人不出镜，简直以为是英美的小孩儿。这充分说明家长口音根本不重要。想要孩子口音好，让孩子多听原版音频才是正道。

Q2 孩子玩的时候不按套路出牌怎么办？

有的家长在跟孩子玩游戏的时候特别希望孩子老老实实地玩。比如照着我和朵朵的游戏视频玩过家家，就希望孩子完全照做。演绘本故事，就希望一字不差地说台词……可是有时候孩子会脱离游戏剧本，自己发挥，家长就犯难了。有些人是因为英语不好，搭不上话了，有些人是觉得该练习的句型没练到，怕影响学习效果。

在这个问题上家长要放轻松一点，允许孩子有玩心大发的时候。如果我们英语不好，就用汉语接腔，让孩子玩着，回头再找合适的机会把孩子拽回来。实在拽不回来就算了，下次再试，或者玩别的游戏。既然是玩，就不要要求孩子老老实实的，否则就成了学习了。孩子玩得开心，哪怕只练到了一半的语言，但吸收得好，不比逼着孩子不开心地玩要好吗？

Q3 孩子有语法错误，需要纠正吗?

不需要。口头表达时，人们一般注意的是说话的内容而不是形式，没有时间去考虑语法规则。哪怕我们给孩子纠正了，下次碰到，他依然没有时间去思考这里应该用 like 还是 likes，只会凭语感脱口而出。而这个语感来源于大量的听力输入。听得多了，绝大部分的语法错误孩子都能自我修正。事实上，习得法的孩子到一定水平之后，我们大人常犯的很多错误，比如 he 和 she 不分，a、an、the 搞混，介词用错，词组搭配错误之类，他们根本不会犯。

极少数语法点，比如第三人称单数、过去时等，因为汉语里没有类似概念，孩子不太容易掌握。这类错误只能等孩子大一点，学习语法之后，通过他们自己的监控机制去解决了。在他们小时候，讲语法他们听不懂，纠正也没有太大效果。

如果一定要纠正也要注意方式方法。正确的做法是“重铸”recast，而不是“纠正”correct。“纠正”是直接告诉孩子哪里说错了，正确的该怎么说。而“重铸”是通过正常对话不露痕迹地把孩子说错的话用正确方式再说一遍。比如孩子说：“I had two orange.”我们可以说：“Really? You had two oranges?”这样不打断交流，不给孩子造成心理压力，又让孩子知道了正确说法，达到了纠正的目的。

Q4 孩子发音不对，需要纠正吗?

分情况。5岁以下的孩子发音不准，多数是由于口腔肌肉发育不完善，以及对唇、舌、齿控制不好导致的。即使是母语为英语的孩子，一般要到5岁之后才能把英语中所有的音发准确。所以这种情况不用急于纠正，只要给孩子时间，随着年龄的增长，问题自然会消失。

5岁以上的孩子已经能够比较好地控制自己的发音了，如果再出现发音不准的问题，很大可能是辨音能力差。说白了，不是嘴的问题，是耳朵的问题。他们听不出正确的发音是什么。比如我在美国的时候教外国同事说汉语，他们听不出四声的差别，妈、麻、马、骂四个字在他们耳朵里听到的是完全一样的。既然听不到，自然说不出。这种情况就需要专门教。比如汉语里没有/θ/这个发音，孩子往往说不准，我们就可以在发音时咬着舌头让孩子看一下。

有的英语课程有专门的口型示范和纠音服务，这对成年人来说可能管点用，但是对低龄孩子来说基本没什么帮助。因为他们还无法理性地思考如何控制自己的口舌才能发出标准音。很多家长出于对地道口音的执念，特别喜欢纠音。可是他们没想过，如果孩子老被纠错，说英语时总是胆战心惊，小心翼翼，还怎么愿意说英语呢？我刚来北京上大学时，普通话带有浓重的家乡口音，被同学不停地纠正。很快，我就不敢开口说话了。大人尚且如此，孩子更是。不管是语法错误还是发音问题，如果一说英语就被挑毛病，时间一长，孩子当然不愿开口了。

听说启蒙期间，保护孩子说英语的积极性和自信心，远比说得有多正确、口音多地道更重要。

5. “用”—— 真实场景下的实战演练

Q1 我英语不好，生活中不会说，学过的也总是忘怎么办？

“用”这一步需要家长在生活中说英语，有些英语不太好的家长就犯难了。前面我们说过，英语启蒙家长要量力而行，能做多少做多少。把能做到的，比如“讲”和“听”做好，做不到的不强求，这是家长首先要摆正的一个心态。如果因为自己没法在生活中大量说英语而焦虑，影响孩子学习就得不偿失了。

另外我们也可以想一些方法帮助自己说英语。一个方法是从一两句话做起。我们给孩子读了很多绘本，陪着看了很多动画片，不要想着把里面的语言全都用上，每次只挑一两句话说。比如我给朵朵读了绘本 *No More TV*，*Sleepy Cat* 之后，每天晚上朵朵临睡前我都会说绘本里猫妈妈说的两句话：“Good night，sleep tight. I’m turning off the light.”朵朵就会说：“But I’m not sleepy！I need a kiss.”等我在她脸颊上留下一个吻之后，她就心满意足地睡去了。猫妈妈的那两句话，我想哪怕英语零基础的人，学几遍之后也应该会说吧？这个对话连说几天，说得自己和孩子都熟练了，再换一个对话。每次就那么一两句话，记忆负担不大，很容易实现。

还有一个方法就是把语言写下来，这个方法我们很多学员家长都用过。因为日常对话大都发生在一些特定的地点，于是他们把课程里的重点句型抄在便利贴上，分别贴在家里不同的地方。比如跟叫起床、穿衣、道晚安有关的就贴在床头，与洗脸刷牙有关的贴在卫生间，与吃饭有关的贴在饭桌旁……这样一来可以提醒自己多讲英语，二来不会的时候可以偷瞄一眼，不怕记不住。大家也可以试试这些方法。

Q2 我在生活中英语说得挺多，为什么孩子口语还是不好？

有些家长英语水平相当不错，生活中英语说得也挺多，可是孩子口语并不理想。针对这个问题我做过一些研究，让这些家长给我发他们在家里跟孩子讲英语的视频。通过这些视频我发现这些家长有一个共同点，就是自说自话。他们用英语说的很多话都不要求孩子作答，这就是问题所在。

在“用”这一步，家长说英语的目的不是为孩子提供听力输入，输入的事用原版音视频来解决就好。家长说英语是为了让孩子有机会运用学过的语言，是为了给孩子做口语陪练。所以家长说的时候一定要让孩子有反馈。静默期的时候可以用动作来反馈，比如我们说：“Look，there is a bird.”孩子要有看鸟的动作。过了静默期，就要尽量选择需要孩子回答的对话来说，比如前面那句话可以接一句：“What’s the color of the bird?”孩子回答：“It’s brown.”这样孩子才有机会练到口语。如果家长说的话大部分都不需要孩子回答，那就成了家长的独角戏。孩子练不到，口语自然不会好。

第七章　自主阅读阶段（6 岁）

当孩子经过两年左右的听说启蒙，能听得懂 *Peppa Pig* 这样的原版动画片，能用英语与外教进行简单交流时，可以说孩子的英语已经成功入门了。要在习得之路上继续进步，首先听说不能停，每个阶段听说都要朝着更高的目标前进。其次要尽快进入自主阅读，因为海量原版书籍是绝佳的习得素材，可以帮助孩子迅速扩大词汇量，学习更丰富的表达方式。

如果孩子开始启蒙时年龄已经比较大了，自主阅读阶段就要提前。比如朵朵启蒙刚一年就开始学高频词，读分级读物，因为她那时已经 7 岁了。年龄越大，就越要提前。一方面孩子的认知水平足够，学得懂，另一方面大童不像小童有那么多时间可以按部就班地学，必须两步并作一步走，尽量往前赶。

自主阅读阶段一般需要一年左右，目标是培养孩子的自主阅读能力和习惯。完成这个阶段，孩子应该：

- 听说词汇量达到3000左右；
- 能够听懂大多数原版动画片，能比较自如地跟外国人交流，能自己编3分钟的英语小故事；
- 阅读词汇量达到1000左右；
- 能够自主阅读桥梁书。

一、进入自主阅读阶段，听说一定不能放

进入自主阅读阶段，家长很容易犯的一个错误是注意力完全转移到识字、阅读上来，对孩子的听说放松了。可能觉得听说启蒙已经成功，以后就只要学读写就可以了。这是一个巨大的错误。

我们曾经有个小学员，从2岁半开始跟着我们的课程学习，4岁已经看得懂*Peppa Pig*、*Dora the Explorer*这样的原版动画片，日常生活中能用英语简单对话，可以说核心听说能力已经建立起来了。学完我们的听说课程，孩子妈妈突然想起之前报过一个2800元却一直没学的线上AI课，觉得不学就浪费了，于是转去上AI课，听说练习基本停止了。4个月之后，这位妈妈给我发来一条消息说："朵妈，我好后悔没有按你说的继续听力输入，孩子的英语水平明显退步！早知如此，宁可浪费2800元也不要去上那个课。"

这样的例子我碰到颇多，基本都是听说启蒙成功，以为大功告成，然后因为各种各样的原因，停止或者减少了听说练习。有的是因为大人工作忙了，有的是孩子上小学生活节奏乱了，有的是幼升小把重心转到语文、数学上去了。结果无一例外，孩子的英语停滞甚至倒退，不仅浪费了之前投入的时间和精力，更浪费了孩子的敏感期。

一门语言需要学到比较高的水平才能稳定，否则一旦脱离语言环境，缺乏练习，孩子退步起来相当快。听说启蒙阶段完成后孩子只是有基础的听说能力而已，还远未达到自如交流的地步。听力输入和口语训练一旦停止，英语水平

下滑不可避免，就像逆水行舟，不进则退。因此，在自主阅读阶段既要学习识字阅读，又要继续练习听说，两者必须兼顾。

这就像树的生长，既要往上长干长叶，又要不断往下扎根。根扎得越深，树才能长得越高大。听说就是英语之树的根。对于一棵树来说，扎根是一个永不停止的过程。同样，对于孩子的英语学习来说，听说也是一个不能停止的过程。

那在这个阶段听说方面该做些什么呢？

第一，继续看大量原版动画片，听英语故事，进一步提高听力水平，积累听力词汇和表达。

这个阶段的孩子已经完全理解英语连词成句的基本规则，又有 1000 多的词汇量，动画片的选择就比较多了，比如 *Paw Patrol*、*The Octonauts* 等。除了动画片之外，可以继续进行绘本的亲子阅读，这时候就可以读一些比较长比较难的绘本了，比如 *The Berenstain Bears*、*Little Critter* 等。

到这个阶段，孩子对父母的依赖开始减少，因为他们已经积累了不少基础词汇，只要选择的动画片难度合适，他们根据画面和故事情节就能猜出很多新单词的意思。我在给家长做讲座时提到孩子有很强的猜词能力，结果当孩子学到这个阶段时，好多人观察到这个现象，惊喜不已地跑来告诉我："朵妈，真的是这样！他自己猜出来了 hammock 的意思，我都不知道。"这说明，孩子已经拥有了自学的能力，不再需要家长一个词一个词地教了。

第二，继续口语训练。

如果父母英语比较好，可以继续在生活中跟孩子用英语互动，也可以在读绘本的时候增加用英语讨论的环节，给孩子更多开口的机会。如果父母口语不好也没关系，有很多帮助孩子锻炼口语的方法。

（1）复述。孩子读过的绘本或者看过的动画片，家长可以让孩子用英语讲一讲大概的故事情节，家长针对不清楚的情节问些问题。这样不仅练习了口语表达，还能锻炼孩子的记忆力、总结和思考能力。

（2）讲故事。如果孩子凭空编故事比较困难，可以借助闪卡、故事骰子、孩子自己画的画等提供一些辅助。比如下面这幅图是一个妈妈挑选了一些相关的闪卡放在一起，孩子根据这些闪卡编了一个小袋鼠请好朋友小白兔吃饭的故事。五六岁的孩子大多喜欢画画，父母可以请孩子把自己画的画用英语描述出来。

（3）展示。这是美国小学里常见的一种口头表达锻炼活动。孩子从家里带一个自己喜欢的东西到学校，可以是娃娃、玩具、食物等，介绍给老师和同学。我们也可以让孩子选择一样东西来介绍。

除了上面所说的这些小活动以外，如果家长口语能力弱，这个阶段可以给孩子报外教口语课。最好是有大量对话互动的口语课，而不是那种教单词、句子的跟读操练课。通过外教课锻炼孩子快速组织语言的能力。

进阶动画片推荐

Ben & Holly's Little Kingdom

《本和霍利的小王国》

每集时长：11 分钟

由 *Peppa Pig* 创作组原班人马打造的动画片，讲述了小精灵 Ben 和他的好朋友小仙女 Holly 之间的友谊。

Guess How Much I Love You

《猜猜我有多爱你》

每集时长：11 分钟

改编自英国著名的同名绘本，关于兔子爸爸、小兔子以及他们的朋友们的温馨故事。

Max & Ruby

《麦克斯和露比》

每集时长：11 分钟

一部基于罗斯玛丽·威尔斯（Rosemary Wells）同名绘本的加拿大动画片，讲述了露比和淘气的麦克斯姐弟俩之间温馨而幽默的故事。

Little Princess

《小公主》

每集时长：11 分钟

根据英国著名同名绘本改编，讲述一个古灵精怪的小公主的各种小故事。

Bluey

《布鲁伊》

每集时长：7 分钟

一部澳大利亚动画片，讲述了蓝色小狗布鲁伊和爸爸妈妈以及妹妹一家四口的快乐生活。

Peep and the Big Wide World

《小鸟趣事多》

每集时长：7 分钟

一部加拿大动画片，讲述一只名为 Peep 的黄色小鸡和他的两个朋友四处探索的小趣事。

Charlie and Lola

《查理和劳拉》

每集时长：11 分钟

改编自英国著名同名绘本的动画片，讲述查理和劳拉兄妹的有趣故事。

Dora the Explorer

《爱探险的朵拉》

每集时长：20分钟

这是一部美国著名的教育动画片，孩子可以跟随小姑娘朵拉开启一次探险之旅。

二、学习220个高频词，读懂70%的内容

自主阅读是如何实现的呢？像我们当年学英语一样挨个背单词吗？当然不是。在孩子有了英语基础，掌握一定的听说词汇量之后，我们完全可以参照美国孩子的学习方式，更高效地把孩子带进阅读之门。

美国孩子从幼儿园也就是学前班开始要学习两个模块为阅读做准备：一是高频词，二是自然拼读。而且这两个模块的学习是配合着分级读物来进行的。

高频词和自然拼读的学习一般同步进行，每学期学几十个高频词，学一些自然拼读的规则。220个高频词和自然拼读规则在3~5年的学校学习中完成。我们中国的孩子不能完全照搬美国的做法，因为按这样慢的节奏学，孩子迟迟无法自主阅读。建议高频词和自然拼读在一年之内学完，也就是说用一年的时间完成扫盲的工作，过渡到自主阅读。这个学习自主阅读的阶段，不要拖太久。

关于学习顺序，我强烈建议先学高频词。学完高频词，孩子就能阅读一些简单的书籍，有助于建立孩子的阅读自信。学习高频词的同时，继续积累听说词汇，这样到学自然拼读的时候，孩子的年龄大一点，自然拼读学起来更容易，而且听说词汇积累得多一点，听说词汇向阅读词汇转化的效果更显著。从我们众多学员的表现来看，沿着这个学习路径学习的孩子一般都能很顺利地进入自主阅读。

1. 什么是高频词？

高频词，顾名思义，就是出现频率很高的词。虽然母语是英语的人士的平

均词汇量为 2 万个，这 2 万个单词在报刊书籍中出现的频率是非常不一样的。从下面的词频表中可以看出，出现频率最高的 250 个单词覆盖了 60% 的文本内容，也就是说每 100 个单词里，有 60 个都是这些高频词。

频率从高到低的单词量	在语料库中的覆盖率
100	50%
250	60%
1000	72%
3000	84%
5000	89%
12448	95%
43831	99%

对于儿童读物来说，高频词的覆盖率更高。20 世纪 30 年代，美国学者 Dolch 研究发现，有 220 个单词在英语儿童读物出现的频率高达 75%，这就是著名的 Dolch Sight Words List。再加上常见的 95 个名词（见 Dolch Nouns List），这 315 个词出现的频率高达 84%。也就是说孩子一旦认识这 315 个词，读童书的时候十个单词中至少能认识八九个！如果我们想培养孩子的自主阅读能力，面对动则上万的英语单词，这 315 个词不是捷径是什么呢？

Dolch Sight Words List

年级	单词
Pre-primer	a，and，away，big，blue，can，come，down，find，for，funny，go，help，here，I，in，is，it，jump，little，look，make，me，my，not，one，play，red，run，said，see，the，three，to，two，up，we，where，yellow，you
Primer	all，am，are，at，ate，be，black，brown，but，came，did，do，eat，four，get，good，have，he，into，like，must，new，no，now，on，our，out，please，pretty，ran，ride，saw，say，she，so，soon，that，there，they，this，too，under，want，was，well，went，what，white，who，will，with，yes
1st Grade	after，again，an，any，as，ask，by，could，every，fly，from，give，giving，had，has，her，him，his，how，just，know，let，live，may，of，old，once，open，over，put，round，some，stop，take，thank，them，then，think，walk，were，when

（续）

年级	单词
2nd Grade	always, around, because, been, before, best, both, buy, call, cold, does, don't, fast, first, five, found, gave, goes, green, its, made, many, off, or, pull, read, right, sing, sit, sleep, tell, their, these, those, upon, us, use, very, wash, which, why, wish, work, would, write, your
3rd Grade	about, better, bring, carry, clean, cut, done, draw, drink, eight, fall, far, full, got, grow, hold, hot, hurt, if, keep, kind, laugh, light, long, much, myself, never, only, own, pick, seven, shall, show, six, small, start, ten, today, together, try, warm

Dolch Nouns List

apple	children	flower	money	sister
baby	Christmas	game	morning	snow
back	coat	garden	mother	song
ball	corn	girl	name	squirrel
bear	cow	goodbye	nest	stock
bed	day	grass	night	street
bell	dog	ground	paper	sun
bird	doll	hand	party	table
birthday	door	head	picture	thing
boat	duck	hill	pig	time
box	egg	home	rabbit	top
boy	eye	horse	rain	toy
bread	farm	house	ring	tree
brother	farmer	kitty	robin	watch
cake	father	leg	Santa Claus	water
car	feet	letter	school	way
cat	fire	man	seed	wind
chair	fish	men	sheep	window
chicken	floor	milk	shoe	wood

2. 为什么要先学高频词？

朵朵的英文阅读就是从高频词入手的。当她高频词学了一多半的时候，有朋友的孩子来我家玩。这个孩子学英语是从自然拼读开始的，当时已经学了近两年，而朵朵尚未接触过自然拼读。看到朵朵床头的英文绘本，小朋友随手挑了一本苏斯博士（Dr. Seuss）的 *Green Eggs and Ham*，问朵朵能读吗，朵朵下意识地说自己不认识几个单词，读不了。小朋友开心地说："那我读给你听。"可是一读起来，几乎每个词他都要吃力地拼半天，读得结结巴巴，非常慢。几页之后，朵朵就不耐烦了，一把把书抢来说："我来读吧。"然后非常流利地读完了整本书。

我当时很惊讶，虽然我知道这本书的高频词居多，但是朵朵刚认单词这么短时间，能够如此流利地把一本几十页的书读下来还是很不容易的。朵朵显然对于自己能流利读完一本英文书也很兴奋，跟我说："妈妈，我发现英文书好简单啊！"

给大家讲这个小故事是想让家长理解高频词的重要性。学会高频词，孩子不仅能读书，而且能流利地读书，充满自信地读书。只有当孩子能够流利阅读，不需要费力辨认单词的时候，注意力才能转向文本理解等高阶活动。这就是为什么流利度（oral reading fluency）是美国教学大纲（CCSS）列出的一种基础能力，同时也是 STAR 阅读能力测试的一项重要指标。

阅读越流利，孩子越自信，越容易享受读英文书这件事，也更有可能通过大量阅读自然习得英语。如果像我朋友的孩子那样，每个词都需要努力去拼，读英文书不仅是一件苦差事，而且会让他有很深的挫败感，孩子又怎么会喜欢读英文书呢？事实上，这个孩子直到今天都不喜欢读英文书，他妈妈布置每天读半小时英文书对他来说是一项极其痛苦的任务。这种情绪之下习得效果不可能好。

所以要想阅读流利，高频词不仅要会，更要熟练掌握。这是美国小学对高频词的学习要求，也是高频词英文名 sight word 的含义。sight word 直译过来叫视觉词，意思是一看就知道，不能像其他单词一样还要拼读或是辨认半天。

3. 高频词怎么学？

高频词这么重要，那必须专门学吗？看孩子。有些孩子对文字天生敏感，不用正式学习，在亲子阅读过程中就能认识单词，从而顺利进入自主阅读阶段。但对绝大多数孩子而言，认识单词是一项艰巨的任务，不像听说那样可以潜移默化地习得，需要专门学习。

注意，在学高频词之前要先学会26个字母，特别是小写字母。如果孩子对小写字母不熟悉，学高频词的时候记单词会比较难，导致学得慢，忘得快。

学习高频词可用的教材有中译出版社的 *Sight Word Kids*、学乐出版社的 *The Jumbo Book of Sight Word*。

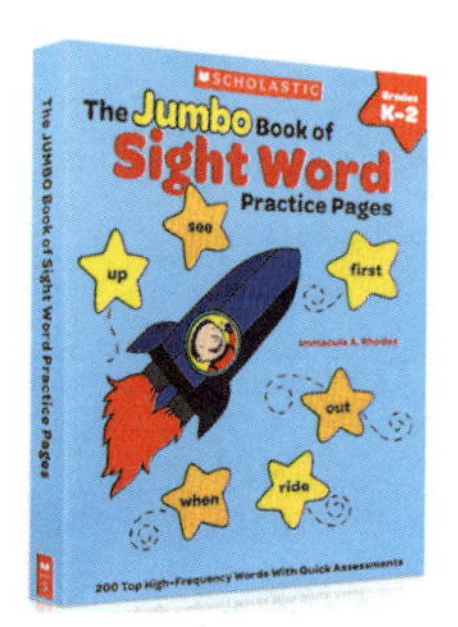

但是单纯地让孩子学教材，效果往往不理想。一方面孩子觉得枯燥无味，吸收率低，另一方面教材容量有限，孩子碰到这些高频词的遍数不够多，印象不深。家长可以配合高频词闪卡、高频词游戏来教，并且在生活中去“发现”高频词，既有趣又有效。

高频词闪卡可以用来玩游戏，比如拍苍蝇、打地鼠、钓鱼、小马过河等，也可以贴在墙上，像美国小学老师一样，给孩子创造一面词墙（sight word wall），孩子每次经过都可以看到，加深印象。

美国小朋友学高频词时有两个常玩的游

戏，一个叫 Sight Word Bingo，另一个叫 Snakes Ladders，孩子都可以玩起来。这两个游戏有专门的棋盘，家长可以从网上下载打印，也可以购买成品。

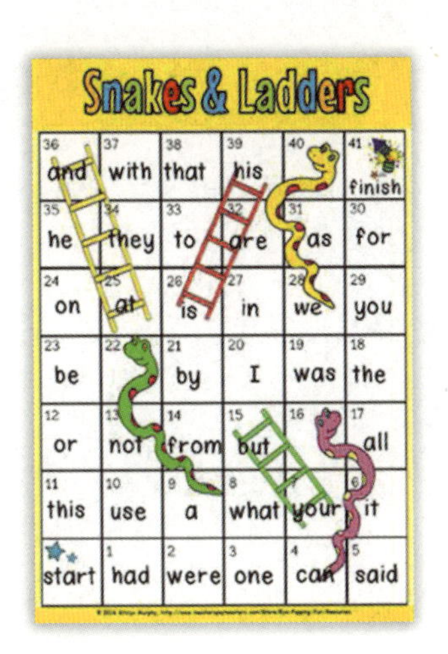

我们的生活中充满了英语，出门的标识、商品包装、玩具说明，甚至衣服上都有很多英语单词，这些都是认识高频词的好机会。比如公共场所有 No Smoking 的提示牌，商店门上会有 Open/Close 或者 Push/Pull 标识，看到了就让孩子认一下。长期坚持下来，孩子不仅能学会不少单词，还会觉得认识英语单词真好，能看懂这么多东西。

除了玩游戏和在生活中使用外，学高频词还要配合分级读物来练习。关于分级读物，我们将在接下来的部分详细介绍。

三、剩下 30%的内容，用自然拼读来解决

学完高频词，一篇文章能认识 70% 的单词，孩子的自主阅读就迈出了成功的第一步。剩下的 30% 的单词怎么办呢？这 30% 的单词占比不大，但是数量不少。能看懂儿童读物大约需要 3000 的词汇量，看懂报纸杂志需要 7000 左右的词汇量。如果全靠死记硬背，哪怕每天记住两个，都得 10 年。

幸运的是，对于用习得法启蒙的孩子来说，认单词完全不用走这么辛苦的一条路。因为英语是一种表音文字，文字是声音的记录，如果能掌握文字与发

音之间的规则，就可以把已有的听说词汇转化成阅读词汇，从而迅速进入阅读阶段。这些规则的集合就是自然拼读。

举个例子，孩子读下面这本绘本，这一页上“We are in a book!”前4个单词we、are、in、a都是高频词，孩子已经很熟悉了，只剩最后一个单词book孩子不知道。学过自然拼读之后，孩子就会试着用自然拼读的规则去发音，b发/b/，oo发/ʊ/，k发/k/，连起来读/bʊk/，一听到这个声音，孩子立刻发现，这就是他已经非常熟悉的单词book，他知道book是“书”的意思，“We are in a book!”这句话他就完全理解了。

学完自然拼读，孩子阅读时只要把单词拼出来，发现是自己听力词汇库中的单词，瞬间就能理解，不需要专门去背单词。所以自然拼读就像一台转换器，能把听力词汇快速转化成阅读词汇。

孩子前期积累的听说词汇越多，学会自然拼读后能转化的阅读词汇自然就越多，就能更快地开始自主阅读。所以习得法中前两年的听说启蒙阶段不仅仅是在培养听说能力，也是在为后期的阅读打基础。前面听得越多，听力词汇积累得越多，进入阅读后腾飞就越快，正所谓磨刀不误砍柴工。

1. 什么是自然拼读?

要知道什么是自然拼读，首先得了解语言的特性。

语言是“音”和“义”的结合体。比如我们听到/ dɒg /这个声音，脑海里就会浮现出狗的形象。这个/ dɒg /是音，狗的形象就是义。而文字，是语言的“形”，是人们为了记录语言而发明的书写符号。音形义三者的关系用图表示一目了然。

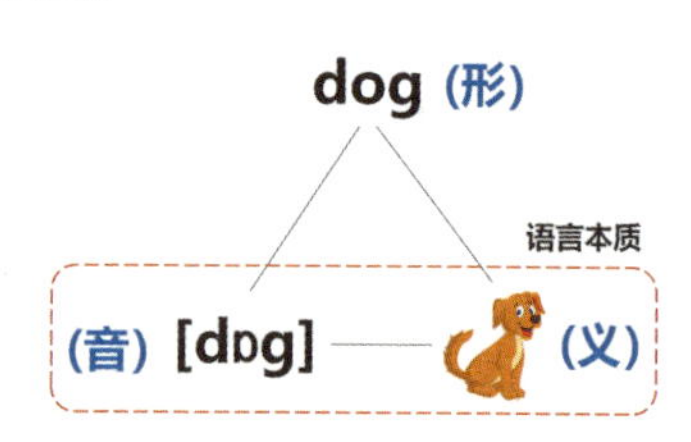

其中，音和义之间的关系是语言的本质。而形，则是起到记录的作用。即

便没有形，语言仍然可以存在，依然可以通过口口相传延续下去。事实上全世界五千多种语言，超过三分之二的都没有文字。所以，音和义是我们学习一门语言应该最先掌握的东西，是语言学习的基础。

那自然拼读是什么呢？自然拼读是“形”和“音”的一套对应规则。比如辅音 d 发/d/，元音 o 有时发/ɒ/，辅音 g 发/g/。掌握这些规则后，看见 dog 这个单词，就能发出/dɒg/的音来。反过来，听到/ dɒg /的音，能写出 dog 这个单词来。大家看出来了吧？自然拼读就是一个学认字和拼写的工具，跟中国小朋友学的汉语拼音差不多。

2. 学自然拼读的前提条件

自然拼读的学习时机很重要，不是越早学越好，最好满足这两个前提条件：

（1）孩子年龄最好 5 岁以上

自然拼读是一堆发音规则，是规则就需要死记硬背。这个工作，低龄段的孩子不擅长。而且，自然拼读不仅要记规则，还要运用。看到一个单词首先要能够正确划分音节，其次还要会把辅音、元音拼到一起。这些步骤都需要逻辑思维能力，对年龄太小的孩子来说难度比较大，所以不建议 5 岁之前学。有的机构把自然拼读作为英语学习的第一步，甚至宣称 3 岁就可以学，这是极不负责的。

过早让孩子学习自然拼读，不仅效果差，还可能让他们对英语产生厌恶情绪，把英语跟背一大堆规则画等号。我见过不少这样的孩子，一说到学英语就烦，任凭家长怎么鼓励，怎么引导都没用，结果英语很难学好。

即使在美国，5 岁前的孩子也只学习 26 个字母的字母名（letter name）和字母音（letter sound）而已。直到 5 岁上学前班，他们才正式开始学习自然拼读。

（2）有听说基础，至少具备 1000 以上听力词汇量

即使是适龄的孩子，也不能没有听说基础就学自然拼读。因为自然拼读的原理是孩子运用拼读规则把看到的单词念出来，比如看到 sheep，知道 sh 念/ʃ/，ee 念/iː/，p 念/p/，连起来就是/ʃiːp/。听到这个音，有听说基础的孩子脑海中就出现了绵羊的形象，可如果孩子没有听说基础，不知道/ʃiːp/这个声音

代表什么意思，即使拼出来孩子依然不懂，还得去学单词。

听说基础越好，听说词汇量越大，学自然拼读对阅读的帮助就越大。美国的孩子学自然拼读效果好，因为他们在学之前已经完全掌握了英语这门语言，听得懂说得出，听说词汇量至少有5000个。

对于我们中国的孩子来说，不需要像美国的孩子那样有5000个听说词汇，理想状态积累3000个，最少也需要1000个。再少，对阅读的帮助就不大了。因为前面说了，自然拼读不过就是个转换器，没有听力词汇，就是没有东西可转换，再好的转换器也派不上用场。

3. 自然拼读怎么学？

自然拼读是英美孩子的常规学习内容，所以教材、练习册、绘本、APP等资源特别多，大家可以选择适合孩子的方式来学。如果家长英语能力比较强，发音比较标准，可以自己在家教。如果家长没有能力，可以给孩子报个网课或者线下班，跟着老师学。

自然拼读的教材特别多，我觉得比较好的有下面这两套。

《丽声瑞格叔叔自然拼读法》

英国人瑞格·赖特（Craig Wright）被大家亲切地称为瑞格叔叔，他在亚洲有20多年的英语教学经验。他编写的这套拼读教材先学习26个字母的发音，再学习各种拼读组合，比较符合中国孩子的学习方式和认知特点。

《丽声快乐自然拼读教程》

这是外研社从英国引进的一套经典自然拼读教材*Jolly Phonics*。这套教材真是书如其名，内容充满乐趣。每个英文字母的发音都配有形象的场景和动作。比如a的发音/æ/，老师会让孩子想象蚂蚁爬到手臂上时吓得发出/æ/，/æ/的声音。每个字母还配了一首旋律优美的儿歌，这些都能帮助孩子记忆。

自然拼读学的是拼读技巧，既然是技巧就少不了大量的练习，“熟”才能生“巧”。上面的两套教材虽然附带了一些习题，但是还远远不够，可以再通过 APP 和练习册来练习。APP 的优势在于可以发音，因为自然拼读练习需要听音辨音，在 APP 上更容易实现。比较好的 APP 有 Starfall、Phonics Farm、Khan Academy Kids 等。

学完教材，做过练习，还应该读一些自然拼读的读物（phonics readers），也叫 decodable books，在实际的阅读中去运用拼读技巧。自拼读物有很多，比如：

Bob Books

这是美国小学老师特别爱用的一套自然拼读读物，在美国亚马逊网上常年热销。这套书由一个个有趣的小故事组成，画风呆萌呆萌的，孩子读起来一点都不枯燥。

另外，很多著名的动画片或绘本的主人公都有配套的自然拼读的读物，例如饼干狗、皮特猫、小怪物、托马斯等。如果孩子有喜欢的形象，建议家长找相关的读物给孩子读，这样孩子更容易接受。

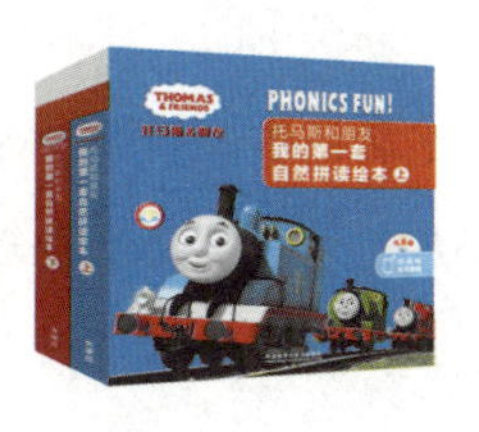

读这种自然拼读读物的时候建议让孩子出声朗读。因为这些书有很多押韵的文字，读出声更容易体会到文字的韵律。另外，这个时期孩子刚开始学拼读，可能有没掌握的地方，读出声来便于家长发现问题并及时提供帮助。

除了正式的学习外，还可以给孩子看一些自然拼读的动画片，以提高学习兴趣，比较好的几部动画片有 *Alphablocks*、*Leap Frog Letter Factory* 和 *Word World*。

4. 如何挑选自然拼读课?

市面上自然拼读的课很多，乍一看都大同小异，无非都是教孩子一堆发音规则，再不停地练习拼读，但其实教得好跟教得不好差别还是非常大的。家长选课的时候要特别注意这几个方面。

（1）练习的量够不够

学自然拼读其实主要是在学两个方面：一是英语的音形对应规则，比如 a 发/æ/，b 发/b/，ou 发/əʊ/，ee 发/iː/等，这样的规则有一百多条。学习这些规则没有捷径，就是反复遇到，不断练习。二是拼读技巧，就是多个音快速连读，英语叫作 blending，比如 m-y—my、k-i-d—kid。这个技巧一般学过拼音的孩子一点就通，因为道理是一样的。没学过拼音的孩子，年龄大点容易掌握，年龄太小的会比较困难。

不管是规则还是技巧，都不是老师讲讲就能会的，孩子一定要自己去用，去实践，去反反复复练习，用上那么几十上百遍才能会。

很多自然拼读课，一个字母或字母组合的发音讲完之后只简简单单玩两个游戏就结束了。从头到尾，孩子遇到这个发音的次数还不到 10 次，这种重复度根本不足以让孩子掌握。所以家长选课的时候要注意看一个规则的练习次数有多少遍，复习多少次，有没有练习册，有没有其他练习方式。重复得越多，这个课程的效果就越好。

（2）教不教音节划分

英语单词分为单音节词（如 cat、bike）和多音节词（如 paper、wonderful）。单音节词在英语单词中约占 20%，80% 的词都是多音节词，所以多音节词的认读非常重要。

读多音节词的时候，我们首先需要划分音节，就是把一个多音节词划分成一个个单音节的小片段。例如 paper 是由 pa/per 两个音节组成，wonderful 是由 won/der/ful 三个音节组成。如果孩子会拼单音节词，那么只要会划分音节，再把每个音节按拼读规律读出来，整个单词也就读出来了。所以在我看来，音节划分（syllabication）和拼读（blending）是自然拼读的两个核心技能。

可惜国内绝大部分自然拼读课程都不教音节划分。孩子学完自然拼读后，读单音节词没问题了。可是一碰到多音节词就抓瞎，拼起来非常费劲，甚至有可能根本读不出来，极大地影响了孩子的阅读体验。所以家长在选教材选课的时候要注意，教学内容最好包括音节划分。

（3）是否注重单词拼写

单词拼写（spelling）是英文写作的基础，也是很多家长头疼的地方。有些孩子听说和阅读能力都不错，给他一个单词，听得懂，也会用，读书时见到也认识，可总是一写就错。其实这不是咱们中国的孩子独有的问题，英国、美国的孩子也面临同样的问题。

很多家长觉得单词不会拼，多写几遍不就会了吗？于是抄写单词、默写单词就成了很多孩子的噩梦。这个方法效率非常低。80% 的时间都花在书写上了，真正练到 spelling 的时间都不到 20%。还有些家长让孩子死记硬背单词的组成，b-a-t—bat，c-a-t—cat，同样痛苦且低效。

其实自然拼读才是单词拼写的捷径。英语是表音文字，单词本身就是其发音的记录。如果孩子具备“音—形”对应能力，听到发音能知道对应的字母或者字母组合是什么，那大部分单词就能够根据发音写出来。剩下那些音形对应不唯一的单词，再通过大量阅读，混个眼熟，也比较容易解决。这种自然拼读加大量阅读的方式，效率远胜于死记硬背。

所以，一个好的自然拼读课除了教孩子拼读之外，一定要有大量的拼写练习，帮助孩子建立“音—形”对应能力。这样他们听到/bæt/，知道发/b/这个音的字母是 b，发/æ/的是 a，发/t/的是 t，就能拼出单词 bat 来。

可惜大多数自然拼读课程都把90%的力气花在了读上，对写的训练严重不足，有些 AI 课“音—形”对应训练甚至是缺失的。结果孩子虽然学了自然拼读，但记单词依然费劲，一写就错。很多家长可能都没想到，拼写困难竟然是因为自然拼读没有学好。

5. 不要神话自然拼读

现在很多英语机构对自然拼读的宣传神乎其神，号称“见词能读，听音能写”，好像学完自然拼读英语就能学好了似的，非常误导人。更有甚者，竟然宣称“经过4年自然拼读启蒙，83%的孩子在6岁左右能说一口流利的英语”，这牛皮简直吹上天了。可惜很多家长不懂自然拼读，就真的信了。原本一个普普通通的英语识字教学法，怎么传到国内后摇身一变，就成了拯救中国孩子英语的灵丹妙药了呢？现在我们就来看看自然拼读的真实情况。

先说这个“见词能读”。自然拼读是字形和发音之间的规律总结，但这个规律不像1+1=2一样总是成立，它有很多例外。比如 ea 这个元音组合发音一般是/iː/，如 pea、sea，但是在 bread 里发音是/e/，在 break 里发音是/ei/。这种情况不算少。网上比较实在一点的宣传文章会说，学会自然拼读，能拼出70%~80%的英语单词。可见并不是见词都能读，至少有20%~30%的单词是拼不对的。要想拼对，还需要大量的听力输入。

再说“听音能写”。作为表音文字，英语的发音的确给拼写提供了很强的线索，但音与形之间的对应关系并不唯一。有时候同一个发音有很多种拼写方式，比如同样是发/k/的音，kite、cat、duck、bouquet 这些单词的拼写都不一样。如果完全按照音形对应的规则来写单词，碰到这种一音多形的情况就很容易出错，比如 duck 会写成 duk。要想写对，大量阅读必不可少。

至于学了自然拼读能够“说一口流利的英语”就更是夸张了。自然拼读的作用是识字，也就是看见一个英语单词能把它的音念出来，很可能连单词的意思都不知道。在听说读写四大英语能力中，自然拼读培养的文字解码能力不过是阅读能力中很小的一部分而已，仅凭这个怎么可能实现听说自如？如果平时英语听得少，可能连读出来的音都是错的。所以但凡听到这种一招见效的神话，大家还是谨慎一点为好。

客观地来看，自然拼读作为一个帮助孩子识字的工具，只有短短四百多年的历史。在这之前人们学英语都是用整体认读法，就是把单词作为一个整体记下来。这说明自然拼读并不是非学不可。但学了自然拼读的确对孩子的自主阅读和单词拼写有一定的帮助。所以我的看法是有条件最好系统学一下自然拼读，用其所长，不过不要过度迷信和神话它。就像我们每个中国孩子都要系统地学习拼音，但是从来不会有人觉得拼音学好汉语就好。

四、自主阅读的误区

在自主阅读这个问题上，家长常常会陷入三个误区，导致孩子从听说到读写的过渡不太顺利，迟迟进入不了自主阅读阶段，甚至出现孩子排斥英文阅读的情况。

第一个误区是觉得英语识字不用教，多读书自然就认识了。有个妈妈就带着这样的想法来咨询我：“朵妈，我给孩子读英文绘本三年多了，他怎么还是不认字，不能自主阅读呢？”我问她有没有教过孩子认字，她说：“没教过。我看网上有的孩子就是在亲子阅读中读着读着就识字了啊，认字还用教吗？”我诧异地答道：“当然得教了。”

这个妈妈说的这种仅靠亲子阅读就自然识字的孩子有没有？有。多不多？

不多。在我指导过的家庭中大概能占到10%吧。所以家长不能把这种个例普遍化，觉得自己孩子也能无师自通地学会阅读。事实上，这种文字敏感型孩子是少数，绝大部分孩子都需要专门学认字。

这个学习的过程先慢后快。孩子学前220个高频词是最慢的，因为他们还没有识字经验，一个单词可能要重复很多遍才能记住，尤其是听觉型孩子。有的家长刚教完孩子一个单词就希望孩子掌握，孩子读书碰到这个词读不出来，家长就很生气，觉得都教过了怎么还不会。其实，孩子刚开始识字就是得反反复复教。孩子不会就给他讲一遍，下次碰到还不会，就再讲一遍，一直讲到孩子学会为止。等学完自然拼读，读过几级分级读物之后，孩子有一定的识字经验，再学新单词就会快一些。当孩子有1000以上的阅读词汇量之后，学新单词就更快了。

第二个误区是听过再读。曾经有个妈妈跟我说孩子识字困难，怎么教都教不会。我问她怎么教的，她说先给孩子听分级读物的音频听到烂熟，然后让孩子看书读。孩子哇啦哇啦读得非常溜，可是换一本就不会了。我问她为什么要这么做，她回答："不是要听力先行吗？"这是个误会。听力先行并不是说每本书都要听过再读，而是说让孩子的听力水平整体领先于阅读水平。就像我们中国的孩子，六七岁听《西游记》已经听得津津有味了，但读还只能读《米小圈上学记》这样简单的书。

如果每本书都先听再读，那孩子读的时候根本不用辨认字形，凭记忆背诵就可以了。这时孩子的读完全是"假读"，达不到练习识字的效果。想让孩子识字，读之前一定不能听音频，要让孩子先尝试去辨认，读不出来的告诉他。这样孩子才能学会认字。

第三个误区是从亲子阅读到自主阅读的转变过快。有的家长觉得既然孩子已经开始学认字了，就应该能自己读书，不需要亲子阅读了。于是刚教了没几个高频词就让孩子自己读绘本，给孩子造成巨大的心理压力，甚至会排斥英文阅读。

比较好的做法是继续亲子阅读，碰到教过的单词让孩子认一下，当作练习。一段时间之后家长读绝大部分内容，让孩子先读一些简单的句子，再读一些段落。等孩子的阅读能力更强一些，就可以跟孩子你一页我一页地交替着读，直到最后孩子能完全自己读完一本书，亲子阅读就成功过渡到了自主阅读。孩子逐渐参与，家长逐渐退出，这种方式对孩子来说更友好，更自然。

五、用分级读物练出阅读流利度

高频词和自然拼读光学和练还不行，一定要在阅读中不断应用学到的高频词和拼读规则，这样才能成为一个熟练的阅读者（fluent reader）。那用什么练呢？普通书籍的难度参差不齐，显然不适合，这时分级读物就能派上用场了。

分级读物英语叫作 leveled readers 或者 graded readers，这是用来帮助孩子识字、实现自主阅读的一类特殊书籍，是学习性质的套装书。这些书的特点之一是成体系，从易到难，按词、句、段、篇、章的难度逐级递增，比如 *Reading A-Z* 从最简单的 aa 级每页一两个单词到最后 Z2 级相当于一本微型章节书，一共分了 27 个等级；特点之二是数量大，往往一套书有几百本（例如 *Collins Big Cat* 有 300 多本）甚至几千本（例如 *Reading A-Z* 有 2900 多本）之多。

给大家看看 *Reading A-Z* 不同级别的读物内页，从 aa 到 Z2，图片从大变小，再到没有图片，文字不断增多，可以非常直观地看出难度的逐渐变化。

aa

B

Brazil is my home.
I look like a red fox
with long legs.
A hairy mane rises
along my back.
4

F

Barack at college in New York

Finding His Way

Barry left Hawaii in 1979. He moved away to go to another school.

He started to use his African name, Barack. He started to see that he was African American and white. He did not have to choose between the two.

8

K

Panning

Unlike in most places, the gold in California was not locked deep under the ground. **Erosion** had long ago washed the metal down the mountains into the rivers. All people needed for **placer mining** was a shovel and a shallow, flat pan.

placer mining

Placer mining works because gold is much heavier than gravel. The **prospectors** stood in the rivers and shoveled gravel into their pans. They removed large rocks, then carefully swirled the pan. The dirt and gravel spilled over the edges with the water. The shiny flakes of gold stayed at the bottom of the pan.

Word Wise
The term *prospector* comes from the gold rush. It means a person who moves to a spot with the prospect, or possibility, of finding gold and making a fortune.

6

R

The Early Years

Abraham Lincoln was born to Thomas and Nancy Hanks Lincoln on February 12, 1809, on a small log-cabin farm near Hodgenville, Kentucky. After moving to nearby Knob Creek, Abe and his older sister, Sarah, went to school for short periods during the winters. His mother, Nancy, encouraged their "eddication," but his father, Tom, wanted Abe to help with chores.

When Abe was seven, the family moved to Indiana, hoping for a better life. Two years after Tom built a new log cabin, Nancy became ill with "milk sickness" and died. Abe and Sarah mourned the death of their hard-working, loving mother.

Soon after, Abe's father married Sarah Bush Johnston, a widow and mother of three whom Tom had known in Kentucky. With love and care, she created a warm life for Abe and Sarah. She encouraged Abe as he grew into a tall, awkward youth. He spent much time in the woods using his ax to fell trees and split logs for fences, wagons, and farm equipment. Friends told of Abe's moody quietness, even though Abe told homey, humorous stories.

6

Z2

为了实现这种难度的循序渐进，分级读物的作者必须对所用的词汇、句子的长短以及语法等进行严格的控制，科学地分布到每本书中。这种科学性既是分级读物的优势，又是劣势。优势在于这样设计的书籍就像是给孩子搭了一串台阶，孩子拾级而上，每一步阅读能力都上升一点点，不知不觉就能阅读章节书了。劣势在于受这种科学性的约束，分级读物的文章一般比较枯燥无味，不像绘本或者章节书那样生动有趣，所以有的孩子不爱读。比如朵朵就不喜欢读 *Reading A-Z*，而且觉得整个英语学习过程中，最没意思的就是读分级读物。

有的家长喜欢分级读物的系统性，加上操作简单，不需要选书，常常让孩子一套分级读物一直读下去，直到读通关，也就是全部读完。这要看孩子的接受程度。有的孩子很听话，对内容的趣味性要求不高，这样做没问题。但有些孩子就受不了分级读物的枯燥，如果强求他们一直读，学习效果不好不说，还可能会扼杀他们辛辛苦苦培养起来的英语兴趣。

碰到这种情况，我建议家长在不同阶段采用不同的阅读材料，搭配着来。从孩子刚开始认字到 AR 值 2.0（美国孩子二年级刚开始的阅读水平），这个难度范围内可选书籍比较少，可以更多地依靠分级读物来提高孩子的基础阅读能力，搭配一些绘本和简单的桥梁书（比如 *I Can Read* 和 *Fly Guy* 等）来增加趣味性。

等孩子的英语水平达到 AR 值 2.0 以上之后，可选择的书就比较多了，可以不再读分级读物，而是读一些有趣的章节书，让孩子在充满乐趣的阅读中进一步提高阅读能力。孩子跟大人不一样，大人读书常常是为了“有用”，而孩子读书是为了“有趣”。只有读有趣的书，孩子才愿意读，才能完全沉浸其中，吸收效率才会高。朵朵读 *RAZ* 也就读到 H 级别，后来读的全都是章节书。读 *RAZ* 需要我督促，即使有奖励都不情不愿，还总跟我讨价还价，每次只肯读薄薄的一本。读章节书就完全不用我管，抱着厚厚的 *Harry Potter* 能读上一两个小时。要管也是催她睡觉，不许再读了。这就是“要我读”和“我要读”的区别，学习效果和效率自然也大不一样。

分级读物推荐

分级读物种类繁多，我觉得比较适合认字的有 *Reading A-Z*、*Heinemann* 和 *Big Cat*。

Reading A-Z

这套书是美国教育公司 Learning A-Z 开发的线上分级阅读产品，从 aa 到 Z 共 27 级（Z1、Z2 与 Z 大部分内容重合），每级 80 多本，一共 2000 多本，是所有分级读物中本数最多，级别数也最多的。

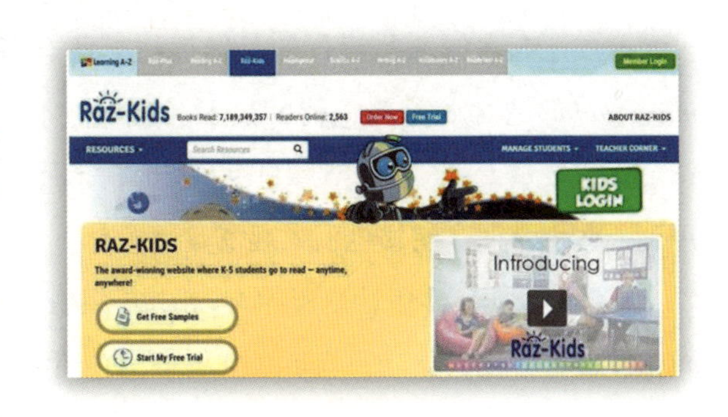

书多是 *RAZ* 的突出特点，也是它的优势所在。因为书的数量巨大，*RAZ* 的难度进阶非常平缓。从一级到下一级，孩子几乎感觉不出难度变化，只要坚持读下去，孩子的阅读能力不知不觉就提升了。*RAZ* 的缺点是画面比较简单，不够吸引人。另外，因为书中非虚构内容比例较大，更显枯燥。

Heinemann “海尼曼”

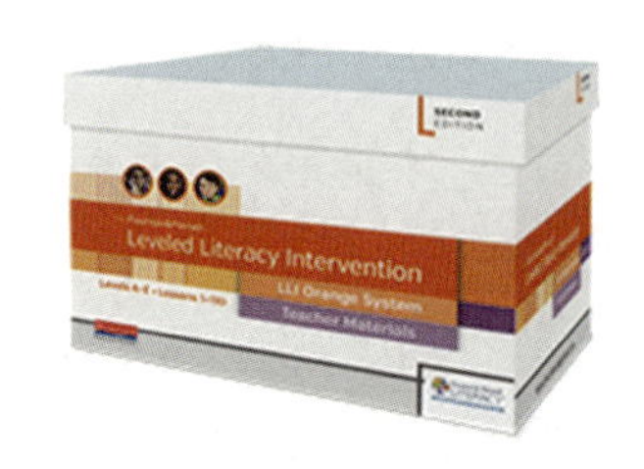

这是英国著名出版公司 Houghton Mifflin Harcourt 旗下的子公司 Heinemann 出版的一套经典分级读物，名字叫作 *Fountas & Pinnell LLI System*，海尼曼是大家对它的俗称。这套书最大的优势是高频词复现度非常高，句式从简到难，层层递进，孩子学起来很容易上手。不足之处是级别和每级里的本数不及 *RAZ* 多，而且同一级里难度跨度比较大，例如 G1 有 110 本，难度从 A 一直到 J，跨了有十级。海尼曼的风格跟 *RAZ* 类似，非虚构内容比较多，画面吸引力不足。

Big Cat “大猫”

如果觉得 *RAZ* 和“海尼曼”内容太过枯燥的话，可以试试英国 Harper Collins 出版社的 *Big Cat*。这套书共分为 19 个级别，近 700 本。因为是近年出版的新书，这套书的画风更精美，故事性更强，有一点绘本的感觉，所以更受孩子喜欢。朵朵对 *Big Cat* 的兴趣明显比 *RAZ* 高。不过 *Big Cat* 级别划分不如 *RAZ* 细，每一个级别的数量也比较少，只有 30~40 本，所以进阶不如 *RAZ* 平滑。

另外还有其他一些流行的分级读物，各有特色。美国兰登出版社的 *Step into Reading* 艺术性很强，请了很多有名的绘本作者参与创作，语言也比较有诗意。但数量太少，一共 5 级，每级 30 本。而且作者为了实现语言的韵律感，用到一些生僻词，句式也不太规范。

英国 Usborne 出版社出版的 *My Reading Library* 是分级读物里故事主题最多元化、最世界化的一套，除了西方故事，它还囊括了不少来自中国、中亚、东非等国家和地区的美丽传说。但这套书的起步难度太大，最简单的一级已经跟 *RAZ* 的 E 级难度差不多，刚开始阅读的孩子基本无从下手，适合有一定阅读基础的孩子用。

六、桥梁书——通往自主阅读的大门

我认为识字阶段（learn to read）的成功标志是孩子能够自主阅读简单的桥梁书。桥梁书是介于绘本和纯文字书之间的一种图书类型，又叫早期章节书（early chapter books）。它就像绘本和章节书之间的桥梁，帮助孩子从亲子共读走向独立阅读。

什么样的书算桥梁书？一个粗略的判断方式是：绘本以画为主，画面精美，色彩丰富，一般每页只有短短的几句话，用词和语法总体而言比较简单。章节书以文字为主，三五页才有一幅小小的插图，一般句子很长且语法复杂。而桥梁书介于两者之间，通常每页中一半图画一半文字，用词浅显易懂，句式语法比较简单。像 *Fly Guy*、*Frog and Toad*、*Henry and Mudge*、*Nate the Great* 都是典型的桥梁书。一般桥梁书的难度达到 AR 1.0～3.0，也就是美国一二年级小学生的阅读水平。

绘本

"All right," said Toad.
"Let me think of a story to tell you."
Toad thought and thought.
But he could not think of a story
to tell Frog.

18

"I will go out on the front porch
and walk up and down," said Toad.
"Perhaps that will help me
to think of a story."
Toad walked up and down
on the porch for a long time.
But he could not think of a story
to tell Frog.

桥梁书

"I've thought long and hard about what to do with this tape," Mr. Krupp said. "At first, I thought I'd send copies to your parents."

The boys swallowed hard and sank deeply into their chairs.

"Then I thought I might send a copy to the school board," Mr. Krupp continued. "I could get you both *expelled* for this!"

The boys swallowed harder and sank deeper into their chairs.

"Finally, I came to a decision," Mr. Krupp concluded. "I think the football team would be very curious to find out just *who* was responsible for yesterday's fiasco. I think I'll send a copy to them!"

George and Harold leaped out of their chairs and fell to their knees.

"No!" cried George. "You can't do that. They'll *kill* us!"

"Yeah," begged Harold, "they'll kill us every day for the rest of our lives!"

Mr. Krupp laughed and laughed.

"Please have mercy," the boys cried. "We'll do anything!"

"Anything?" asked Principal Krupp with delight. He reached into his desk, pulled out a list of demands, and tossed it at the boys. "If you don't want to be *dead as long as you live*, you'll follow these rules *exactly*!"

章节书

为什么说当孩子可以阅读桥梁书时，他的扫盲就算成功了呢？并不是说这个阶段孩子就能认识很多单词，而是因为桥梁书中的画跟绘本中的画已经有了本质的区别。绘本是用画来讲故事，文字只起辅助作用。即使完全不看文字孩子也能理解个大概。但是桥梁书中的画缺乏这种讲故事的连续性，孩子必须要能够读懂文字才看得下去。所以如果一个孩子能够看桥梁书，他的注意力必然是在文字上，而不是在画上，从而完成了从读“图”到读“字”的重要转变。

8

第八章　全面发展阶段（7～12岁）

如果孩子能顺利进入全面发展阶段，在我看来，英语学习基本已经胜利在望了。因为对孩子和家长来说最困难的入门阶段已经过去，兴趣、习惯已经养成，听说读写的基础都已经打下，后面的发展和提高是水到渠成的事。

还记得在第三章我介绍的牛娃习得路线图吗？

	全面发展阶段					
	7	8	9	10	11	12
听	章节书音频				原版书音频+新闻+电视节目+电影	
	能听懂 初章书		能听懂 高章书		能听懂 新闻	
说	（无需专门学习，主要通过大量的听力和阅读输入以及外教精读、写作课来提高）					
			能够 讨论		能够 自如交流	
读	原版教材精读课					
	泛读					
	AR=1	AR=2	AR=3	AR=4	AR=5	AR=6
写	原版教材写作课					
		能写 3句话	50词的段落 （KET水平）	100词的短文 （PET水平）	200词的短文 （FCE水平）	400词的短文
语法				语法学习		

从图中我们可以看到，进入这个阶段，孩子的任务主要有三个：

- 泛听泛读，扩大词汇量（习得）。
- 学习精读和写作，掌握阅读策略和写作技巧（学得）。
- 系统学习语法，提高语言正确度（学得）。

做好这三件事，孩子的英语既有广度，又有深度，可以实现听说读写全方位提高。用树来打比方，泛听和泛读是让树长得高大，精读和写作是让树长得健壮，语法学习是修枝剪叶，让树长得漂亮。

到这个阶段结束，小学五六年级考过 FCE（剑桥英语考试的第三级）是一个比较合适的目标。考过 FCE，超过高考水平，孩子应该：

- 能与外国人比较自由地交流；
- 阅读词汇量达到 6000 左右；
- 阅读水平跟美国小学四五年级孩子同步，能够阅读 *Harry Potter* 这样难度的书籍。

达到这个水平，孩子初高中英语几乎不用花什么时间，只需要跟着课内学习，持续泛听、泛读保保温，高考就轻轻松松上 130 分。如果想出国，孩子的水平已经非常接近留学需要的雅思/托福成绩（FCE 相当于雅思 6 分，申请国外学校所需的雅思分数为 6.5 ~7.5 分）。如果家长希望孩子把英语作为一个学习工具，孩子的能力已经足够用英语学习历史、经济、自然科学等各种学科知识。

全面发展阶段虽然时间最长，学习内容最多，但其实家长却最轻松——我们不用像前两个阶段那样亲自陪学陪玩陪练，可以退居二线，当好资源和课程的提供者就行了。这就像摇轱辘，一开始又累又慢，一旦轱辘转起来，反而不费劲。

下面我们就来讲讲听说读写这四个方面如何提高，语法和单词如何学习，以及考试在这个阶段所扮演的角色。

一、如何继续提高听力水平？

听说读写中，听力是一切的基础。这句话不仅在启蒙阶段适用，在英语学习的所有阶段都适用。即使孩子已经能够阅读初章书，甚至中、高章书了，还是需要大量泛听。

听和读都是输入方式，相比之下，听对孩子来说更容易，因为没有文字解码的过程。孩子完全可以通过大量泛听来吸收新的词汇和表达。而且泛听可以利用生活中的各种零碎时间来进行，洗漱、吃饭、上学路上……不像阅读需要占用整块儿时间，所以时间利用率更高。孩子进入小学高年级之后课业繁重，可能很难有时间进行大量泛读，但是泛听却可以一直进行下去，直到大学。事实上，即使像我现在，每天没有太多时间读书，但上下班的路上还可以边开车边听有声书，这也是很有效的学习方式。

听除了作为输入以外，本身也是语言交流的一项重要能力。我们通过听来获得信息，通过听来理解他人的想法和意图。而这项能力只有通过大量听才能锻炼出来，阅读替代不了。所以进入全面发展阶段，一定要继续提高听力水平。

这个阶段的听跟前两个阶段的听稍微有点不一样。在听说启蒙和自主阅读阶段，由于孩子能力不够，需要拿着学习材料反复听，也就是短时高频地精听，这样才能快速掌握核心词汇和语言结构。到了全面发展阶段，孩子的听说词汇量应该有3000以上，能听得懂的东西多了，这时候听的方式就可以更自由一些。孩子特别喜欢某个材料，愿意反反复复精听当然好，如果孩子就是喜欢听新的故事，不愿意重复，问题也不大。只要难度满足i+1，孩子又喜欢，能沉浸其中，就可以习得。

全面发展阶段前期，孩子年龄比较小，刚六七岁，可以继续看一些难度较大的动画片，然后裸听动画片音频。在接下来的“高阶动画片推荐”中我按照难度排序，给大家列了一些比较受孩子欢迎的动画片。

这时候孩子也可以开始听桥梁书和初章书的音频，具体的书籍可以从本章

“桥梁书及章节书推荐”中选择。听和读不需要同步，比如朵朵有的书只是读，有的书只是听，有的书又听又读。

到全面发展阶段的后期，孩子 11 岁左右，他们的听力应该已经达到或接近 FCE 水平，这时候可以适当增加一些真实生活的音视频，比如新闻、电视节目和电台节目等。因为章节书一般由专业配音演员朗读，他们口齿清楚，发音标准，很容易听懂。而新闻和电视电台节目中的人可能带有各种不同口音，有的人语速快，有的人吐词不清，语言也没有书籍那么有条理。这样的英语其实更接近于真实生活中的交流，能听懂这类音频，听力才算通关了。

很多高级别的英语考试常常会考查孩子在真实语言环境中的听力水平。比如剑桥英语五级考试，从 FCE 开始的后面三级，听力题中经常有各种带口音的对话，有英音、美音，甚至有比较难懂的苏格兰口音。有些题型模拟访谈类节目，受访者说的话支离破碎，含混不清，还有杂音。如果孩子没有听新闻和电视节目的经验，只听章节书，参加这种级别的考试就会难以适应。

高阶动画片推荐

Franklin 《小乌龟富兰克林》

每集时长：11 分钟

根据加拿大儿童文学作家布尔乔亚（Bourgeois）的同名畅销儿童连环画改编，讲述了小乌龟富兰克林和他的家人及朋友间的温馨故事。

Curious George 《好奇猴乔治》

每集时长：5 分钟

基于同名畅销绘本改编的美国动画片，曾两度获得艾美奖，讲述了一只总是充满好奇的小猴子的故事。

Octonauts 《海底小纵队》

每集时长：11 分钟

动画片讲述了巴克队长带领的 8 个可爱小动物在海洋中探险的小故事，适合 5 岁以上的孩子观看。

Paw Patrol 《汪汪队立大功》

每集时长：20 分钟

美国尼克儿童频道推出的动作冒险系列动画片，讲述了 10 岁男孩莱德和 6 只小狗组成的狗狗巡逻队的故事。 在美国孩子中非常受欢迎。

Thomas & Friends 《托马斯和他的朋友们》

每集时长：11 分钟

一部风靡全球的英国动画片，小火车托马斯的形象深入人心，又充满教育意义。 在英国、德国长期居于最受欢迎学龄前儿童节目之首。

Bob the Builder 《巴布工程师》

每集时长：10 分钟

英国 BBC 的著名卡通节目，讲述建筑工程师巴布修房建屋的故事。因为里面有挖土机、推土机、压路机、吊车等各种建筑车辆，尤其受男孩子喜欢。

Superwings 《超级飞侠》

每集时长：11 分钟

讲述了飞机机器人乐迪与一群称为“超级飞侠”的小伙伴们环游世界，为全世界的小朋友运送包裹的趣味故事。喜欢飞机的男孩子肯定会喜欢。

Arthur 《亚瑟小子》

每集时长：11 分钟

讲述了亚瑟和家人朋友们在生活中遇到的种种难题，并协力解决的故事。 该动画片 6 次获得艾美奖。

Dinosaur Train 《恐龙列车》

每集时长：12 分钟

美国 PBS 电视台针对学龄前儿童推出的一个知识性冒险节目，带领小朋友们在玩中了解生命科学、自然学和古生物学。适合 5 岁以上的孩子观看。

Avatar 《降世神通》

每集时长：23 分钟

美国尼克儿童频道热播的系列动画片，具有强烈的中国传统神话色彩。适合学龄后孩子观看。

The Magic School Bus 《神奇校车》

每集时长：20 分钟

基于同名美国小学生课外科普读物改编的动画片，带领孩子们经历一次又一次惊险的自然科学大探索。适合 6 岁以上的孩子观看。

My Little Pony 《小马宝莉》

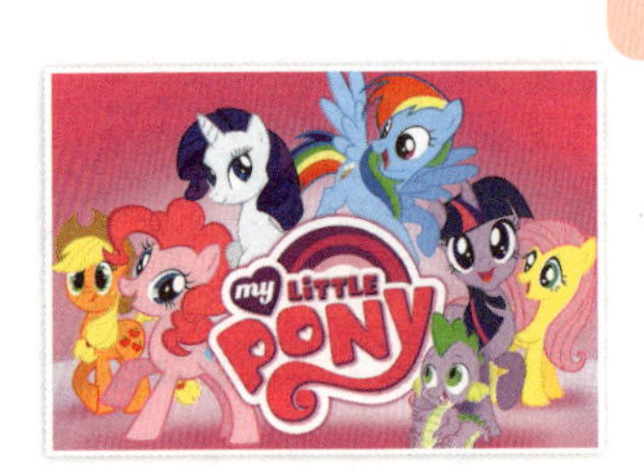

每集时长：20 分钟

美国探索家庭电视频道播出的系列卡通片，讲述了小马紫悦到小马谷学习友谊魔法的知识，结识五位好朋友并获得真正友谊的故事，非常受女孩子喜欢。

Sid the Science Kid 《科学小子席德》

每集时长：22 分钟

美国 PBS 频道播出的教育动画片，通过小男孩席德的视角，每集围绕一个自然现象讲述一个科学道理。适合 6 岁以上的孩子观看。

二、如何继续提高口语水平？

自主阅读阶段结束之后，孩子的口语已经有不错的基础，日常生活的简单对话应该都没问题，也能简要复述看过的动画片和故事书。接下来，对孩子口语的要求就不是能表达，而是表达要更丰富，用词更准确。比如自我介绍不能只会说：“I am 7 years old.” 而要说：“I'm turning 7 this August and will become a first grader next month.”

那么进入全面发展阶段，怎么进一步提高口语水平呢？

前面我们说了，口语能力的提高需要两个关键因素：一是孩子脑子里有东西，知道足够多的英语表达；二是孩子的嘴能配合，说得出来。前一个因素主要依赖输入，包括大量泛听泛读，不断积累词汇和句型。后一个因素主要靠练习。在英语学习早期，这两个因素都很重要，缺一不可。但是当孩子有一定口语基础和说英语的习惯之后，这两个因素的重要性就不太一样了。根据我对朵朵和很多牛娃的观察，输入对孩子口语能力的促进作用远大于练习。

朵朵和很多牛娃的口语大爆发都发生在能听懂初、中章书的时候。到这个时期，家长能明显感到孩子说的英语不再是那种简单死板的句子，而是非常地道，我们成年人很难想到的表达，比如“It may come in handy.”“I don't know what is up with you guys.”这绝不是偶然。孩子们的口语大爆发正是来源于他们进入全面发展期之后的泛听泛读和更强的语言吸收能力。朵朵和一些英语牛娃在口语爆发之前甚至都没有上过外教课。相比之下，有的孩子天天上外教口语课，上了五六年，但是没有大量泛听泛读，英语口语依旧停留在一个很基础的水平上。

在我看来，进入全面发展阶段，要想继续提高口语水平，一周有那么一个小时的口语练习足够了，更多的时间要花在输入尤其是听力输入上。如果孩子的精读、写作课是外教课，就不用再上任何其他的英语口语课了。如果没有精读、写作课，每周上一节口语课就够了。即使不上外教课，也可以通过让孩子复述故事、讲故事等来达到练习口语的目的。

三、如何发展阅读能力？

泛读

1. 什么是泛读？如何泛读？为什么要泛读？

在这一节，我先回答关于泛读的三个基本问题：What、How、Why。

什么是泛读？很多人觉得，这还用说吗？不就是泛泛而读，读得多，读得浅，不用逐字逐句搞明白吗？没错，从过程上来看是这样，要广度，不要深度，但我觉得这还不是泛读的本质。

泛读的本质是由兴趣引导的阅读。语言学家斯蒂芬·克拉申（Stephen D. Krashen）教授在《阅读的力量》这本书中提出的 Free Voluntary Reading（FVR）是对泛读的最好定义——自由、自愿的阅读。换句话来说，泛读没有明确的功利性目的，不是为了学习词汇或者文法，也不是为了应付老师或者家长的要求，纯粹是孩子为了享受阅读乐趣的一种自由选择，跟他们选择搭乐高或者踢足球没什么两样。

泛读怎么读？泛读要想效果好，关键词就两个：自由、大量。

自由对于泛读至关重要。如果孩子没有自由，被逼着读，按规定的方式读，效果通常不会好。我的一个朋友就是个例子。她听说泛读很重要，就找来一堆英文书，不管孩子喜不喜欢，硬性规定孩子每天做完作业必须读半小时英文书才能出去玩，读的时候还必须要大声朗读出来。孩子很痛苦，偷偷地跟朵朵抱怨：“最讨厌读英文书，无聊死了。妈妈不注意的时候我就不读，反正混够30分钟就行。”孩子抱着这种态度去读，情感过滤器都已经关闭了，父母还怎么能指望他们吸收语言呢？

给孩子读书的自由，对父母来说并不是一件容易的事。家长对于读书总有很多自己的想法，可孩子未必照他们的想法去做。比如有的书家长觉得很经典，可孩子偏偏不愿意读。有的书孩子喜欢，可家长觉得没营养。有的孩子喜欢一本书可能会反反复复地读上一两个月，家长觉得老看一本书学不到东西。有的孩子读书特别快，家长又觉得孩子没认真读……父母和孩子常常不在一个频道上。

我的建议是，家长除了选书之外，剩下的全都交给孩子，给孩子完全的自主权。只要是在你选定范围内、适合孩子阅读水平的书，孩子爱读哪本读哪本，爱怎么读就怎么读，只读一遍也好，翻来覆去地读也好，都随他。只有当孩子有选择读什么、怎么读的权力时，他们才愿意读更多的英文书，才有可能高效吸收。

我在朵朵读书的过程中有时也会焦虑。比如有些书我觉得特别棒，推荐给她，她不喜欢。有时候我能通过引导、诱惑让她发现这些书的好，但很多时候也不成功，只能放那儿，希望某天奇迹发生，她自己去找来看。朵朵读书还特别喜欢重复，十多本 *Diary of a Wimpy Kid* 看了小半年，搞得我很担心她的英语停滞不前。不过不管我内心有多纠结，我都严格地遵守“给她自由”的原则，绝不插手她的阅读，结果朵朵的英文书阅读兴趣一直被保护得很好。

泛读的另一个关键是量一定要大，所以家长不要追求阅读质量。不要老让孩子查字典，老去考他有没有读懂，去给他解释，生生把泛读搞成了精读，一个小时读不了几页，孩子不胜其烦。

泛读的时候也别要求孩子朗读。有的家长可能觉得大声读出来，自己才知道孩子有没有不认识的单词，好去教他。可是朗读非常影响速度。默读的速度是朗读速度的三到四倍，要想大量输入，默读肯定是更合适的方式。默读也更有利于孩子沉浸到书中，更好地理解文字的意思。这个阶段的孩子已经有不错的英语基础，大部分生词都能根据上下文猜出意思。至于读音的准确性，完全可以通过听书来获得。不管从哪个方面看，朗读都不是一个好办法。

很多章节书都有音频，既可以泛听又可以泛读。于是有的家长会犯这样一个错误：总是让孩子先听后读，导致孩子只愿意听，不愿意读，阅读习惯迟迟建立不起来。如果孩子已经听完这个故事，再让他读书自然兴趣不大，而且识字方面也得不到足够的训练。所以我建议章节书的泛听和泛读交叉进行，有些书先听后读，侧重听力练习；有些书先读后听，侧重阅读习惯的培养和阅读能力训练。这样听力和阅读都能练到。

最后讲讲为什么要泛读。有的家长可能很疑惑，读什么、怎么读都是孩子说了算，还不查字典不解释，对孩子没有任何要求，这样的泛读能有什么用？

克拉申教授在《阅读的力量》一书中是这样描写泛读的作用的："这样阅读是唯一的办法，唯一能同时使人乐于阅读，培养写作风格，建立足够词汇量，增进语法能力，以及正确拼写的方法。"

朵朵以及众多英语牛娃的实践证实了克拉申教授的这个说法。即使没有精读语法的学习，只是这样泛读三五年下来，孩子词汇量可以达到5000以上，能看懂 *Harry Potter* 这样难度的书，阅读能力基本达到美国孩子五六年级的水平。这可是国内90%以上的成年人都难以企及的目标。说实话，我们很多重点大学的毕业生都未必能读懂 *Harry Potter*。所以这种非功利的阅读，反而能给孩子带来意想不到的收获。

如果家长实在不敢放手，就是想知道孩子有没有读懂一本书，可以在读完之后让孩子做个 AR Quiz。如果想了解泛读一段时间后孩子的英语水平有没有提高，最直接有效的方法就是每隔三到六个月做一次 STAR Reading Assessment。只要孩子的 AR 值以合理的速度在上升，孩子的泛读就是有效的。

2. 泛读要有效，选书是关键

到了全面发展阶段，泛读的书籍一般以桥梁书和章节书为主。桥梁书我们在上一章已经介绍过了。章节书，又叫 chapter book，因为比较长，会分为若干个章节，因此得名。章节书以文字为主，有的有插图，但插图比例比桥梁书少。根据难度的不同，章节书可以分为初章书、中章书和高章书。很多大家耳熟能详的英文书都是章节书，比如 *My Weird School*、*Dairy of a Wimpy Kid*、*Harry Potter* 等。

泛读要有效，选对书是关键。可是如何为孩子选到合适的章节书，对普通家长来说并不是一件简单的事。经常有家长问我："我家孩子 10 岁了，可以看什么书？"或者"*My Weird School*，四年级孩子能看吗？"这种简单地以孩子年龄或年级来选书的方法很有问题。同样是 10 岁四年级的孩子，启蒙早，能力强的，可以看 *Harry Potter* 了；启蒙晚，能力弱的孩子可能连 *Nate the Great* 都看不了。

一本书适不适合，关键的考虑因素有两个：一是孩子的喜好，二是书的难度与孩子的英语能力是否匹配。只有当孩子喜欢，而且遵循 i+1 的难度进阶原则，他们才能更高效地吸收书中的语言。所以在这个阶段，选对书是家长的一项重要任务。可以说，书选对了，问题就解决了一大半。所以在这一节我要专门给大家讲讲选书三步法。

选书第一步：确定孩子可能喜欢的潜在书目

如何找到孩子可能喜欢的书呢？最简便易行的办法就是看同龄的孩子在读什么，特别是国内那些用习得法启蒙成功的孩子看的书更具有借鉴意义。他们相当于已经帮你把书籍做了一次筛选和试读。群众的眼睛是雪亮的，如果一本书 70% 的孩子都着迷，那你的孩子喜欢的可能性就大。当然，每个孩子都是不一样的个体，有不一样的兴趣爱好，具体到某一本书上，最终喜不喜欢还得自己孩子说了算。

除此之外，美国的很多教育公司和机构都有推荐书单，比如 Renaissance Learning 的年度报告 *What Kids Are Reading*、学乐出版社推荐的阅读书单、纽约图书馆每年发布的 *Best Books for Kids*、《时代周刊》的 *The 100 Best Children's Books of All Time* 等，都是比较好的出发点。

选书第二步：了解书的难度

书再有趣，难度不合适也不行。比如我曾经给朵朵买过大热的 *Geronimo*

Stilton，她翻了两页就说："不好看。"扔一边了，任我怎么诱惑都不上钩。过了几个月，我又拿出来给她看，她却如获至宝般完全痴迷于那个老鼠的世界，连书中地图上的每个地点都如数家珍，比对北京还熟。我后来反思，是一开始推荐给她的时候难度大了点儿，她读起来累，所以不愿意读。后来她的阅读能力提高了，读起来轻松，能享受到阅读的乐趣，就愿意读了。

我们怎么知道一本原版书的难度高低呢？有一个特别好用的工具：阅读分级体系。美国的教育非常重视阅读，而且提倡分层教学，让每个孩子阅读适合自己水平的书籍，所以他们发展出了成熟的阅读分级体系，将书籍按难度进行分级，让选书这件事变得简单了许多。

常见的分级体系有这样几种：AR（Accelerated Reader）、Lexile（蓝思），GRL（Guided Reading Level）、DRA（Developmental Reading Assessment），都能给书籍难度提供可靠的分级信息。其中AR和Lexile是使用相当广泛的两个体系。如果想让孩子大量泛读英文书，家长必须要了解。

AR和Lexile这两个体系有各自不同的评分标准，但它们的工作原理非常类似。从我的使用经验来看，AR更简便易用，所以我着重介绍一下AR系统。大家明白AR怎么用，Lexile就很好理解了。

AR分级体系

AR分级体系由美国Renaissance公司开发，在美国有超过三分之一（大约6万多所）的学校在使用。这个系统有两大主要功能：评估书籍难度的AR Bookfinder和评估孩子阅读能力的STAR Reading Assessment。这两个功能一起使用就可以匹配孩子的阅读能力和读物的难度等级，从而帮助家长为孩子选择适合的书籍。现在我们先讲AR Bookfinder。

AR Bookfinder的作用是给书籍难度定级。如果我们想知道一本书的难度，到Renaissance公司的网站上就可以免费查询。比如我想知道 *Charlotte's Web* 这本书的难度，只需按下面的步骤操作就可以。

（1）进入arbookfind网站，选择身份为Parent。

（2）在搜索框里输入书名 *Charlotte's Web*，点击"Search"，得到查询结果。有时一个名字会搜索到多本书的信息，家长需要看仔细哪个是自己在查的那本书。

(3) 查询结果中最为重要的信息就是 BL 值，即 Book Level（书的难度）。这个值最低为 0，最高为 12.9。如果 BL 值是 2.5，表示这本书的难度适合美国小学二年级第 5 个月的孩子阅读。如果 BL 值是 10.2，表示这本书适合美国十年级，也就是高中一年级第 2 个月的孩子阅读。①

以我们要查的 *Charlotte's Web* 为例，这本书的 AR 值是 4.4，表示这本书的难度美国小学四年级第四个月的孩子读正合适。

大家看到没有，这个 AR 值非常直观，直接把书的难度跟孩子的年级挂钩，一本书适合几年级的孩子读，一目了然。这也是我喜欢 AR 分级系统的一个重要原因，根据 AR 值对书的难度可以有个直观的认识。

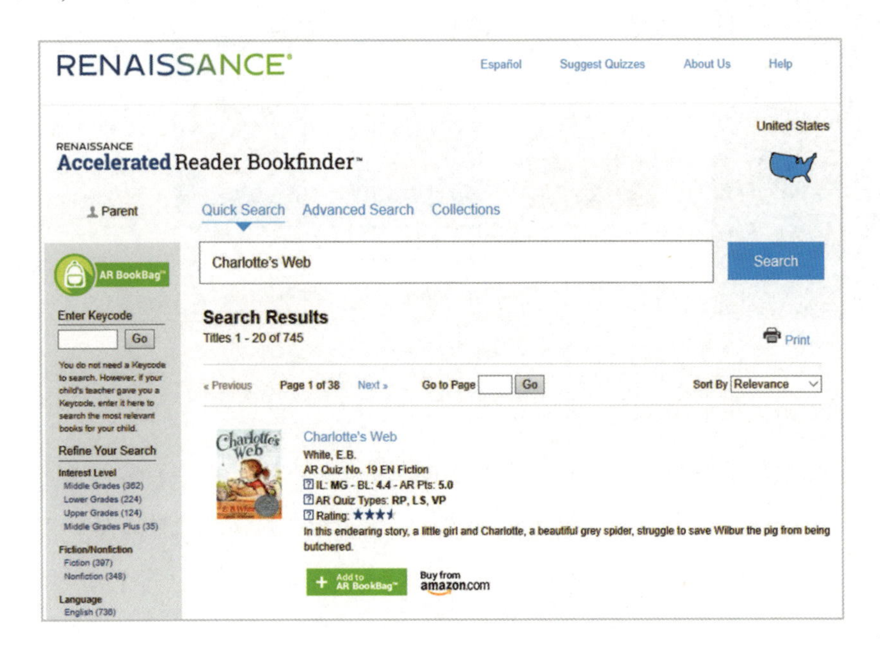

① 大家一般习惯将 BL 值叫作 AR 值，本书也沿用这种叫法，出现 BL 值的地方都用 AR 值代替。

Lexile 分级体系

Lexile 分级体系由美国教育公司 MetaMetrics 开发，原理与 AR 很类似。在 Lexile 官网可以免费查询原版书的 Lexile 值，这个值的范围为 0L～1700L，数字越大表示读物难度越高。Lexile 值的意义相当于 AR 分级系统里的 AR 值，只不过没有 AR 值那么直观。我们前面举例的 *Charlotte's Web*，AR 值是 4.4，蓝思值为 680L。

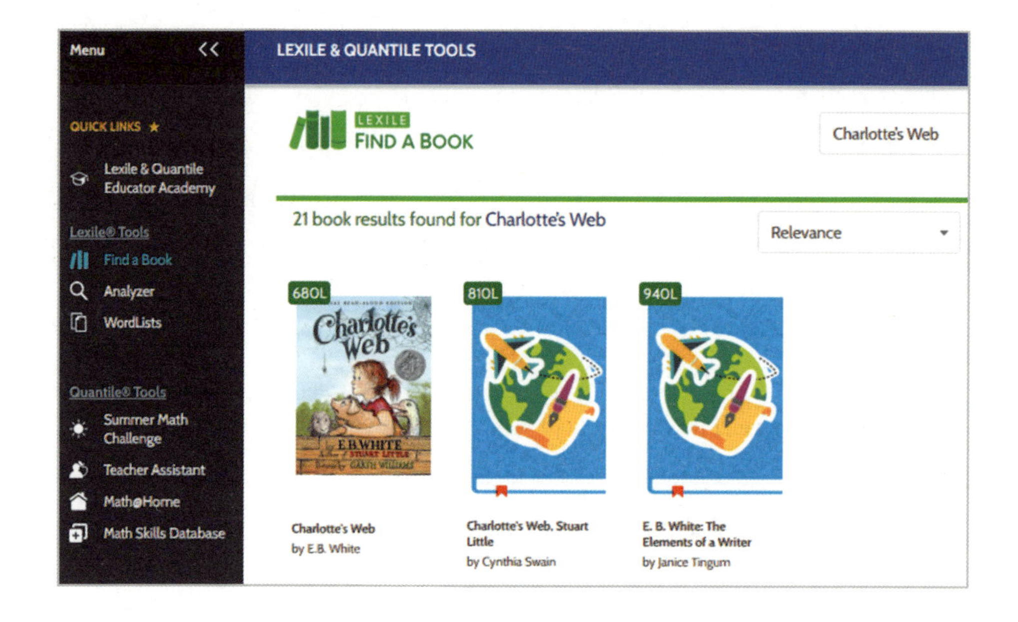

选书第三步：摸清孩子能读多难的书

要想给孩子找到合适的书，光知道书的难度还不够，还得了解孩子的阅读水平。Renaissance 公司的 STAR Reading Assessment 就是专门测试孩子阅读能力的考试。

孩子只需要花 20 分钟，在线做 30 多道题，就能获得一个阅读能力评估报告。（见下图）。

Student Diagnostic Report
Enterprise Test

STAR Reading 43

Printed Sunday, September 13, 2020 1:35:25 PM

School: EZ Reading

Test Date: September 12, 2020 3:12 PM
Test Time: 12 minutes 31 seconds

Report Options
Use Trend Score: Use trend score for student's suggested skills

1 → **Dazzleg4ott6, Dazzleg4ott6**
ID: g4ott6
2 → Grade: 4

School Benchmark - Grade 4

Urgent Intervention ■ Intervention ■ On Watch ■ At/Above Benchmark

STAR Reading Scores	
SS: 563 (Scaled Score) ■ At/Above Benchmark Lexile® Measure: 770L	Dazzleg4ott6's Scaled Score is based on the difficulty of questions and the number of correct responses. The Lexile® measure is a scaled score converted to the equivalent Lexile measure.
PR: 48 (Percentile Rank)	Dazzleg4ott6 scored greater than 48% of students nationally in the same grade.
3 → GE: 5.0 (Grade Equivalent)	Dazzleg4ott6's test performance is comparable to that of an average fifth grader after the start of the school year.
IRL: 4.6 (Instructional Reading Level)	Dazzleg4ott6 would be best served by instructional materials prepared at the fourth grade level.
4 → Est. ORF: 130 (Estimated Oral Reading Fluency)	Dazzleg4ott6 can likely read 130 words per minute correctly on grade level appropriate text.
Domain Scores	
Literature Comprehension of Elements and Ideas: 90 Structure, Genre, and Author's Craft: 84 **Informational Text** Comprehension of Information and Ideas: 89 Organization, Purpose, and Language Use: 89 Analysis, Evaluation, and Extending Meaning: 81 **Vocabulary** Vocabulary Development: 89	Domain scores, ranging from 0-100, estimate Dazzleg4ott6's percent of mastery on skills in each domain at a fourth grade level.
Reading Recommendation	
5 → ZPD: 3.4-5.4 (Zone of Proximal Development) Lexile® Range: 670L-820L	Dazzleg4ott6's ZPD identifies books at the right level to provide optimal reading challenge without frustration. Enter Dazzleg4ott6's ZPD in www.ARBookFind.com to find appropriate books. Lexile® range spans 100L below to 50L above an individual's Lexile measure, and is the optimal range for successful reading practice. A Lexile Measure *below* BR400L is reported for progress monitoring purposes only. A score below BR400L should not be used to match readers with text, therefore a Lexile range will not be reported.

1 测试者姓名

2 测试者年级

3 GE（Grade Equivalent），整个报告中最重要的信息，反映测试者的阅读水平。这个孩子的GE值是5.0，也就是相当于刚开始上五年级的美国孩子的平均阅读水平。GE值跟AR值反映的其实是一回事。 但是一般大家习惯将GE值也叫作AR值，本书也采用这种习惯叫法。

4 Est. ORF（Estimated Oral Reading Fluency），这个值反映孩子的阅读流畅度，数值130就是每分钟能够阅读130个单词。

5 ZPD（Zone of Proximal Development）最近发展区，这个值反映孩子适合阅读的书籍难度范围，3.4~5.4表示AR值在这个范围之内的书籍都适合这个孩子阅读。

有了STAR Reading Assessment报告，家长可以比较准确地了解孩子的阅读能力，再根据AR Bookfinder提供的书籍AR值，一本书的难度适不适合自己孩子就很好判断了。比如这个孩子的阅读能力是5.0，ZPD最近发展区为

3.4~5.4，而 *Charlotte's Web* 的难度是4.4，在孩子的最近发展区之内，这就是一本难度合适的书。

在这里我想特别强调一句，要想习得效率高，千万不要给孩子提供过难的书。所谓过难，就是超出了孩子的最近发展区。虽然大多数时候孩子会因为看不懂而拒绝，但也有些孩子会“迎难而上”。比如有些书虽然难，但是情节非常有趣，孩子受情节吸引，哪怕只读懂个大概也愿意读。或者有的父母太追求进阶，觉得孩子读的书一定得是下一本比这一本难，进阶越大越好，如果孩子看不懂，就让孩子看完中文版再来看英文版。我碰到过不少孩子，水平刚够考KET，就用这种方式看完了 *Harry Potter*。要知道考 KET 阅读水平也就在3左右，*Harry Potter* 的 AR 值为6~7.3，差出三四个年级。这种“看懂”并不是真正的懂，学习效果远不如看难度合适的书好。不管到哪个阶段，i+1 都是语言习得的金科玉律。新的东西越少，孩子能学到的东西就越多，学习效率也就越高。所以家长一定要把好选书这一关，给孩子选择处于最近发展区之内的书。

除了 AR Bookfinder 和 STAR Reading Assessment 之外，Renaissance 公司还开发了一个产品叫作 AR Quiz，相当于给每本书配了一套阅读测试题。孩子读完一本原版书以后，可以做一下配套的 AR Quiz，测试结果反映了孩子对书中内容的理解程度，这样家长就不会再有“书是读了，也不知道读懂多少”的疑惑了。

3. 泛读选书小窍门

窍门1：系列章节书孩子最容易上手

章节书有两类，一类是独立的故事书，比如 *Charlotte's Web*，另一类是系列书，比如 *My Weird School*。系列书是作家围绕同一个主题创作的一套书，数量可以从几本到几十本不等。每本书都有几个相同的主人公，同时也有一些不同的配角出现，就像电视连续剧一样，不过每一集一般是一个相对

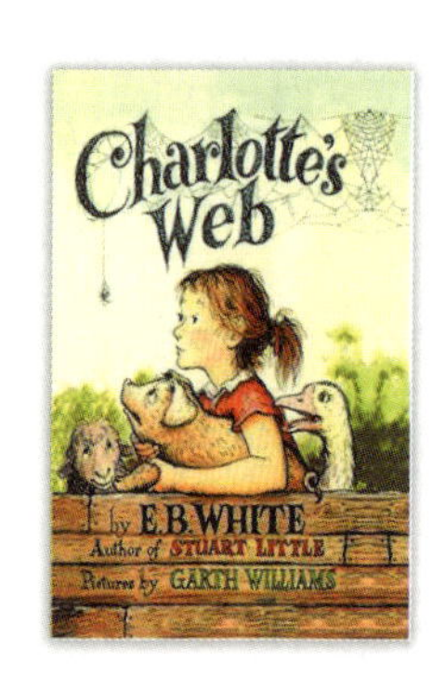

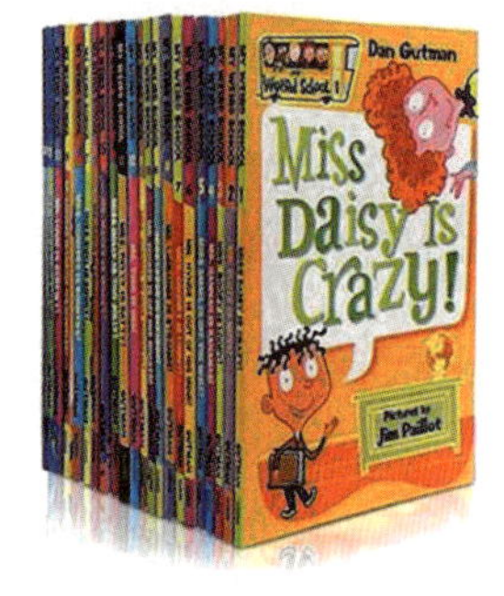

独立的故事。比如 *My Weird School*，每一本书都是围绕小男孩儿 AJ 和他的几个同学展开，讲述他们在学校与某个人之间的故事，这个人可能是校长、数学老师、体育老师、清洁工、食堂大厨、校车司机等。

孩子刚开始阅读章节书的时候，系列书是一个特别好的选择。因为孩子一旦喜欢上书中的主人公，就像追剧一样，特别想知道接下去在他们身上还会发生什么事。这种好奇心给他们提供了宝贵的阅读动机，吸引着他们不停地读下去。

同一个作者的写作风格和用词一般都比较统一，所以读完系列书中的一本，再读其他本的时候，孩子会觉得很轻松。熟悉的角色，熟悉的语言，阅读压力大大降低。从语言习得的角度来看，作者习惯用的单词和句式结构不断重复出现，而每一集讲不同的故事，引入不同的人物，又会有新的语言出现，这不正是 i+1 的难度设计吗？所以我觉得系列书是特别好的习得材料。朵朵就从 *My Weird School* 里学了非常多的表达，书中人物常说的话都成了她的口头禅，常常张嘴就是"It's my final offer; take it or leave it."或者"It's the funniest thing in the history of the whole world."她说得太多，以至于我都学会了。

系列书还有一大优点是可以读很长时间。比如 *My Weird School*，一共有 21 本，足够孩子看两三个月。所以如果家长成功地让孩子入坑系列书中的一本，就可以很长一段时间不用操心孩子的读书问题，选书压力小了很多。一年看几套系列书，孩子的阅读量轻轻松松上百本，词汇增长上千根本不是难事。

系列书虽然好，但也不能一直只读系列书。当孩子阅读一定量的中章书，AR 值差不多达到 5 之后，就应该适当增加一些单本的书。因为这时候孩子的自主阅读能力已经比较强，即使读单本的书也不会觉得太难。而多样化的主题、不同的语言风格可以开阔孩子的眼界，丰富他们的语言库。

窍门 2：虚构与非虚构，一个也不能少

英文书分为两大类：虚构类（fiction）和非虚构类（non-fiction）。

fiction 是指现实生活中不存在的，由作家靠想象创作出来的故事，包括小说、童话、诗歌等形式。

non-fiction 是指以现实生活为题材创作的读物，通常涉及自然科学、历史文化、社会人文等现实话题和信息类的内容。

有的家长把 non-fiction 简单等同于自然科学书籍，这是一种误解。科学类的文章在 non-fiction 中占的比例其实并不大，更多的 non-fiction 是信息类和人文社科类的，比如新闻时事、人物传记、历史故事等。

fiction 的特点是故事性强、人物形象、情节生动。有的书天马行空、想象力丰富，有的搞笑有趣、让人捧腹，尤其是描写同龄孩子故事的书，带入感非常强。而且 fiction 一般有大量人物对话，语言地道生动，很适合孩子学习口语。

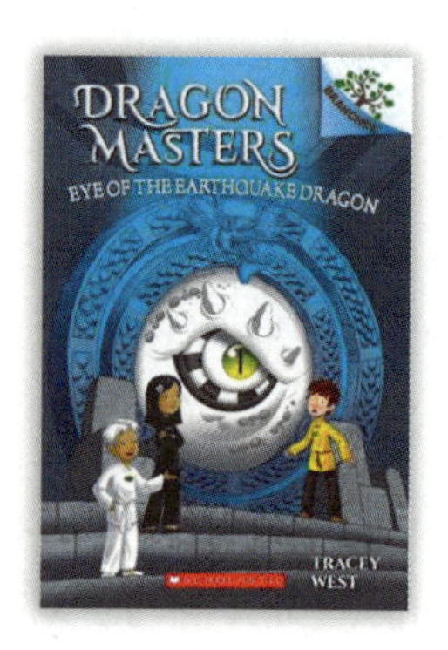

Fiction

non-fiction 的特点是基于现实、知识性强，可以帮助孩子理解自己所生活的这个世界。但是这类书一般比较枯燥，所以很多孩子不喜欢。朵朵就是一个例子，只喜欢故事类的书，对于 non-fiction 类书籍总是提不起兴趣。

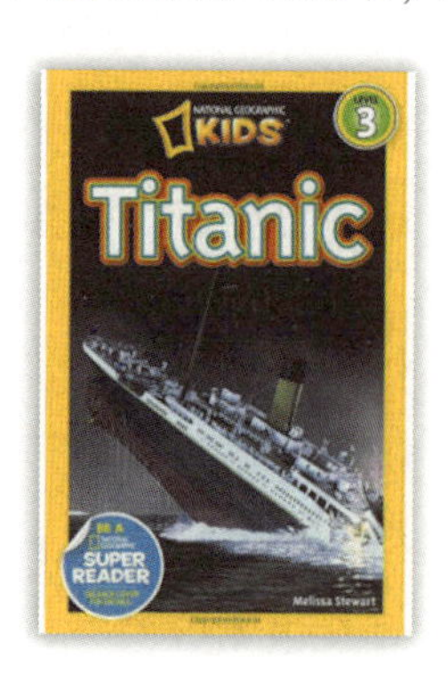

Non-fiction

如果我们只需要孩子能够用英语进行日常交流，比如出国旅游、跟外国朋友聊天等，那么不读 non-fiction 也没关系。但是如果我们希望孩子考试考高分，能够用英语来学习更多知识，以后工作中能够将英语作为工具去使用的话，那么只读 fiction 肯定是不够的。

拿考试来说，最近几年高考的阅读理解题选文基本都是 non-fiction，分别来自 CNN、《纽约时报》、美国全国公共广播电台、《英国卫报》等。至于出国留学需要进行的雅思、托福，以及 SAT、GRE、GMAT 等各种入学考试，阅读材料基本都属于 non-fiction 范畴。孩子要学的各种学科知识，了解世界需要读的报纸杂志，步入社会之后用到的各类文献、数据、文档也都属于 non-fiction。

所以孩子必须早一点习惯阅读 non-fiction 书籍，一来积累 non-fiction 的词汇，建立更加全面完善的知识结构，二来锻炼快速提取和处理信息的能力。这些都是 fiction 阅读无法提供的。

有的孩子天生喜欢了解各种事实，对这种孩子来说 non-fiction 是很有趣的读物。可是大部分孩子觉得 non-fiction 枯燥，不爱读，家长该怎么办呢？我给大家几条建议：

第一，先 fiction，后 non-fiction。

阅读要先从 fiction 入手，后期再加入 non-fiction，不要一上来就让孩子读非虚构类书籍。道理很简单，爱听故事是孩子的天性，而信息提取是一种需要后天学习的高级能力，如果我们想让孩子爱上阅读，肯定应该先易后难，从孩子更容易接受的 fiction 开始。否则刚一开始就阅读自己不喜欢的东西，孩子可能从此很难爱上英文书。年龄越小的孩子这一点越重要。我建议等孩子的阅读能力达到 AR 值 2 以上，也就是相当于美国小学生二年级的水平时，再增加 non-fiction 的阅读会比较好。

即使母语为英语的孩子，早期阅读也是以 fiction 为主，non-fiction 的比例逐步增加。根据美国教育大纲的要求，四年级时，non-fiction 的占比是 50%，此后缓慢增加，到 12 年级时，占比达到 70%。

第二，选择简单一点的 non-fiction 书。

选 non-fiction 书的时候，选择难度比孩子阅读水平低的书。AR 值最好比孩子水平低 1 ~ 2。因为孩子读 non-fiction 的书除了有语言要学以外，还有很多认知上的挑战。如果AR值刚好合适，孩子就要面临语言和认知的双重困难，孩子自然不愿意读。如果我们选的书AR值低一点，语言简单一点，孩子可以把更多的大脑带宽用在认知上，读起来就觉得轻松，从而更愿意读。

朵朵就有过这样的经历。在她刚开始看初章书不久，我就给她看non-fiction的读物，她不喜欢，怎么引导也不管用。当时给她看的non-fiction书籍就BL值来说是非常符合她的阅读能力的，我还以为她就是不喜欢non-fiction，也就没有太强迫她。过了一年多，她的阅读能力进一步提升，AR值到了3.2，这时她突然主动看起以前那些non-fiction的书来。而此时她的水平比那些书籍的AR值高了1个多点。我这才明白，之前她不喜欢是觉得太难了。

第三，用好儿童新闻网站。

为了激发孩子的阅读兴趣，国外有很多儿童新闻网站，专门挑选适合孩子的新闻事件，改写成不同难度的新闻稿给孩子读，这些文章全都是non-fiction。相对于厚厚的书籍来说，短小的新闻稿读起来毫无心理压力，而且新闻故事发生在当下，新奇有趣，内容既有跟孩子生活密切相关的话题，比如*Inkless Pen that Writes Forever*，又有让孩子着迷的高科技，比如*A Virtual Trip to the International Space Station*。这些新闻连不那么爱看non-fiction的朵朵都喜欢。不过新闻阅读需要比较高的阅读能力，建议在全面发展后期，孩子的AR值达到3~4之后再开始。

桥梁书和章节书推荐

下面是我觉得适合孩子泛读的一些桥梁书和章节书。除了介绍内容之外，我还列出了这些书的本数、难度、受欢迎程度和类型等信息，以方便家长选择。有些童书有几十甚至上百本之多，有的还在不停出新的。我列出的书的本数和图片都是基于国内目前在售的版本，往往都是一套书中最初创作的系列，也是最经典的系列。受欢迎程度是基于我们几千学员的读后反馈。每个孩子都有自己不同的兴趣点，家长要以孩子的喜好为准。

Fly Guy 系列

本数：15 本　　　　AR 值：1.2～2.7

受欢迎程度：5 星　　类型：Fiction

这套书绝对是桥梁书中的经典，不仅在国内是很多原版娃的第一套桥梁书，在美国也深受小朋友喜爱。故事讲了小男孩儿 Buzz 和他的宠物苍蝇之间一个个搞笑但又温馨的小故事。

Money Bunny 系列

本数：4 本　　　　AR 值：1.6～2.0

受欢迎程度：4 星　　类型：Fiction

这是一套儿童财商启蒙绘本，以小兔子为主角，用浅显易懂的语言给孩子讲解了挣钱、存钱、花钱、捐钱的理财概念。

Fancy Nancy 系列

本数：30 本　　　　AR 值：1.6～3.3

受欢迎程度：4 星　　类型：Fiction

爱臭美、爱时髦是每个小女孩儿的天性。主人公 Nancy 就是这样一个小俏妞儿。她喜欢时髦的衣服，说话优雅，还经常有各种稀奇古怪的想法。

Amelia Bedelia 系列

本数：4 本　　　　AR 值：1.8～3.2

受欢迎程度：4 星　　类型：Fiction

这套书是美国作家佩姬·派瑞许（Peggy Parish）笔下家喻户晓的糊涂女佣。家长需要注意的是，以 Amelia Bedelia 为主题的书有很多，从绘本、桥梁书到初章书都有，购买时要注意难度。上面有“I Can Read! ②”标志的是桥梁书。

Arthur 系列

本数：7 本　　　AR 值：2.0~2.4

受欢迎程度：3 星　　类型：Fiction

这套书的主角是经典的动画人物小学生 Arthur，主要讲述了 Arthur 在家里及学校所经历的生活故事。

Boris 系列

本数：4 本　　　AR 值：2.0~2.4

受欢迎程度：4 星　　类型：Fiction

主人公 Boris 是一只热情、可爱的小疣猪，他爱宠物，爱读书，还爱探险和做梦，偶尔也会耍点小聪明，就像书中的一句话说的：Boris is just like you!

Nate the Great 系列

本数：28 本　　　AR 值：2.0~3.0

受欢迎程度：5 星　　类型：Fiction

侦探破案一直是儿童章节书的一个重要主题，这类主题的书非常多，而 *Nate the Great* 无疑是其中最简单的一套，因而也是孩子们的第一套侦探书。

Monkey Me 系列

本数：4 本　　　AR 值：2.2~2.4

受欢迎程度：5 星　　类型：Fiction

这套书讲述了一个精力过人的小男孩 Clyde 调皮捣蛋的日常和冒险故事。

Henry and Mudge 系列

本数：28本　　　　AR值：2.1~2.9

受欢迎程度：4星　　类型：Fiction

这套书是凯迪克大奖、纽伯瑞大奖得主辛西亚·劳伦特（Cynthia Rylant）的经典代表作。这套书主要讲述了一个男孩Henry和一只大狗Mudge之间的故事，幽默而又温馨，故事情节非常生活化。

Arnold and Louise 系列

本数：4本　　　　AR值：2.4

受欢迎程度：3星　　类型：Fiction

这套书主要讲述的是一只大熊和一只花栗鼠之间友谊的故事。

Narwhal and Jelly 系列

本数：5本　　　　AR值：2.4~2.6

受欢迎程度：4星　　类型：Cartoon

一套以独角鲸和水母这对好朋友为主角的漫画书，作者将各种海洋生物知识巧妙地穿插在独角鲸和水母的故事中，内容幽默诙谐。

Bink & Gollie 系列

本数：3本　　　　AR值：2.2~2.7

受欢迎程度：3星　　类型：Fiction

这套书讲述的是一高一矮两个小女孩Bink和Gollie的冒险故事，书中充满各种搞笑的情节。

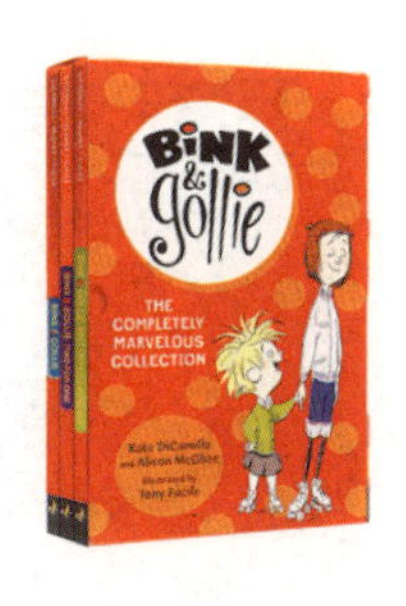

Dog Man 系列

本数：9 本　　　　AR 值：2.4 ~2.6

受欢迎程度：5 星　　类型：Cartoon

这套漫画书故事情节天马行空，想象力丰富，幽默感爆棚，被《出版家周刊》评为“年度最有趣、最好笑的书”，近几年一直高居美国童书畅销榜之首。

Billy and the Mini Monsters

本数：4 本　　　　AR 值：2.5 ~2.8

受欢迎程度：4 星　　类型：Fiction

这套书讲述了小男孩 Billy 和他的 5 个小怪物朋友之间暖心的友谊小故事。

Frog and Toad 系列

本数：4 本　　　　AR 值：2.6 ~2.9

受欢迎程度：4 星　　类型：Fiction

这套书是永恒的经典。写于 20 世纪 70 年代的小故事到今天看来仍然妙趣横生，让人忍不住捧腹大笑。其中 *Frog and Toad Together* 和 *Frog and Toad Are Friends* 曾分别荣获纽伯瑞奖和凯迪克童书大奖，并收录于加州课本教材中。

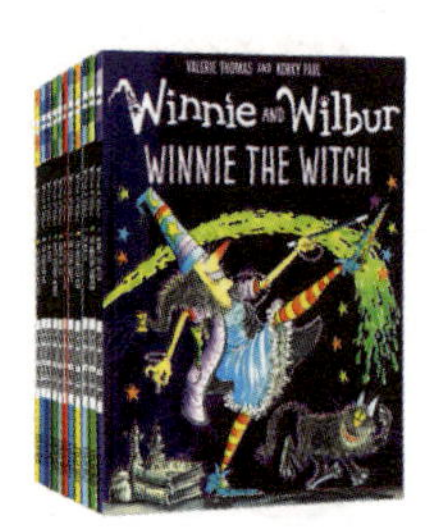

Winnie and Wilbur 系列

本数：8 本　　　　AR 值：2.3 ~3.0

受欢迎程度：3 星　　类型：Fiction

这套书的故事围绕女巫 Winnie 和她的小猫 Wilbur 展开，情节出其不意，却又欢乐不断。 孩子们喜欢 Winnie 的魔法和咒语，也喜欢她的搞笑和搞怪。

Big Nate 系列

本数：10本　　　　AR值：2.3～3.3

受欢迎程度：4星　　类型：Fiction

这本书的中文名叫作《捣蛋王大奈特》，主人公Nate的顽皮可见一斑。这个六年级的学生个性反叛，精力过剩，却赢得无数孩子的喜爱。可能每个人都能从这个小调皮身上看到自己的一些影子。

Owl Diaries 系列

本数：12本　　　　AR值：～3.0

受欢迎程度：5星　　类型：Fiction

一只上小学二年级的猫头鹰Eva，以写日记的形式向大家展现了她每天的生活，分享自己喜欢与不喜欢的一切。

Rainbow Magic 系列

本数：12本　　　　AR值：～3.0

受欢迎程度：3星　　类型：Fiction

英国Orchard Books出版的最有名的童书之一，至今已经出版了200多本。这一套由海洋仙子和小动物救援仙子这两个小系列组成，内容浅显易懂，故事情节生动有趣。

Flat Stanley 系列

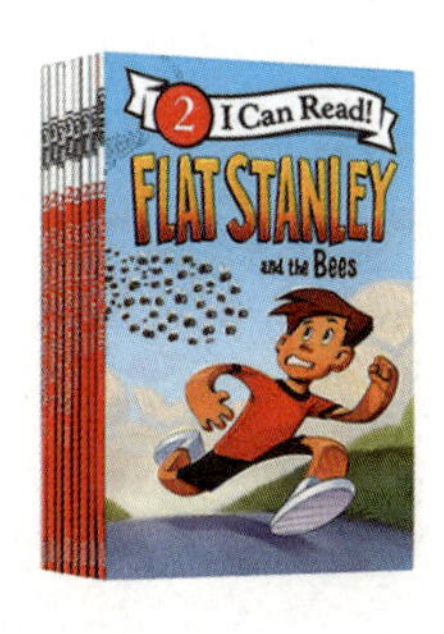

本数：8本　　　　AR值：2.2～2.7

受欢迎程度：4星　　类型：Fiction

小男孩儿Stanley不慎被一个大布告板砸中，变成了扁平的纸片人，从此他开始了不同寻常的生活。书中故事充满想象力，许多小学老师以此为基础创造出各种丰富多彩的教学活动。

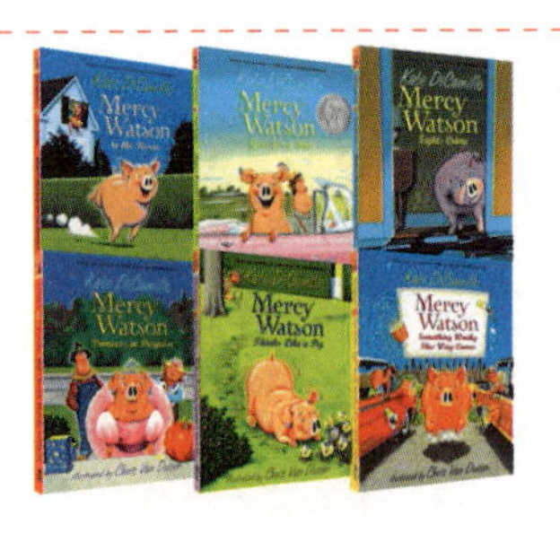

Mercy Watson 系列

本数：6本　　AR值：2.4～3.2

受欢迎程度：4星　类型：Fiction

美国小学低年级孩子最喜爱的图书之一，讲述了宠物猪小猪梅西的一系列搞笑故事。

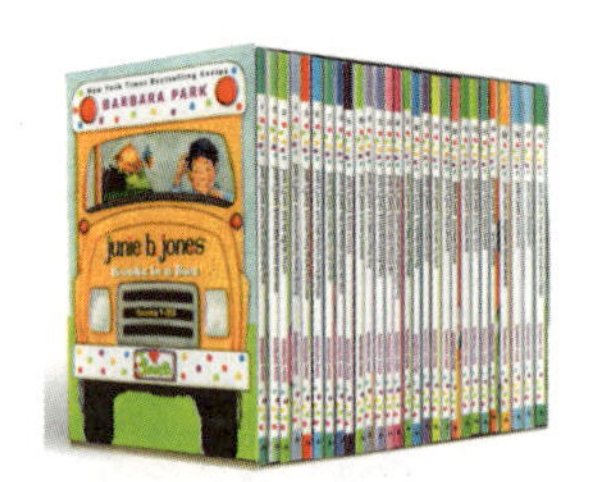

Junie B. Jones 系列

本数：28本　　AR值：2.6～3.0

受欢迎程度：5星　类型：Fiction

Junie B. Jones 是一个对生活充满好奇、有点任性、有点淘气的小女生。这套书讲述了她从学前班到小学一年级阶段发生的各种“大事情”。朵朵非常痴迷这套书，不仅音频百听不厌，听完还让我买书给她看。

The Boxcar Children 系列

本数：12本　　AR值：2.7～3.9

受欢迎程度：5星　类型：Fiction

这是一套从1924年开始出版，已出版了近160本的超长系列书，距今已有近百年的历史，但是仍然深受孩子们喜爱，包括朵朵，这就是经典的力量。

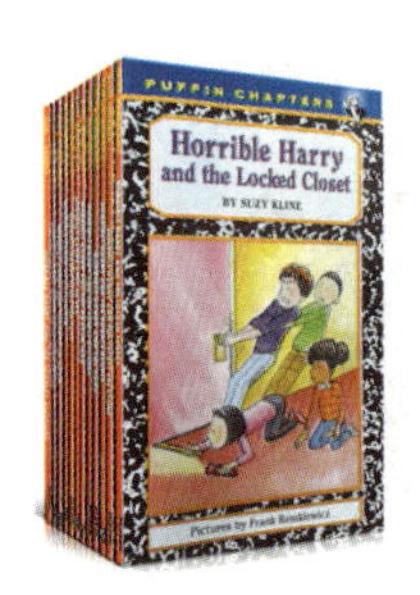

Horrible Harry 系列

本数：10本　　AR值：2.8～3.9

受欢迎程度：3星　类型：Fiction

Harry 是一个喜欢恶作剧的男生，他喜欢科学，也爱幻想，因为顽皮的个性，他身上发生了一连串搞怪的事情。这套书风靡美国校园，经常被小学老师选作阅读教材。

Judy Moody 系列

本数：12 本　　　　AR 值：3.0 ~3.7

受欢迎程度：4 星　　类型：Fiction

Judy 是一个小学三年级的女生，她可不是人们眼中的好学生、乖乖女，她有各种古怪的念头，还有一群有趣的小伙伴，她的故事甚至被翻拍成电影。

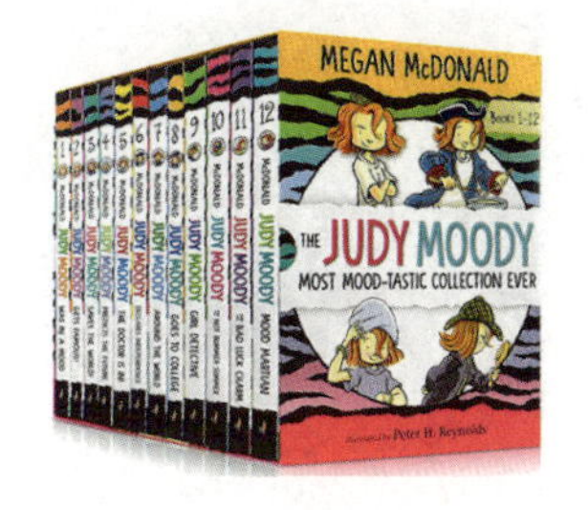

Marvin Redpost 系列

本数：8 本　　　　AR 值：2.7 ~3.6

受欢迎程度：4 星　　类型：Fiction

这套书以小学三年级的 Marvin Redpost 为主角，讲述他生活中所发生的各种趣事。作者以自己女儿为蓝本，所以故事情节非常真实，孩子读起来很有共鸣。

Ready, Freddy 系列

本数：10 本　　　　AR 值：3.1 ~3.4

受欢迎程度：3 星　　类型：Fiction

这套书将带孩子走进美国一年级小男生 Freddy 的校园生活，和 Freddy 一起去学习各种各样有趣的知识。

Ivy and Bean 系列

本数：11 本　　　　AR 值：3.1 ~3.6

受欢迎程度：3 星　　类型：Fiction

这套书讲述了两个性格迥异、互不喜欢的 7 岁女孩因为一件事相识并成为朋友，在经历一连串奇妙的事情之后，结下了美好而深厚的友谊。

Horrid Henry 系列

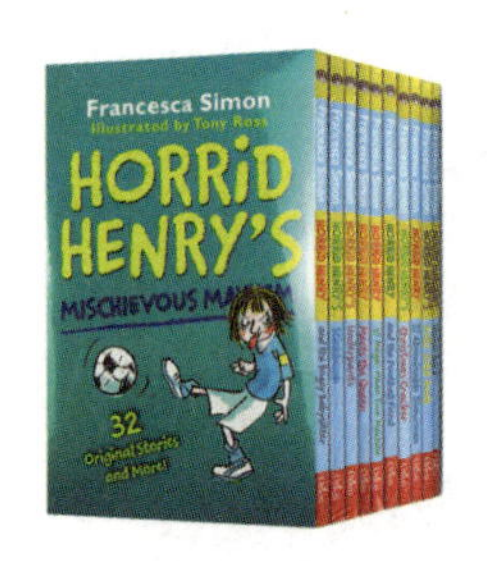

本数：10 本　　　　AR 值：3.1～3.8

受欢迎程度：4 星　　类型：Fiction

这套书是关于一个常常让父母头疼的淘气包的故事，常年占据英国畅销书排行榜前列，还被《泰晤士报》选为十年百本最值得拥有的童书之一。朵朵觉得跟 Henry 那个完美的双胞胎兄弟 Perfect Peter 比起来，Henry 可爱多了。

Wayside School 系列

本数：4 本　　　　AR 值：3.3～3.8

受欢迎程度：5 星　　类型：Fiction

这是一所神奇的学校，教学楼有三十层高，有的老师能把学生变成苹果，有的老师有三只耳朵，能听到学生的心事……这里的一切都让人意想不到。朵朵读完四本还不过瘾，无数次问我还有没有更多的。

A to Z Mysteries 系列

本数：26 本　　　　AR 值：3.2～4.0

受欢迎程度：5 星　　类型：Fiction

美国经典儿童侦探小说系列，畅销 50 余年。该系列共有 26 本，作者巧妙地用 26 个英文字母为每一本书命名。故事扣人心弦、趣味十足。

Dragon Masters 系列

本数：19 本　　　　AR 值：3.3～4.1

受欢迎程度：5 星　　类型：Fiction

这是一个关于成长、神龙、魔法、友情和中世纪风情的系列故事。是小学中高年级孩子非常喜欢的魔幻主题，加上极富幻想的人物角色设定，给孩子们打开一个奇幻的超现实世界。

The Magic Tree House 系列

本数：28 本　　　　AR 值：2.6～3.9

受欢迎程度：5 星　　类型：Fiction

《纽约时报》畅销榜的常青树，连续占据了 160 周的位置。这套书讲述了一对小兄妹穿越时空的大冒险故事，不动声色地教给孩子很多历史、地理以及科普知识。这套书有很多不常见的专业词汇，所以孩子读起来感觉比同样 AR 值的书要难。

My Weird School 系列

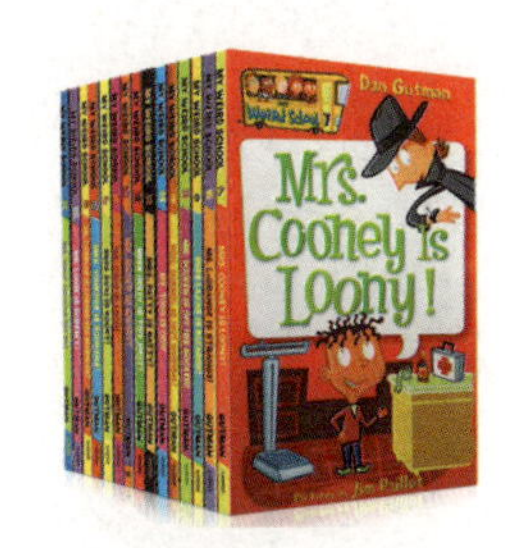

本数：20 本　　　　AR 值：3.5～4.0

受欢迎程度：5 星　　类型：Fiction

这是一套让无数孩子疯狂的章节书，是美国小学生最喜欢的书之一。通过一个个奇奇怪怪、幽默搞笑的校园故事，塑造了一个令孩子心生向往的理想学校。朵朵听了看了几十遍。

Geronimo Stilton 系列

本数：10 本　　　　AR 值：3.2～4.8

受欢迎程度：5 星　　类型：Fiction

这是一套意大利童书，全球销量突破 1 亿册，可见其受欢迎程度。这套书讲述了一只超级有趣的老鼠记者和他的四个亲戚在世界各地冒险的故事。朵朵对书中的故事情节如数家珍，连老鼠城市的地图都熟悉得跟自己家似的。

Who Would Win 系列

本数：11 本　　　　AR 值：3.4～4.2

受欢迎程度：4 星　　类型：Non-fiction

学乐出版社出版的这套分级读物把枯燥的动物科普知识变成了一场充满悬念的“动物擂台赛”，孩子带着“究竟谁会赢”的强烈好奇心一路读下去，答案揭晓时他们对两种动物的特点已经非常了解了。

Encyclopedia Brown 系列

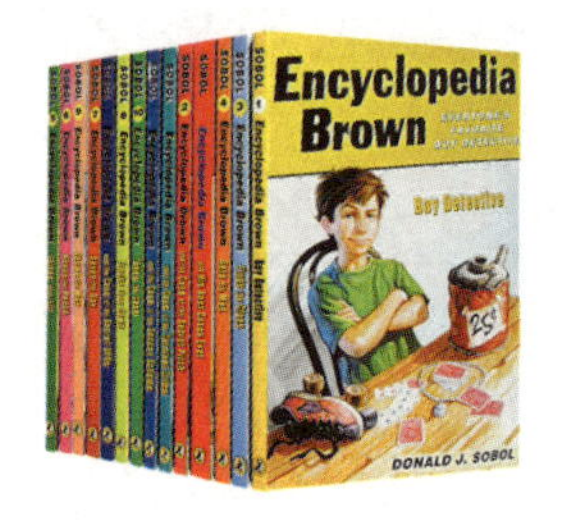

本数：14 本　　AR 值：3.9~5.0

受欢迎程度：4 星　　类型：Fiction

这又是一套破案故事书，不过这次这个小侦探却不一样，他因为广博的知识和超常的观察力、推理能力被戏称为“百科全书”，看他破案，孩子们可以学到很多知识。朵朵读的时候最喜欢挑战自己能否在未揭秘之前猜到结果。

Percy Jackson and the Olympians 系列

本数：5 本　　AR 值：4.1~4.7

受欢迎程度：4 星　　类型：Fiction

这套书将希腊神话与21世纪现代青少年的社会生活巧妙地融合在一起，为孩子们打造了一个全新的奇幻世界。这套书比较适合小学高年级或者初中的孩子看。

The Famous Five 系列

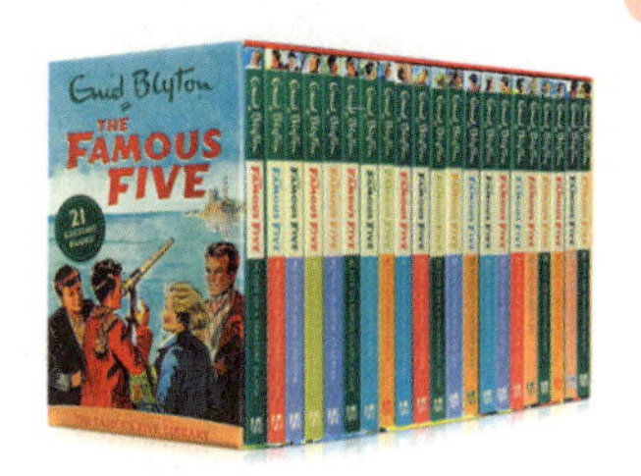

本数：21 本　　AR 值：4.3~5.0

受欢迎程度：3 星　　类型：Fiction

这是英国的一套经典童书，自从1942年首次出版以来，已经有整整三代人读着它长大，连《哈利·波特》的作者 J. K. Rowling 都深受其影响。这套书讲述的是5个小伙伴野外探险的故事。

Captain Underpants 系列

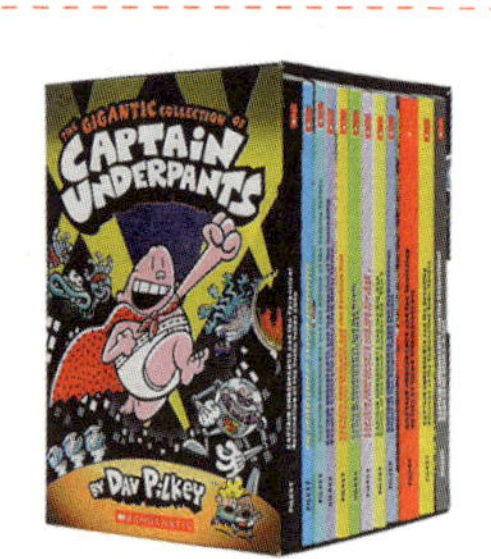

本数：12 本　　AR 值：4.3~5.2

受欢迎程度：5 星　　类型：Cartoon

这套书是美国孩子几乎人手一本的漫画书，获得了凯迪克大奖。讲述了两个四年级的小男生把古板、严厉的校长变成具有超能力的“内裤超人”，一起惩奸除恶的故事。

The Complete Little House 系列

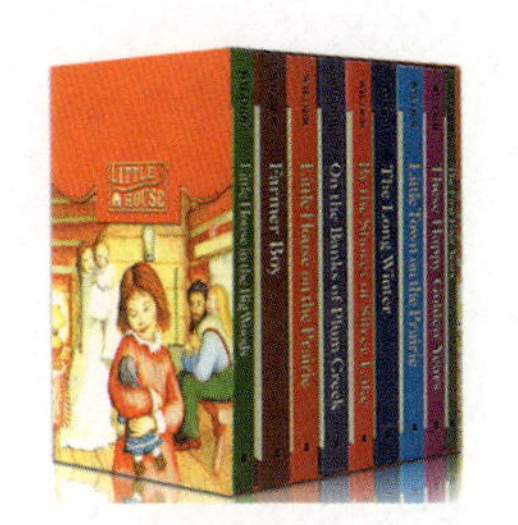

本数：9 本　　　　AR 值：4.6～5.8

受欢迎程度：4 星　　类型：Fiction

这是一套真正意义上的世界儿童文学名著。作者罗拉根据自己真实的生活经历，讲述了一家人在森林里，在草原上，在梅溪河岸居住时生活中的点点滴滴。朵朵读完后特别向往这种田园牧歌式的生活。

The Complete Ramona Collection 系列

本数：15 本　　　　AR 值：4.8～5.6

受欢迎程度：4 星　　类型：Fiction

这套书荣获纽伯瑞银奖、美国国家图书奖等多项大奖。书中的主人公 Ramona 从一个肆意放纵的小淘气成长为积极乐观的勇敢女孩，成为很多小女孩心中的偶像。

Diary of a Wimpy Kid 系列

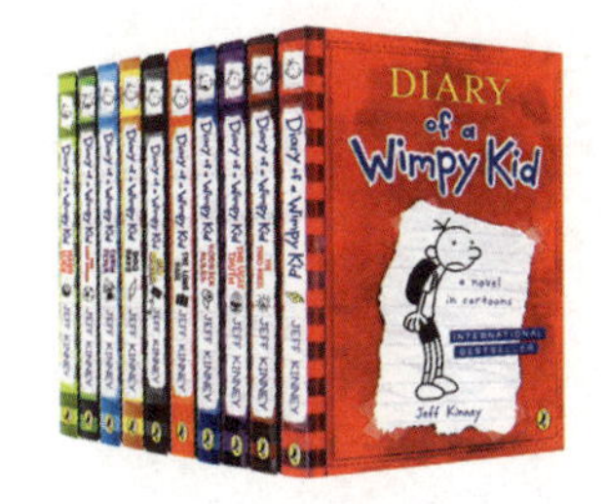

本数：9 本　　　　AR 值：4.6～6.1

受欢迎程度：5 星　　类型：Fiction

这是一套文字加涂鸦的另类日记，风靡欧美。主人公是一个刚上初中的小男孩，在妈妈的要求下，他在日记中松散地记录了很多生活趣事，并配了滑稽的漫画，让孩子们忍不住捧腹大笑。这套书朵朵也反反复复听了读了很多遍，经常听到她在那里笑个不停，还时不时跑来给我讲 Greg 的搞笑语录。

Who Was 系列

本数：50 本　　　　AR 值：4.6～6.1

受欢迎程度：5 星　　类型：Non-fiction

这是一套写给儿童的人物传记，以简洁朴实的语言讲述了众多重要历史人物的故事，包括爱因斯坦、林肯、牛顿、达·芬奇、莎士比亚等。这套书的姐妹篇 *Who Is* 系列中的人物几乎都是当今世界上各行各业的佼佼者。两套书共有100多本，大家可以挑感兴趣的看。

The Chronicles of Narnia 系列

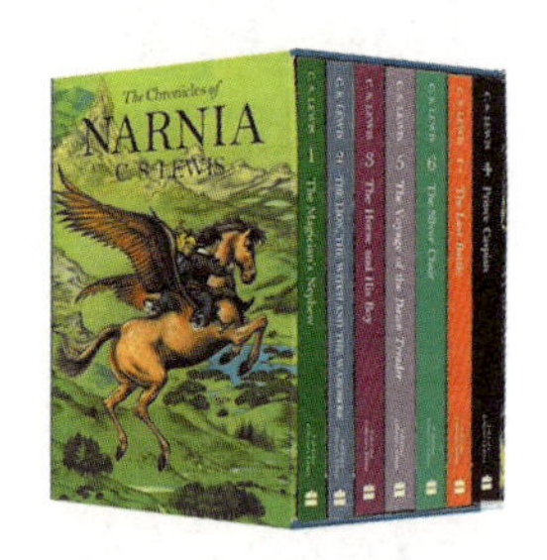

本数：7本　　　　AR值：5.4~6.0

受欢迎程度：4星　类型：Fiction

这个系列的七部作品构建了一个神奇的王国，各自独立的故事串联起这个王国的千年兴衰史，被视为承袭古典儿童文学作品的代表作。《哈利·波特》的作者J. K. 罗琳曾表示《纳尼亚传奇》给了她很多写作灵感和启发。

Harry Potter 系列

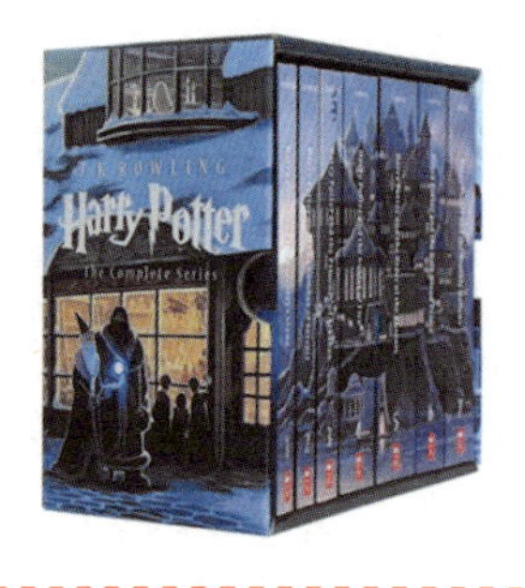

本数：7本　　　　AR值：6.0~7.2

受欢迎程度：5星　类型：Fiction

这个不用介绍了，大名鼎鼎的《哈利·波特》系列。很多家长把孩子能读《哈利·波特》看作英语学通关的一个标志。从某种意义上来说，这个目标是合适的。因为如果孩子能读懂《哈利·波特》的话，普通的英文通俗小说从语言上来讲基本都能读懂了。

How to Train Your Dragon 系列

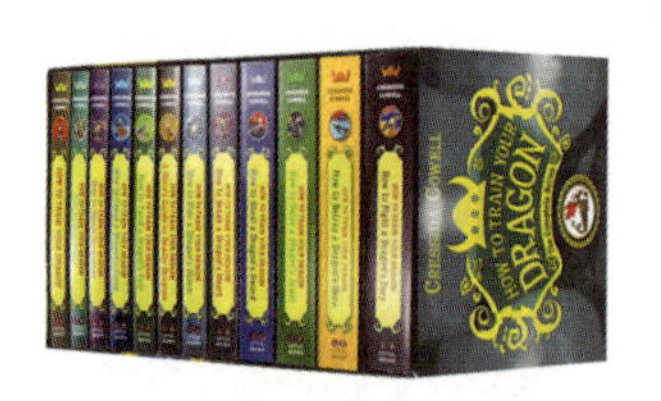

本数：12本　　　　AR值：6.2~6.9

受欢迎程度：4星　类型：Fiction

这是著名电影《驯龙高手》的原著。故事讲述了一位维京少年和一只令人生畏的飞龙之间看似不可能的友情。

Where Is 系列

本数：32 本　　　　AR 值：5. 5 ~ 7

受欢迎程度：3 星　　类型：Non-fiction

这是 Who Was 系列的姐妹篇，介绍了世界上著名的历史古迹、自然奇观及其背后的故事。文字浅显易懂，叙述风趣幽默，图文并茂。

儿童新闻网站推荐

Newsela	newsela
Scholastic News	SCHOLASTIC News
Tween Tribune	Smithsonian TweenTribune
Time For Kids	TIME for KIDS
BBC Newsround	

精读

1. 读≠读懂，差距需要精读来填

很多家长看到孩子识字了，就觉得英语“听说读写”中的“读”已经解决了，这是一个很大的误解。识字仅仅是阅读的第一步，而且还是最基础的一

步。你想想看，阅读理解考试考什么？考会不会读？考谁读得快？考谁口音好？都不是。阅读理解只考查有没有读懂。因为阅读的终极目标是理解。读懂作者想表达的意思，从中获取对自己有用的信息，这才是孩子需要培养的阅读能力。

也有些家长觉得只要孩子读得够多，自然就能懂，所以只要泛读就够了。的确，有一些孩子在大量泛读过程中无师自通地培养出了很强的理解力，不过这个比例太小，不是普遍现象。大多数孩子可能读了不少书，但一做阅读理解题就错。问他这本书讲了什么，他说不出来，问他有什么心得体会，也茫茫然，这都说明孩子其实并没有真正读懂，可能只看了个故事情节或者大概意思，是“追剧式”的阅读。

阅读是有一些策略和技巧的，这些策略和技巧能帮助我们更好地理解文章的意思。那些无师自通的孩子凭着天赋，自己发现了这些策略和技巧，有的人甚至只是下意识地运用而不自知。但大多数孩子需要有意识地学习阅读技巧，一遍遍地看老师的示范，自己再一遍遍地练习，最后内化成为下意识的行动。这个学习的过程就是精读。所以我常说，从读到读懂，有一个很大的差距，精读的作用就是帮助孩子跨越这个差距，达到“理解”的目标。

2. 什么是真正的精读?

有的家长知道精读课很有必要，但是并没搞明白什么是精读，他们以为仔仔细细地读就是精读。于是很多精读课都是老师拿篇课文，把生词和重点短语的意思逐个解释一遍，讲一下复杂句型，再做一些练习，最后来个测试。这个过程看起来很扎实，可孩子收获的只是一些单词短语和语法知识，而不是可以举一反三的能力，读下一篇文章时依然不懂。这种课属于文章串讲，目的是帮助孩子理解课文内容，算不上精读课。

真正的精读课，一定是以“能力培养，习惯养成”为目标，系统地教授单词策略、阅读策略、阅读技巧等内容。老师教给孩子的是方法，让他们不仅能读书，而且能读懂书，能高效地去读书。

比如教词汇，老师除了给孩子解释重点单词的意思和用法外，还要教孩子如何通过上下文去猜词，如何通过前缀（prefix）、后缀（suffix）以及词根（root）去猜词，这些叫作单词策略。学会这些技巧，孩子在泛读的时候碰到新单词就不用问老师，不用查字典，自己就能猜出意思来。

除了单词本身，老师还会教孩子同义词、近义词、反义词和词性的变化，比如单词 say，可以根据不同场景用 yell、shout、whisper、murmur、answer 等。再比如，一个东西很重要，可以说“It’s very important.”也可以说“It’s of much importance.”通过这种学习，孩子可以更全面地掌握一个单词，提高语言表达的丰富性和准确性。单词的同义、近义、反义转换和词性变化不仅有利于口语表达和写作，也是剑桥五级、雅思、托福这些标准化考试的考查内容之一。

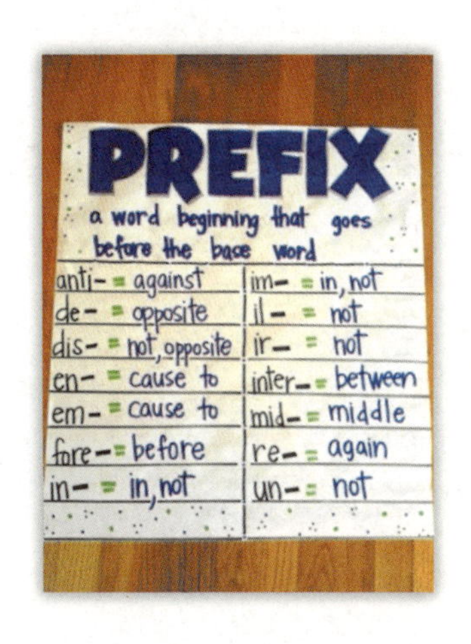

再比如老师会教孩子各种阅读策略，帮助孩子读懂文章内容。一个重要的阅读策略是 visualize，就是把书中描写的场景、人物、活动等在脑海中想象出来，形成画面，甚至是连续画面，像放电影一样。画面感可以很好地帮助孩子理解、记忆书的内容。另一个重要的策略是 make connections，就是把书中内容与自己、其他书或者世界上的事情建立联系，只有建立了联系，孩子才能做出自己的解读，把书本内容变成自己知识网络的一部分。其他策略和技巧还有 ask questions、make predictions、compare and contrast 等，这些策略和技巧能让孩子开动脑筋，积极思考，真正吸收书中的营养，而不是浮光掠影地看个大概。所以一个好的精读课其实是在带孩子做脑力体操，锻炼的是孩子的思考能力。

精读课教的不是知识，而是方法，是授人以渔。当孩子学会这些策略和技巧，用到平时的泛读中去，就能更好地读懂读透文章。读同样的书，有阅读技巧的孩子跟没有阅读技巧相比，吸收的东西要多得多。

3. 精读该怎么学

咱们孩子学语文怎么学的？是不是要有专门的教材和老师啊？我们虽然中文说得很熟练，但要教孩子语文，不是随便拿篇文章就可以教的，也不是谁都教得了的。英文精读也是一样的道理，需要专业的教材和老师。

精读的教材有以下三种类型：

- 系统的 ELA 或 ESL 教材；
- 精读专项教材；
- 各种章节书。

ELA 即 English Language Arts（英语语言艺术），相当于英美孩子的语文课。ELA 教材可以简单理解成国外孩子的语文书，难度一般比较大。这里面比较优秀的是美国麦格劳·希尔出版社出版的 *Wonders*。

ESL 即 English as a Second Language（以英语为第二语言来学习），ESL 教材是英语国家给母语为非英语的孩子用的。比如美国是个移民国家，刚到美国的孩子很多都要上 ESL 的课，以提高英语水平。ESL 教材的难度略低于 ELA 教材，但是仍然需要孩子有相当好的英语基础。美国国家地理出版社出版的 *Reach Higher* 就属于此类。

这类教材的优势是综合性非常强，从技能上来讲，囊括了拼读、词汇、语法、阅读技巧、写作等各方面。从知识体系来讲，涵盖了自我、社会、经济、自然、历史、宇宙……并且每个单元都有一个关于价值观的主问题，引发孩子思考。这类教材的学习绝不仅仅是学习语言，而是在给孩子搭建知识、能力和思维体系。

使用这种教材有个前提，就是孩子的英语要足够好。因为 ELA 教材是给母语为英语的孩子使用的，所以难度相当大。国内孩子要想跟上，需要课外大量的泛读作为支撑，仅靠课堂上的学习肯定是不行的。

国内很多家长不了解情况，只听说这是美国孩子用的教材，觉得原汁原味，于是即便孩子基础不够也来上，有的人甚至把这个当成零基础启蒙教材。GK 和 G1 两个级别的教学内容大部分是自然拼读和高频词，文章一般就一两句话，孩子还勉强能学，一到 G2、G3 文章突然变长变复杂，孩子立马就跟不上了，感觉像小学生上初中生的课，痛苦不堪。

我觉得这种教材孩子要至少有 3000 以上的词汇量，能够自主阅读初章书之后再上比较合适。而且孩子的 AR 值比所上级别高一级为好，例如孩子的 AR 值为 3，那么 *Wonders* 和 *Reach Higher* 上 G2 就比较合适。

第二类教材是专项精读教材，例如圣智学习集团出版社出版的 *Reading Explorer*。与 ELA 教材相比，它们的综合性没有那么强，但是阅读的专项训练比较充足。

Reading Explorer 的阅读材料选取的是美国《国家地理》的真实故事，全是 Non-fiction 文章，主题涉及自然科学、社会问题、人文、文化旅游等，丰富多样。作为专项精读教材，每篇文章后面都介绍了一种阅读技巧，并配有练习题，便于孩子理解掌握。整套书介绍了几十种技巧，包括抓文章主旨、快速浏览、定位关键信息、识别明喻隐喻、分析长句、理解象征性语言等，对于阅读理解非常有用。

Reading Explorer 也要求孩子有一定的英语基础，一般 AR 值达到 3 以上再学比较合适。

第三类并没有成体系的教材，由老师选取合适的文章或者书籍来教学，比如深受孩子们喜爱的 *My Weird School*、*Magic Tree House*，以及更难一些的 *Charlotte's Web*、*Charlie and the Chocolate Factory* 等。这种精读课的好处是比较灵活，可以根据孩子的情况来制订教学内容，而且选取的一般是孩子喜欢的书，上课时他们更积极主动。不足之处是这种精读不够系统，学习效果好不好全看老师的水平。

不管是哪一类教材，我都强烈建议跟专业的老师学，因为教材里面的专业知识太多了，普通家长很难驾驭。家长要做的是找到好的老师，做好孩子课前预习和课后复习的引导，最后用测试或者考试来检验孩子的学习效果就可以了。

四、如何学习写作？

1. 功夫在诗外

如果仅仅从应试来说，英文作文的要求并不高。首先，篇幅不长，下面是各类考试的词数要求：

- 剑桥 KET：35 词；
- 中考英语：50 ~ 60 词；
- 高考英语：100 词；
- 剑桥 PET：100 词；
- 剑桥 FCE：140 ~ 190 词；
- 剑桥 CAE：220 ~ 260 词；
- 剑桥 CPE：300 ~ 350 词；
- 雅思：300 词；
- 托福：300 词。

其次，英文作文不需要像中文作文一样有深刻的思想、新颖的见解或者有文采。一般考试都是论说文，只要讲明白自己的想法，做到观点明确，逻辑清楚，文从字顺就可以了。可是大部分孩子却觉得英文作文很难。有些孩子读得懂 *Harry Potter*，提笔写篇 100 词的短文却直挠头。

作为父母，我们应该怎样帮助孩子呢？我不建议家长们挽起袖子亲自上阵教孩子，除非你是专业人士，否则这件事还是留给老师去做比较好。但是我们家长要了解写好英文作文的要素，这样我们才知道孩子需要在哪些方面努力，哪些方面上写作课有用，哪些方面上课没用，得靠课后积累。这些基本原理不搞清楚，上再多的课，写再多的作文都没用。

要写好英文作文，孩子需要解决三个方面的问题：内容、结构和语言。各种标准化英语考试，包括剑桥通用五级、雅思、托福等都是从这几方面来对作文评分的。内容明确不跑题，结构清楚有逻辑，语言表达准确丰富，没有语法和拼写错误就能得高分。

关于内容，孩子最大的困难是无话可说。他们知道的东西本来就少，对很多问题还没有形成自己的看法，头脑空空自然写不出东西来。此外，他们缺乏思考经验，拿到一个题目不知道从哪些方向去想，也不知道如何一层层地推进。写作文像回答问题一样，三两句话就答完了。朵朵刚开始英文写作的时候就这样，每次只能写兔子尾巴一样短的几句话。让她再多写几句，就开始车轱辘话来回说。

要解决内容的问题，首先孩子需要多看多读多思考。说白了，就是需要大量的输入，让他们脑子里装些东西。这一步，得靠泛听泛读来慢慢积累，写作课帮不上忙。其次孩子要学习增加细节描写（support and elaborate），通过思维导图把一个中心思想展开成一个个小的分论点。这样既能给孩子提供很多可写的内容，又能帮助孩子聚焦到中心思想上，不跑题。这一步其实就是我们写文章列提纲的过程。这个技巧可以通过写作课来学习。

关于结构，在没有专门学习之前，孩子是没有结构意识的，常常是想到哪儿，写到哪儿。这个问题其实比较容易解决，只要教给孩子一些常见的文章结构，比如按时间顺序、总分总顺序、并列顺序……并做一些练习，孩子基本都能掌握。

比较难解决的结构问题是逻辑性。我有一个朋友是教托福的英语老师，她经常跟我吐槽说很多学生托福作文写不好根本不是英语不好，而是逻辑混乱。该交代的没交代，前因后果不清楚。她说："他们需要学的是逻辑，不是英语。"所以这个问题靠写作课解决不了，需要加强孩子逻辑思维能力的训练。

最后说语言。一篇文章如果内容和结构都清晰合理，只要能用平实的语言把意思表达出来，基本就是一篇合格的文章了。剩下对语言的要求就是表达准确丰富、语法正确、拼写无误。可惜这三样东西都不是写作课能教出来的。英语表达的丰富性和准确性来自于阅读。语法正确需要大量输入和系统的语法学习。拼写得从学自然拼读的时候就开始练习，通过锻炼辨音能力，掌握音—形对应规律和大量阅读来解决。

我把写作要素和提高的办法总结成了一个表，从这个表里可以看出，一个孩子如果平时泛听泛读得多，有比较好的逻辑思维能力，那么只要学习行文结构和细节描写的东西就能写出不错的文章。可是如果孩子缺乏大量的语言输入和思考能力，那么上再多的写作课，写再多的习作，写作能力可能都很难有大的提升。

写作要素	内容		结构		语言		
	中心思想	阐述及细节	总体结构	逻辑性	表达丰富性和准确性	语法	拼写
解决办法	泛听泛读及思考	写作课	写作课	逻辑训练	泛听泛读及精读	泛听泛读及语法课	自然拼读及泛读

朵朵学英文写作的过程就是一个很好的例子。刚开始她只写得出几十个词，上了大半年写作课之后，稍不注意就会写超过400词，而且结构清楚，语句流畅，进步非常大。她曾把自己最开始的文章和后来写的文章对比给我看，我俩都忍不住感叹：变化真是肉眼可见。如果没有她几年来上千本书的阅读量，没有在阅读中的思考训练，她的作文不可能在短时间内有这么大的进步。

南宋大诗人陆游给他的儿子传授写诗经验时曾说："功夫在诗外"，孩子的英语写作又何尝不是呢？我们家长一定要关注写作背后的东西。

2. 写作需要科学的学习方法

写作需要有泛听泛读的积累，但也需要专门学习写作技巧，两者相辅相成，缺一不可。如果朵朵没有上写作课，可能再读上千本英文书也写不出400词的漂亮文章来，或者至少进步也不会那么快。

那写作技巧怎么教呢？国内常见的教法是先做范文分析，再让孩子自己去写，最后给他批改。老师和家长抱着一种期望：写得多，自然就会了。这种教法，其实只是给孩子一个目标，告诉他们"这样的文章是好文章"，可是怎样才能写出这样的文章，还需要孩子自己去悟。并非每个孩子都能悟出方法。所以结果往往是教来教去，很多孩子看到作文题目依然直挠头，无从下手。

我以前也一直以为写作只能这么教，直到看到外教教朵朵写作文的过程，看到国外的写作教材，我才发现并非如此。写一篇文采飞扬的文章需要天赋，但是写一篇文从字顺的文章却是可以教的，而且教的方法很科学，很实用。

以朵朵上的外教课来说，老师最先教朵朵的并不是某个具体的写作技巧，而是写作流程。这个流程包括五步：从 prewrite（构思），到 draft（草稿），到 revise（修改），再到 edit（编辑），最后是 publish（发表）。五个步骤环环相扣，把写作这个大工程分解成了一个个具体的小任务。

拿到一个题目，老师不让孩子立即动笔写，而是先一起头脑风暴。大家可以随意地说自己的想法，不管对错。头脑风暴后，老师带着孩子把记下来的内容梳理一遍，看看哪些能用，哪些不能用，哪些是主要观点，哪些是支持观点的细节，先说哪些内容，后说哪些内容。最后把结果写进这样的一张图里，就成了提纲。

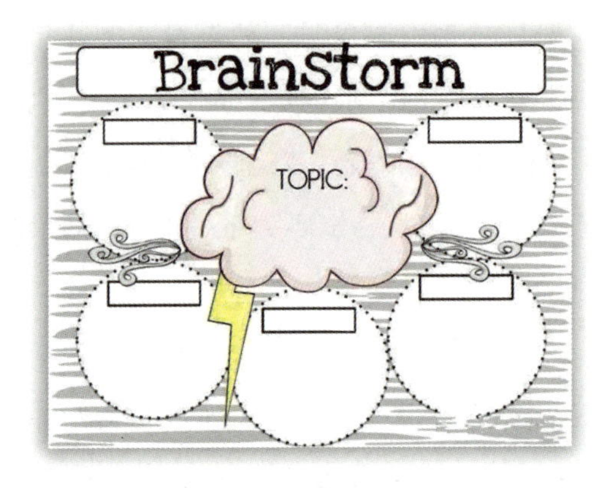

这一步叫作 prewrite。相比让孩子列提纲而言，头脑风暴的方式更友好。因为孩子可以不受约束地想，对和错都没关系，所以孩子更放得开，不会迟迟动不了笔，而且常常还会产生一些有意思的想法来。构思这一步非常重要，内容和结构在这一步基本就确定了，所以老师要求孩子至少花 1/3 的时间在这一步上。

提纲列出来之后，孩子才开始动笔写。这步叫作 draft。老师告诉朵朵，打草稿的时候不需要顾虑语法和拼写，只需要把提纲里想讲的点讲清楚就行。这样孩子的压力又小了很多。有前面的提纲做基础，孩子既不会写几句话就无话可说，也不会漫无边际地跑题。我看朵朵打草稿的时候基本都是一挥而就。

文章写出来就该修改了。这一步叫作 revise。因为内容和结构在构思时就想好了，修改的时候主要是对文章语言精雕细琢，比如看句式是不是太平淡，有没有更好的说法；逻辑是不是清晰，句子顺序要不要调整；需不需要增添一些细节或修辞手法等。老师还教给朵朵一个 ARMS（Add – Remove – Move –

Substitute）策略，连改文章都有套路！不是想改哪处就改哪处，而要从这四个方面出发去寻找问题。

第四步 edit。这一步跟上一步有什么不同呢？修改是语言层面的修改，而编辑是对大小写、空格、拼写、标点符号等进行规范。就这项工作，老师也教了一个 COPS（Capitalization－Overall look－Punctuation－Spelling）策略，让孩子逐项检查文章中的小毛病，检查完还要在清单上画钩才算结束。

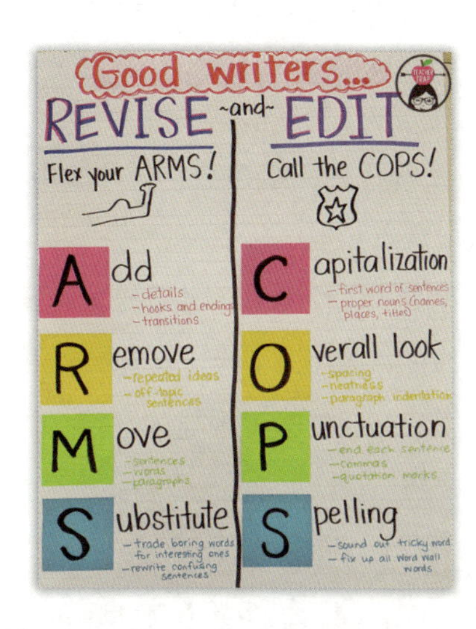

一般我们教孩子写作文，改完就可以了。可是美国老师还有一步，叫作 publish。孩子需要把文章誊写清楚再“发表”，这是最让孩子兴奋的阶段。辛辛苦苦写出来的文章要发表了，有人看了，这才是写作的意义。

学了这五步法之后，每次上课，老师都带着朵朵按这个流程写作文。朵朵再也没跟我抱怨“作文好难写，不知道写什么”。她写的文章也越来越长，从 30 多词到 80 多词……100 多词……200 多词……直到后来轻轻松松写出一篇 400 词的文章。

除了写作流程以外，老师还教了很多结构框架，对朵朵的帮助也很大。比如写记叙文用到的“汉堡包”结构法，用形象有趣的方式教给孩子“总—分—总”的文章结构。有时老师甚至就画一个汉堡包的样子，让孩子在汉堡包里填内容，这样写作文，哪个孩子不喜欢呢？

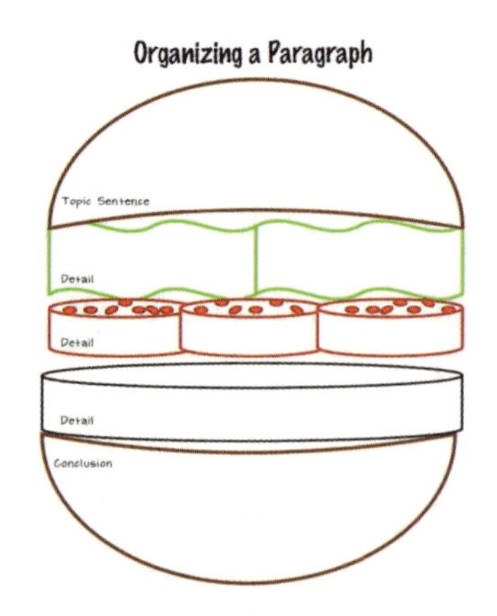

写议论文的时候，老师又教了一个“奥利奥”结构法：一开始声明观点，中间依次给出原因和例子，最后再次重申观点。

还有写说明文和讲故事时常用的流程图，比较优劣势时用的T形图等有这些结构框架的帮助，朵朵写的文章基本都很有条理，不会让人看不明白。

除此之外，老师还教了朵朵如何给文章起一个吸引眼球的题目，如何让文章开头抓住读者的注意力等非常实用的技巧。

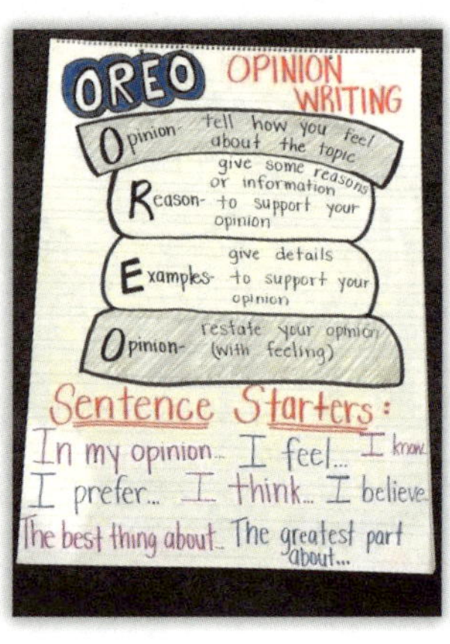

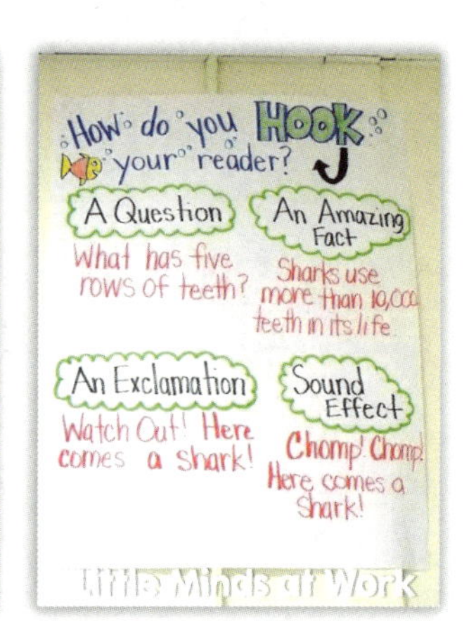

从朵朵的英文写作经历我体会到，科学的教写作的方法，能给孩子搭一个脚手架，让他们有可以依赖的东西，一步步地往上爬，直到成为一个成熟的作者。我希望家长们意识到这一点，有可能的话尽量让孩子上这种英文写作课，避免孩子自己苦苦摸索，甚至摸索多年也没入门，最后走到怕作文、恨

作文的地步。

最后谈谈写作练习如何进阶。美国的孩子一般从小学一年级起就开始有作文课。一开始特别简单，就是写一句话，除了把话写完整之外，老师着重教孩子句首字母大写、单词之间的间距，以及句末标点符号这样的文字规范。二年级仍然是写句子，不过从一句话发展到三五句话。三四年级开始写段落，从简单的几句话的段落，到复杂的长段落，要求也从最初的有话可说提高到要有细节，有例子，条理清楚，紧扣主题。五六年级从写段落过渡到写文章，着重学习记叙、说明和论述各种不同类型文章的写法。

如果孩子启蒙早，能够像美国的孩子这样按部就班地学写作是最好的，从句子到段落到文章，循序渐进，基础扎实。朵朵因为启蒙太晚，开始写作的时候已经四年级了，直接从写段落开始，错过了基本功训练。以至结果是朵朵都能写400词的文章了，还经常出现忘记句首字母大写，忘加句末标点符号等这种低级错误。

五、系统学习语法，英语从“会”到“好”

1. 原版娃有语感，为什么还要学语法?

我在第一章里说过，习得法的孩子也需要学语法。有的家长可能很困惑：原版娃不是听得懂说得出，靠语感就能做题吗？为什么还要学语法呢？

如果你学英语的目的只是为了口头交流，或者看一些简单的英文小说、杂志，那的确没必要学语法，习得来的语言能力就足够了。因为口头交流的时候，大家关注的是内容，不是形式，哪怕有点语法错误，只要不影响理解就行。普通小说、杂志一般句子结构不会太复杂，凭语感就能读懂。

可是如果你需要读一些比较深刻或者专业的书籍，理解起来就会比较费劲。大家肯定都有这样的体会，哪怕是读中文书籍，遇到结构复杂的长难句，往往一下子读不懂，得来来回回读几遍，甚至按主谓宾梳理一下结构才能理解。这个时候懂语法就很有帮助。如果你需要写作，光靠语感就更不行了，不懂语法句子写出来很容易有语病。

不仅咱们中国的孩子这样，英美的孩子也是如此。哪怕英语是他们的母语，也仍然需要学语法以使语言表达得更准确更规范。语法对他们的重要性，这一段话说得特别好："Whether you are applying for college, looking for a new job or marketing a product, the way you speak and write impacts how people perceive you. Having good grammar helps you come across as more educated and professional." 翻译过来就是："不管你是申请大学、找工作还是推销一款产品，你说话和写作的方式都会影响别人对你的看法。正确的语法能够使你显得受过良好教育，而且很专业。"

对于咱们国内的孩子来说，学语法还有一个现实的用处——考试。孩子在习得的过程中能无师自通地掌握绝大多数核心语言现象，比如代词、冠词、连词、现在时、进行时、将来时等，这些知识点孩子都不会有问题。但是有些语法现象，如果孩子没有特别注意，可能就不那么清楚。比如过去时和现在完成时的差别、made from 和 made of 的差别等。所以习得法的孩子如果纯靠语感做题，就总是会错那么几道，得不了满分。差的这点精确性，就要靠语法来弥补。

所以想要英语听、说、读、写都达到高水平，能够用正确规范的英语（proper English）来表达自己，考试考高分，语法不仅要学，还得认认真真、系统地学。

2. 语法什么时候学合适?

家长一听说语法这么重要，那是不是得趁早学啊？不，语法不能学太早。具体什么时候学合适，要看这两点：一是英语基础，二是年龄。

语法是从语言中总结出来的一套规则，很抽象，不容易理解。如果没有听说基础就学语法，孩子面对一推抽象的概念，既理解不了，也记不住，只能死记硬背，背下来也不会用。就好像给一个从来没有滑过雪的孩子讲滑雪技巧，讲如何转向，如何制动，孩子听起来毫无感觉，自然也学不会。孩子这样学语法效率低，效果差，还痛苦不堪。

而有听说基础的孩子已经接触到了各种语言现象，有了一定的语言使用经验。他们在说话的时候自然会用 I am、you are、he is，他们不知道为什么要这么说，只是通过自己的观察，发现别人是这么说的，自己就单纯地模仿。一旦学了语法，他们就会用语法规则跟自己的语言经验去做比较，产生“啊，原来如此！”的感叹，瞬间恍然大悟，从“知其然”变成“知其所以然”。这才是高效学语法的状态。

除了要有基础之外，孩子的年龄也不能太小。现在孩子的英语启蒙都早，有些孩子两三岁开始学英语，到 6 岁还没上小学可能就已经听说自如，甚至能读章节书了。但是这时候还不适合学语法，因为年龄太小，抽象思维能力还没发展出来，很难理解深奥的语法规则。记得朵朵 7 岁多的时候我试图给她讲第三人称单数的概念，说得我嘴都干了，她依然一头雾水，动不动就跟名词复数混起来，因为单词后面都要加 s，她搞不清楚有什么区别。等她 9 岁多的时候，我再跟她讲，她一下就明白了。所以孩子太小学语法，只会是费力不讨好。根据我和许多人的经验，9、10 岁也就是小学三四年级的时候开始学比较合适。

我建议跟着中教老师学语法，道理很简单，语法是抽象的规则，本身已经很难理解，用汉语解释孩子都未必听得懂，如果用英语解释，那孩子更是云里雾里了。而且学习语法的时候最好配合做一些练习册。做题的过程其实就是运用语法的过程，经过运用，语法知识点更容易掌握。这也是为什么语法不适合小孩子学的一个原因，这种做题操练，他们应付不来。

六、单词学习靠策略，不靠记性

1. 学单词我们究竟在学什么？

学英语，单词是一个绕不开的话题。虽然有 1000 的听说词汇量就能应付日常生活对话，但我们对孩子的期望肯定不止于简单的日常交流，我们还希望他们能够看懂英语报纸杂志，希望他们能用英语去学习，去与世界沟通，所以词汇的积累必不可少。形象一点来说，单词就像英语这棵大树上的叶子，叶子太少，树虽然是活的，但看起来光秃秃的，了无生机，只有枝繁叶茂才是一棵健壮的大树。

可是单词究竟应该怎么学？或者说我们学单词的时候究竟在学什么？有人说："学单词不就是学它的意思吗？"这是绝大多数人的想法。所以我们经常看到有家长拿本词汇书，要求孩子把单词的中文意思挨个背下来，背会一个打个钩。有些执行力强的妈妈还根据记忆曲线做了复杂的背单词表，每隔多少天重复一次，加深记忆。在背单词这件事上，我们拿出了一不怕苦二不怕累的精神，可是绝大多数人的英语并没学好，我觉得有很大一部分原因是学单词的时候学错了。

学单词要学词的意思没错，可是这个"意思"并不是单词的中文释义，而是这个单词所蕴含的意义和使用方法。

单词就像我们语言库里的一个个工具，如果我们只知道单词的中文释义，就好像只认识这个工具叫"锤子"，那个工具叫"锯子"一样。至于"锤子""锯子"该怎用，我们并不知道。这样背单词，我们攒一屋子工具也钉不了一颗钉子。要想真正让这些工具为我们所用，我们先得见过别人用这些工具。看到别人用锤子钉钉子，我们才知道该怎么握，怎么钉。

学单词是一样的道理，我们不仅要学习单词的意思，更要学习单词的用法。比如 jump，我们除了要知道意思是"跳"之外，我们还要知道可以说：

I'm jumping.

She jumps over the rock.

The mistake jumped out at me.

Don't jump to conclusions.

只有这样，这个单词才能成为可用的活语言，而不是沉睡在记忆区里的一个死工具。

搞明白学单词究竟应该学什么之后，问题就来了：这么多单词，光背中文释义都已经背不过来了，还要学用法，谈何容易啊！其实大家觉得难，是因为缺乏学习单词的策略。英语单词这么多，我们不能眉毛胡子一把抓，得按使用频率分三类区别对待，每一类有不同的学习方法。

2. 单词学习策略：排名 1 ~1000 的高频单词

频率从高到低的单词量	在语料库中的覆盖率
100	50%
250	60%
1000	72%
3000	84%
5000	89%
15851	98%

大家还记得前面讲高频词时的词频表吗？从表中我们可以看到排在前 1000 的单词出现频率达到 72%，也就是说掌握了这 1000 个单词，当我们阅读一篇文章时就能认识约 72% 的词。

这 1000 个单词有一小半是 the、of、and、he、who 这样的功能词，还有 have、get、go、apple、dog、happy 等最常见的名词、动词、形容词等。这些词出现得如此频繁，以至于对这 1000 个词的熟悉程度直接影响我们的听力水平和阅读速度，所以我们必须要花大力气把这 1000 个词学到烂熟。我们不仅要知道这些词的意思，还要知道它们常见的固定搭配和用法，比如 go，不能仅仅停留在“去”这个意思的层面上，还需要知道 go on、go through、go wrong、go crazy、keep going 等常用搭配。可以说，这 1000 个词就相当于我们工具箱里最基本最常用的工具，所以我们要熟悉到闭着眼睛都能用的程度。

这类高频单词是孩子听说启蒙阶段的学习重点，需要花时间仔仔细细地学。我们不仅要跟孩子讲明白单词和词组的意思，能演示的、能做动作的尽量做，让孩子形象深刻地理解。这 1000 个单词仅仅是大量听和读还不够，最好孩子能使用。只有自己用过才能体会这些单词的确切含义和使用方法，才能让它们完全成为自己的东西。所以多听多读多用是学习这1000词的关键，掌握程度力求做到听到秒懂，想说能脱口而出。

3. 单词学习策略：排名1001~5000的中频单词

根据词频表，前5000个单词出现频率达到89%，从儿童读物的情况来看，覆盖率应该更高，在90%以上。这就是说，掌握了这5000个单词后，每10个单词中不认识的词还不到一个。如果孩子有这样的词汇量，很多书都看得懂了。

这些词中排在前1000的是我们前面已经说过的高频单词，排在1001~5000的这4000个单词，我把它们归类为中频单词。这些词在日常对话中的出现频率没有那么高，更多地出现在小说、报纸杂志和影视作品中。

这类单词的学习最好通过大量的阅读和听力输入来进行，让孩子在上下文中去理解含义，而不是死记硬背单词的中文意思。且不说孩子硬背词意记不记得住，单是单词的中文解释往往就有很大问题，要么有偏差，要么有遗漏。比如gain、acquire、obtain这三个词的中文解释都是“获得，赢得”。如果只背下来中文意思，孩子不知道它们区别，用的时候也不知道该用哪个。但是如果孩子是在听和读的过程中碰到这些词，接触到的就是gain weight、obtain information、acquire language这些搭配，自然就知道了这几个单词的区别和用法。

朵朵学英语满四年的时候，阅读词汇量就达到了5000。这个过程中她从来没有背过单词，全都是通过泛听泛读来学习。她会的单词都会用，并不只是知道意思而已。我们的很多学员也都处在这个单词积累的阶段，经常有家长来跟我说，看小猪佩奇学会了很多连大人都不知道的单词，像perfume、tape measure之类。或者读了几个月的书，没人教，也没背过单词，一测词汇量，又涨了几百。不仅单词知道的多了，输出也变得丰富了。这一切都是泛听泛读的功劳。

不仅我们中国的孩子，英美的孩子也是这么学单词的。大家不要觉得英美的孩子天生就会那么多单词，学龄前孩子的听说词汇量就在 5000 左右，如果这个孩子不读书，那么即使成年了，这个孩子的词汇量也仍然只有这么多，不会有大的增加。如果这个孩子去上学，16 年后大学毕业，他的词汇量将增长到 2 万多。

美国的学校对阅读非常重视。我美国朋友的孩子，每天放学后老师都会发一本书带回家读，读完了带回学校换下一本。放寒暑假老师布置的作业全是阅读。很多学校还有“百万阅读俱乐部”（Million Words Club），通过挑战的形式吸引孩子读更多的书。在大量的阅读中，孩子的词汇量以每年一两千个单词的速度增长。

除了泛听泛读之外，为了帮助孩子更有效地学习单词，国外的老师还会教给孩子单词的组成规律，也就是单词策略。我觉得这个非常值得我们学习。

我们来看看美国的小学教材 *Wonders*，从二年级起，英语学习的一大块内容就是 vocabulary strategy，即词汇策略，跟阅读策略、阅读技巧和写作并列为四大块学习内容，可见其重要程度。

Unit 2 Animal Discoveries

The Big Idea
How do animals play a part in the world around us? 96

Week 1 · Animals and Nature 98
Vocabulary 100
Shared Read A Visit to the Desert 102
Comprehension Strategy: Make Predictions 108
Comprehension Skill: Plot 109
Genre: Realistic Fiction 110
Vocabulary Strategy: Prefixes 111
Writing: Ideas 112

Week 2 · Animals in Stories 114
Vocabulary 116
Shared Read The Boy Who Cried Wolf ..118
Comprehension Strategy: Make Predictions 124
Comprehension Skill: Problem and Solution ..125
Genre: Fable 126
Vocabulary Strategy: Suffixes 127
Writing: Ideas 128

6　Go Digital! Find all lessons online at www.connected.mcgraw-hill.com.

Week 3 · Pets Are Our Friends 50
Vocabulary 52
Shared Read Finding Cal 54
Comprehension Strategy: Ask and Answer Questions ..60
Comprehension Skill: Character, Setting, Events 61
Genre: Fiction 62
Vocabulary Strategy: Context Clues 63
Writing: Word Choice 64

Week 4 · Animals Need Our Care 66
Vocabulary 68
Shared Read Taking Care of Pepper 70
Comprehension Strategy: Ask and Answer Questions 76
Comprehension Skill: Key Details 77
Genre: Narrative Nonfiction 78
Vocabulary Strategy: Root Words 79
Writing: Organization 80

Week 5 · Families Working Together 82
Vocabulary 84
TIME Shared Read "Families Work!" 86
Comprehension Strategy: Ask and Answer Questions ..90
Comprehension Skill: Key Details 91
Genre: Expository Text 92
Vocabulary Strategy: Inflectional Endings 93
Writing: Sentence Fluency 94

5

这些单词策略包括：

◇ 上下文线索、句子线索及段落线索（context clues，sentence clues，paragraph clues）

◇ 前缀、后缀（prefix，suffix）

◇ 词根（root words）

◇ 合成词（compound words）

◇ 同义词、反义词、同音词、多义词（synonyms，antonyms，homophones，homographs）

◇ 比喻和隐喻（similes，metaphors）

比如知道常见前缀 un 表示否定，见到 unknown、unhappy、unfortunate、unusual 等就很容易猜出词的意思。又比如，知道后缀 less 表示“缺乏，没有”，就很容易知道 helpless、homeless、endless、careless 等词的意思。相当于学一个，会十个，甚至几十个。说白了，这些策略都在教孩子碰到不认识的单词时，如何“猜”出词义来。掌握了这些策略就可以更高效地猜词，而不需要每见到一个不认识的词就停下来查词典。

我上学的时候英语比较好，很大一个原因就是我自己发现了这些规律，形成了一套猜词策略，所以阅读效率比较高，在泛读中吸收了大量的单词，很少死记硬背。所以我非常清楚词汇策略对孩子学英语的帮助有多大。

这样的单词策略学习几乎贯穿美国孩子的整个小学阶段，从二年级开始一直学到六年级为止。所以这个阶段咱们的孩子学单词，完全可以向英美孩子学习，掌握单词学习策略，再加上泛听泛读，学单词一点不费劲，不仅学得快，还学得准确，学得好。而且阅读过程中不只是学了单词，还了解到各种各样的知识，培养了思考能力，一份时间，三重收获，不比死记硬背单词强吗？

4. 单词学习策略：排名 5000 以上的低频单词

排名 5000 以上的单词出现频率比较低，具体到某一个单词，出现频率只有 0.001%，也就是说读十万个单词才会碰到这个单词一次。频率如此之低，带来的问题是光靠泛听泛读很难学会这种低频单词。

但对于我们来说，掌握 5000 个单词已经基本满足我们大部分的需求了，大学英语六级的词汇量要求也不过5500，剑桥考试第三级FCE的词汇量要求是6000。达到这个水平，阅读普通的书籍报刊基本都能读懂了，对于这些低频的单词，如果不影响阅读就不管它，如果影响理解就查一下词典，也不费事。

这些低频单词大多是比较抽象和学术性的词，平时口语和写作中基本用不到，即使当时记住了，长期不用也会忘掉。我记得朵朵曾经读一些non-fiction的书，学会了层积云（stratocumulus）、软骨（cartilage）和叶黄素（lutein）的英文说法，当时我觉得特别厉害，因为我都不知道。可是过了几个月我再问她，她竟然完全想不起来了。估计在那以后的书里面再没出现过。

有的家长在教孩子时对单词不做区分，把大量的时间花在低频单词上，这对孩子的语言学习来说性价比极低。我曾经见过幼儿园的孩子，刚开始英语启蒙，完整的句子都还说不出几句，妈妈就在那儿教九大行星的英文名，Mercury、Venus、Uranus、Neptune……说实话，我词汇量一万多，有些行星的名字都没怎么见过，可想而知这些单词的出现概率有多小。孩子即使记住了，什么时候用呢？何况不出意外的话，孩子当时记住了，几天之后就忘了。妈妈在那儿辛辛苦苦教了一个小时，意义何在？

所以学单词，搞明白单词的频率至关重要，否则就是把孩子的语言黄金期全都花在了芝麻绿豆上。

如果因为考试或者升学，需要更多的词汇量，那么对于排名5001之后的低频单词只能双管齐下，一方面大量阅读更专业、难度更大的书籍，因为这些书籍里的低频单词密度会更大。比如经常读*Wall Street Journal*和*Economist*这样的金融和经济学报纸杂志，就能学会更多的金融经济类单词，多读*The Story of Civilization*这种历史类的书籍就能学会更多的历史类单词。另一方面要学习希腊语和拉丁语词根词缀，因为大量的专业和抽象词汇都来源于希腊语和拉丁语。比如vis这个词根有“看”的意思，从这个词根延伸出去可以记住很多相关的词。

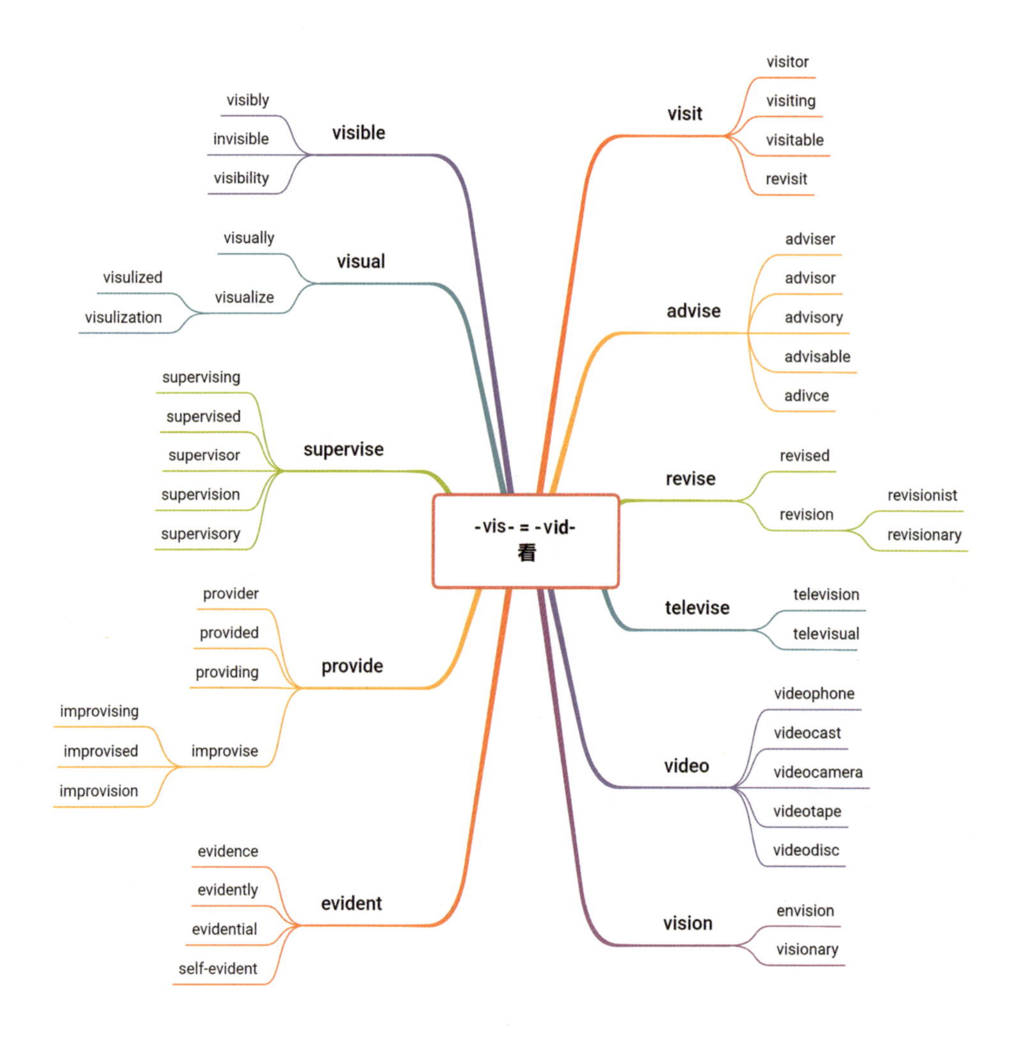

七、考试不是学习目的，是学习的帮手

有的家长给孩子挑选英语学习路径和方法的时候，眼里只有考试。只要能考高分，听不懂说不出不重要。死记硬背，痛苦不堪也不重要。还有的家长为了拿英语考级证书，在孩子水平还远远不够的情况下去上培训班，把大量时间花在备考、刷题上，硬生生地刷过考试线。

对这些家长来说，考试就是学习的目的。

对此，我坚决反对。因为从长远来看，这种应试教育破坏了孩子的学习兴趣和能力，赢了眼前，输了未来。

但我并不反对考试。恰恰相反，我觉得孩子学英语的过程中可以有考试，甚至应该有考试，这样学习效率才更高。

为什么这么说呢？因为如果英语学习方法不对，常常会做无用功，在低水平上长期徘徊。这种情况太多了，不管是在家学还是上培训机构，不管是线上还是线下，学了很多年依然听不懂说不出，不会读不会写的例子比比皆是。我碰到的最极端的案例是一个小女孩儿在机构学了 8 年英语，从 4 岁一直学到 12 岁小学毕业，家长花了十几万元，孩子却连最基本的日常对话都不会，感觉英语还完全没入门。我问孩子的爸爸为什么没效果还继续学，他说："我英语不好，孩子回来也不说，我都不知道他们学了些什么，也不知道学成什么样。"如果有考试，这个孩子水平没提高的情况早就暴露出来了。

所以用考试来评估学习的效果是非常必要的。有效果就继续坚定不移地学下去，没效果就赶紧调整学习方法，否则明明什么都没学会，或者进步缓慢，还继续学，这不是在浪费孩子的宝贵时间吗？尤其是在培训机构学的，一两年下来英语水平没什么进步，家长就应该考虑换机构，不要再把钱打水漂了。机构可能会告诉你"听够了才能说，孩子还没听够。"或者给你看孩子读分级读物的视频，都不要相信。考试才是硬道理，考试才能告诉我们孩子真实的英语水平。

除此之外，好的考试能够诊断出孩子的短板和存在的问题，给接下来的学习提供指导。朵朵就是个考试的受益者。在朵朵学习英语三年半之后，我让她试着做了两套 PET 真题，发现她的听力、口语都达到了更高一级的 FCE 水平，但阅读分数在"通过"的边缘徘徊，甚至有一种类型的阅读理解题几乎全部做错。分析问题之后我觉得她缺乏一些精读技巧，例如 make inference、scanning for details、understanding author's purpose 等。另一方面她从来没有上过写作课，对英文写作完全没有概念。不仅不知道文体，不懂谋篇布局，还拼写错误连篇，连最基本的句子首字母大写都记不住。我赶紧给她报了一个精读、写作课，学了半年之后，阅读理解的题就只错个一两道，作文也能写得像模像样了。要不是准备考试，朵朵的这些问题还真不容易被发现。

1. 了解 CEFR：英语能力的评价标尺

父母在让孩子参加英语考试之前，最好先了解一下 CEFR，即 The Common

European Framework of Reference for Languages（欧洲共同语言参考标准）。

CEFR并不是一个考试，而是针对学生的语言水平进行的一系列描述（can-do statements），例如“能理解日常用语”“能够做自我介绍”“在国外旅行时能自如应对可能发生的一般情况”“能针对比较复杂的题目写出清楚、有条理、细致的文章”等。而且CEFR非常注重学生的实际交流和语言应用能力，从听、说、读、写四个方面来评估学生的英语水平。

CEFR将学习者的语言能力分为三个等级：

- A（Basic user）基础水平；
- B（Independent user）独立运用；
- C（Proficient user）熟练运用。

每个等级又划分为两个级别：A1、A2，B1、B2，C1、C2，从而形成了“三等六级”的评价体系。

熟练运用	C2	能毫不费力地真正理解所看到及听到的事件。能对复杂题材开展讨论。能总结不同的口头及书面信息，并且有能力连贯地复述这些信息的要点和逻辑推理。能流利、准确地即兴表达自己的意见，并能清楚、有效地在复杂题材讨论时表达自己的观点。
	C1	能理解更广泛的、大篇幅的、语言难度更高的文章并抓住文章的引申含义，能自然地表达自己的意思而不需要搜索词汇。在社会、学术和专业环境中能自如、有效地运用语言资源。能针对比较复杂的题目写出清楚、有条理、细致的文章，并且能够有效地使用语言组织工具、连接词和结合词语。
独立运用	B2	能理解比较复杂的书面语言中实际和抽象题材的主要意思，并且能够在自己的专业范围内，积极参加技术性讨论，可以在对话中毫不费力地与母语为英语的对话者交流，在交谈中能够自然、流利地表达自己的意见，对广泛的题材能写出清楚、详尽的文章，有能力讨论时事新闻并分析出特定情况的利弊。
	B1	能用清楚并标准的语言阐述有关工作、学校或爱好等熟悉话题谈话的基本要点。在国外旅行时能自如地应对可能发生的一般情况。在谈到感兴趣和熟悉的话题时，能简明、连贯地表达自己的意思。能讲述经历事件或描述梦想、希望和目标，并简要地阐述和论证计划或意见。

（续）

基础水平	A2	能理解日常生活中常用的语句（如有关家庭、朋友、工作、购物和周围事物等）。在简单而常见的情景中通过直接交流表达自己对熟悉事物的意见。根据需要用简单的词语描述背景、教育情况、周围环境以及其他话题。
	A1	能理解并使用日常用语和非常基本的句子来满足具体的需要。可以介绍自己及别人，可以提出并回答有关个人的详细情况，比如住在哪里、认识的人及拥有的东西等方面的问题，在他人缓慢且清楚地谈话并且随时准备提供帮助时，可以用简单的方式进行交流。

简单来说，达到 A2 水平，孩子的英语才算刚入门。达到 B1 水平，孩子到国外旅行能简单交流。达到 B2 水平，孩子可以申请英美高中，学习生活中语言交流没有问题。达到 C1 水平，可以申请国外的大学。达到 C2 水平，孩子的英语能力足以在大学里做专业研究。朵朵的英语基本达到 B2 水平，所以如果去国外读书，语言交流没有问题。

家长为什么需要了解 CEFR？因为 CEFR 作为一套客观、科学的评估学生语言能力的标准，被广泛和国际各大语言考试关联，作为考试分数界定的参考标准。比如剑桥通用五级考试 PET 通过相当于 CEFR 中 B1 的水平，FCE 通过相当于 B2 的水平。如果 TOEFL Junior 考 645～730 分就相当于 A2，考 850～900 分就相当于 B2。所以这些国际考试不管考哪一个，考完之后都可以通过与 CEFR 的对应关系，了解到孩子的英语处于一个什么水平。

CEFR 级别	剑桥通用五级（MSE）	剑桥少儿英语（CVLE）	托福（TOEFL）	小托福（TOEFL Junior）	雅思（IELTS）
C2	CPE		110～120		7.5～9.0
C1	CAE		90～109		6.5～7.5
B2	FCE		46～90	850～900	5.0～6.5
B1	PET		0～45	730～850	4.0～4.5
A2	KET	YLE 三级		645～730	
A1		YLE 二级			
		YLE 一级			

2. 一些适合 6 ~12 岁孩子的英语考试

剑桥少儿英语等级测试（CYLE）

剑桥少儿英语等级测试是英国剑桥大学考试委员会针对母语非英语国家 6 至 12 岁少年儿童设计的一套考试体系，目前在全球 55 个国家开考，是世界范围内 ESL 领域（English as a Second Language）权威的少儿英语考试。

从考查内容和考查方式来看，CYLE 最适合英语刚入门的低龄儿童。首先考查内容比较简单。整个考试分为 Starters、Movers、Flyers 三级，简称剑少一级、剑少二级、剑少三级。其中一级要求掌握的词汇量只有 500 个，难度连 CEFR 的 A1 都不到。二级要求的词汇量 900 个，相当于 A1。三级要求掌握的词汇量 1400 个左右，相当于 A2 低段水平。

其次，考查方式考虑到了低龄儿童的学习特点和听说读写的语言学习规律。第一级考查重点主要在听说，很多题型都是用听懂了画圈或者涂色的方式来考查，不需要阅读题目。所以对阅读词汇量要求很低，至于写就更少了，很适合能听会说但不怎么会读写的孩子。第二、第三级的读写考查才逐渐加大。

剑少一级适合 6 岁左右，完成自主阅读阶段的孩子考。如果学习方法正确，此后基本每过一年可以考下一级。

CYLE 的考试结果没有具体分数，而是分听力、读写和口语 3 项，分别用 1～5个盾牌来表示成绩。9 盾即可通过，相当于及格。10～11 盾是良好，12～13 盾是优秀，14 盾是卓越，15 盾为满盾。

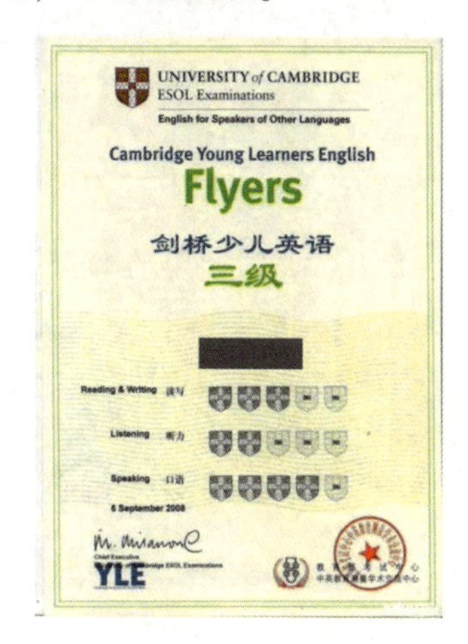

剑桥英语五级考试 MSE

剑桥英语五级考试 Main Suite Examinations（MSE），是英国剑桥大学考试委员会根据 CEFR 设计的英语作为外语的五级系列考试。

这个考试共分为五个级别：

- 第一级，入门水平 KET（Key English Test）。
- 第二级，初级水平 PET（Preliminary English Test）。
- 第三级，独立水平 FCE（First Certificate in English）。
- 第四级，流利运用 CAE（Certificate in Advanced English）。
- 第五级，熟练运用 CPE（Certificate of Proficiency in English）。

MSE 考试也是从听、说、读、写四个方面对学生进行考查，每一方面都有一个具体的分值，最后的总成绩是四项成绩的平均值。每个级别的总成绩又分成三个等级：通过（Pass with Grade C）、优秀（Pass with Grade B）、卓越（Pass with Grade A）。

剑桥五级评分标准					
KET		PET		FCE	
卓越	140~150	卓越	160~170	卓越	180~190
优秀	133~139	优秀	153~159	优秀	173~179
通过	120~132	通过	140~152	通过	160~172

MSE 的考查难度比 CYLE 要大，最简单的 KET 也比剑少三级要稍难一些。而且 KET 已经涉及大量阅读和写作，需要孩子具有听、说、读、写全方位的英语能力。

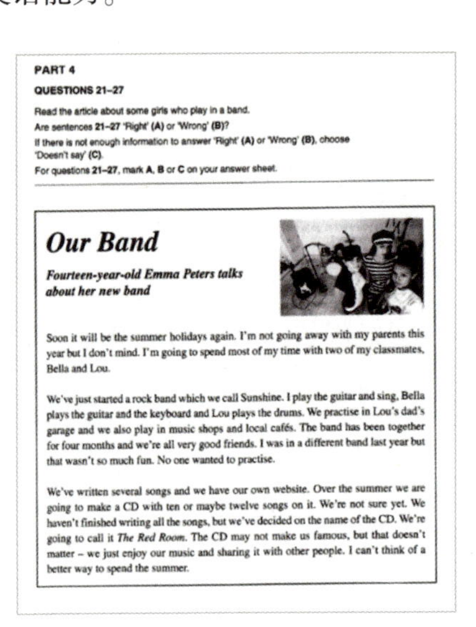

PART 4

QUESTIONS 21–27

Read the article about some girls who play in a band.
Are sentences **21–27** 'Right' **(A)** or 'Wrong' **(B)**?
If there is not enough information to answer 'Right' **(A)** or 'Wrong' **(B)**, choose 'Doesn't say' **(C)**.
For questions **21–27**, mark **A**, **B** or **C** on your answer sheet.

Our Band

Fourteen-year-old Emma Peters talks about her new band

Soon it will be the summer holidays again. I'm not going away with my parents this year but I don't mind. I'm going to spend most of my time with two of my classmates, Bella and Lou.

We've just started a rock band which we call Sunshine. I play the guitar and sing, Bella plays the guitar and the keyboard and Lou plays the drums. We practise in Lou's dad's garage and we also play in music shops and local cafés. The band has been together for four months and we're all very good friends. I was in a different band last year but that wasn't so much fun. No one wanted to practise.

We've written several songs and we have our own website. Over the summer we are going to make a CD with ten or maybe twelve songs on it. We're not sure yet. We haven't finished writing all the songs, but we've decided on the name of the CD. We're going to call it *The Red Room*. The CD may not make us famous, but that doesn't matter – we just enjoy our music and sharing it with other people. I can't think of a better way to spend the summer.

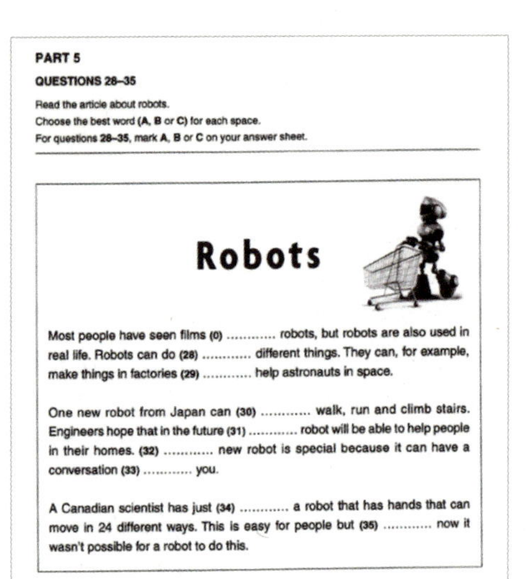

PART 5

QUESTIONS 28–35

Read the article about robots.
Choose the best word **(A, B or C)** for each space.
For questions **28–35**, mark **A**, **B** or **C** on your answer sheet.

Robots

Most people have seen films **(0)** .... robots, but robots are also used in real life. Robots can do **(28)** .... different things. They can, for example, make things in factories **(29)** .... help astronauts in space.

One new robot from Japan can **(30)** .... walk, run and climb stairs. Engineers hope that in the future **(31)** .... robot will be able to help people in their homes. **(32)** .... new robot is special because it can have a conversation **(33)** .... you.

A Canadian scientist has just **(34)** .... a robot that has hands that can move in 24 different ways. This is easy for people but **(35)** .... now it wasn't possible for a robot to do this.

通过第二级 PET 相当于国内高中一二年级英语水平，通过第三级 FCE 则相当于高考英语水平。第四级 CAE 难度已经跟雅思/托福相当。CAE 考到优秀或卓越，相当于雅思 7 分以上，托福 100 分以上，申请世界各国的一流大学都够用了。所以 CAE 证书也可以用于申请国外的大学。第五级 CPE 词汇量要求 20000 以上，如果能通过，英语水平则跟成年母语者不相上下。

CYLE 跟 MSE 可以无缝连接。孩子可以在 6 岁考 CYLE 一级，7 岁考 CYLE 二级，8 岁直接考 MSE 的 KET，一到两年之后考 PET，再过一到两年考 FCE。如果孩子每一级都能顺利通过，那么刚好可以在小学毕业达到高考水平。

如果孩子不出国，一般考完 FCE 就可以了。

小托福 TOEFL Junior

前面说的 CYLE 和 MSE 都是英国剑桥大学设计的考试，而 TOEFL Junior 顾名思义，跟托福一脉相承，是 ETS 美国教育考试服务中心开发的考试。

这个考试分为纸笔考试和机考两种方式，考生可以选其中一种方式来考。其中纸笔考试只考听力、阅读理解和语法，不考口语和写作。机考听、说、读、写都要考，但是说和写的分数占比非常小，仅相当于听力和阅读的十分之一。

考试内容	考试分数	
	纸笔考试	机考
听力	200～300 分	140～160 分
阅读理解	200～300 分	140～160 分
语言形式与含义	200～300 分	无
口语	无	0～16 分
写作	无	0～16 分
总分	600～900 分	1～6 级

所以 TOEFL Junior 比较侧重于语言输入方面，对口语和写作这些输出能力考查不够。有可能孩子考 TOEFL Junior 能得高分，但其实是个哑巴英语。相比之下，MSE 对孩子英语水平的反映更加全面真实。

TOEFL Junior 的官方说法是为 11～17 岁中小学生开发的考试，所以听力和阅读理解难度比 KET 大，介于 PET 和 FCE 之间。建议在孩子具有 PET 水平之后再考虑 TOEFL Junior，考得太早，分数很低没有太大意义。

Part
3

牛娃养成篇

大童（7~9岁）

零起点英语学习实操指南

第九章　大童启蒙怎么办？

一、大童启蒙，你准备好了吗？

我们说孩子用习得法学英语要抓住 0～7 岁的语言黄金期，可是并非每个父母都能抓得住。有的人是因为没有机会接触这些科学理论而错失良机，也有的人是不相信黄金期的存在，直到孩子进入小学，英语学习跟不上才开始后悔。还有的人是抓住了黄金期，但用错了方法，导致孩子虽然学过英语，但跟零基础的娃比起来没什么差别。当这些父母看到跟自己孩子同龄的小朋友英语已经运用自如，听、说、读、写样样精通的时候，不可避免地开始焦虑。他们想知道，自己的孩子八九岁了，英语零基础，还有可能学好英语吗？如果可能，这种大童启蒙该怎么办呢？

我经常被问到这个问题，尤其是很多二胎家庭，老二跟着我们的课程学，效果很好，妈妈就会问："上小学的老大还能用习得法学英语吗？"说实话，每次回答这个问题的时候我的心情都很复杂，一方面我不想打击这些父母，让他们失去希望。但另一方面我又清楚地知道，在问我的人中，大概只有10%的孩子还能走习得之路。

原因有很多，包括孩子过了语言黄金期学习能力下降、学习内容跟年龄和认知不匹配等，但是最大的问题还不在于此。语言学习能力下降是一个逐渐的过程，8岁的孩子比6岁的孩子语言习得能力弱，但也不会弱太多。而七八岁的孩子也并不是完全不喜欢动画片和绘本，真正的问题在于时间。

我们讲过，英语习得需要每天花半小时到一小时，长期坚持才能有效果。这点时间对于学龄前儿童来说非常容易做到，可是对于上小学的孩子来说就是一件难事。更何况大童为了尽快将英语提升到跟认知相符的水平，每天一个小时是不够的。

拿不出时间来学英语，这才是大童学英语最困难的地方。

有些来咨询我的家长上来就说："孩子年龄大了，学业很重，有没有什么不用花太多时间就能学好英语的办法？"恕我直言，没有。我看到的大童用习得法启蒙成功的案例也有一些，但每一个都是砸了很多时间进去才见效的，少则每天一两个小时，多则每天三四个小时。想不花时间就能把英语学好，岂不是既要马儿跑得好，又要马儿不吃草，哪有这么好的事呢？

所以家有大童，父母要想让孩子习得英语，首先要问问自己，孩子能不能坚持每天抽出一两个小时的时间来学习英语。这里面有一个小时是碎片时间，用来磨耳朵，但也得有半个小时的整块时间来供孩子学习和阅读。这一点做不到，大童启蒙就很难成功。

二、道理讲通，大火猛攻

如果经过慎重考虑，你觉得孩子每天可以拿出一两个小时来学英语，接下来要做的事是什么？不是立即开始学，而是做孩子的思想工作，下动员令。

大童跟小童不一样。小童没有功利心，他们不会因为一个东西有用而去学，他们只会因为好玩去学。所以低龄孩子学英语，家长不用告诉他要学英语了，只要用好听的儿歌、好看的动画片、好玩的故事和游戏吸引住他们，让英语慢慢渗透就行。有时甚至还要刻意淡化英语这个概念。

大童学英语就不可能这样“夹带私货”了。即使给他们看英文动画片，他们也很清楚你的真实目的是想让他学英语。于是他们常常会生出这样的疑问：“妈妈，我为什么要学英语？”这个理性思维的萌芽咱们要利用起来。既然大童已经可以理智地思考做一件事的原因和好处，我们就应该给他们一个学英语的理由，让他们有努力的目标。

这个理由不能是大道理，什么对中考高有帮助啊，以后找工作容易啊，有更多发展机会啊，这些理由孩子听了没有感觉。这个理由必须是跟孩子现在的生活密切相关的好处。例如，如果国外有亲朋好友，会英语就可以跟他们的孩子玩；如果有机会去国外旅游，懂英语就能吃到自己喜欢吃的东西。不要小看这些好处，朵朵当年学英语的一大愿望就是以后出国旅游时吃饭能够自己看菜单点菜，而不是妈妈点什么就吃什么。所以家长请记住，不讲大道理，只谈现实“好处”。

我碰到过一个非常聪明的妈妈，她为了让 8 岁的女儿有学英语的理由，买来中文版的 *My Weird School* 给孩子看，但只给孩子看了其中几本。等孩子看上瘾之后，她对孩子说后面还有很多本，更好看，但还没翻译成中文，想看只能看英文版。于是孩子学英语的热情高涨，为了有一天能够看懂英文版的 *My Weird School*，天天求着妈妈教她英语。

当孩子有了这种强烈的学英语的愿望之后，接下来要做的事就是大火猛攻，用最短的时间把孩子的英语听、读水平提升到跟年龄和认知相匹配。

为什么要大火猛攻？因为启蒙晚了，没有那么多时间像小童一样按部就班地去学。节奏慢的话，英语水平跟年龄认知的差距一直弥补不上，学习材料总是处于低认知高难度的状态，孩子的热情迟早会耗尽。只有当孩子的英语水平追上认知水平之后，对英语的兴趣才能长期保持下去。况且孩子年级越高，学业压力越重，可以用来学英语的时间就越少，所以要尽量往前赶。

为什么能大火猛攻？还是因为认知。大童的辨音、发音能力可能不及小童，但他们的认知能力强啊！学同样的东西，大童能更快地理解和掌握。朵朵学英语只用四年时间就达到了高考英语水平，一个很重要的原因就是因为她启蒙的时候已经6岁，算个准大童了。很多东西跟她一讲就懂，不像教两三岁的孩子，解释半天还未必明白。原本是大童劣势的认知能力，也可以变成优势。

因此，大童每天的学习量可以比小童多一点，节奏可以快一点。小童要学习两年才能达到的听说入门，大童用一年就能达到。小童要一年学完的高频词和自然拼读，大童用半年就能学完。周末和寒暑假更是大火猛攻的最佳时间。这样两步并作一步走，早日追上3岁开始启蒙的孩子。

三、循序渐进，听读并行

有的家长听说大童学英语要大火猛攻，觉得有道理，于是一上来就学一两个小时甚至更多，恨不得把孩子课后的空余时间全都填满英语。我不建议这样做，因为用力过猛，往往适得其反。

孩子以前的生活中从来没有接触过英语，现在突然有一门陌生语言加入，最好是循序渐进，从比较短的时间开始，一点点加量，最终达到每天学一两个小时英语，这样孩子比较容易接受。一个可行的办法是学英语从每天四个10分钟开始。

（1）每天晚饭后用10分钟给孩子讲两本英文书，重点是讲明白每句话的意思；

（2）接着用10分钟让孩子看着书的文字听音频；

（3）早上起床时听10分钟音频磨耳朵；

（4）下午放学路上或者晚上睡前再听10分钟音频磨耳朵。

这样每天需要拿出来的整块时间也就是（1）和（2）的20分钟而已，孩子很容易坚持。哪怕有事儿回家晚了，或者出门旅游都不容易中断。碰上家长出差，孩子可以自己做（2）~（4）步。前期学到多少东西不重要，重要的是养成学英语的习惯。

这样坚持两周之后，把每项的时间增加到各15分钟。再坚持两周后把（3）和（4）的时间增加到至少各20分钟，总的学习时间达到70分钟以上，基本就够了。如果还希望加大学习强度，可以进一步延长磨耳朵的时间。

大家可以看到，上面这个学习流程其实只做了“讲—听—玩—用”四步法中的前两步。如果还有时间，家长也有能力，把“玩”和“用”也做起来效果会更好，尤其是口语的提升会比较大。

大童跟小童不仅学习流程不一样，学习内容也有差别。小童启蒙时用的TPR和《鹅妈妈》这种韵律诗大童仍然可以用，但是他们对儿歌可能就不那么感兴趣了。动画片的话建议从 *Big Muzzy* 开始看，这部教学动画片的英语很简单，但是风格成熟，非常适合大孩子看。看完 *Big Muzzy* 之后可以看 *Meg and Mog*、*Peppa Pig*，听力入门之后就可以按照第七章里的“进阶动画片推荐”由易到难地去看。

书籍方面适合大孩子的绘本不多，建议从“牛津阅读树”“海尼曼”“培生儿童英语分级阅读”“RAZ 系列”这些分级读物入手。最好准备三套以上，同一个难度的放在一起学，比如“牛津阅读树1级”配“海尼曼GK”中简单的部分，配“培生预备级粉色系列”。分级读物虽然枯燥，但是大童比小童忍耐力要强，再加上心中有目标，枯燥一点也还能坚持。

即便如此，我也不建议一直刷分级。等孩子稍有基础的时候就要加入一些绘本和桥梁书调剂一下，增加英语学习的趣味性。比如“牛津阅读树”读到3级就可以加入 *Biscuit*、*Piggy and Elephant*，读到5级可以加入 *Little Critter*，读到6级可以加入 *Fly Guy*，读到7级可以加入 *Fancy Nancy*、*Monkey Me*、*Dog Man* 之类的桥梁书…… 其实从7级开始，基本就可以过渡到桥梁书和初章书了，这时孩子的英语能力也就跟认知水平差不多了。这些书远比分级读物有趣，泛读这些书，孩子的英语学习更容易进行下去。关于桥梁书和章节书，大家可以参考第八章里的“桥梁书和章节书推荐”。

小童在听说启蒙阶段是只听不读，而大童可以听读并行。一方面因为大童已经经历了文字敏感期，有阅读经验，对文字比对声音敏感；另一方面因为他们错过了语言敏感期，他们的辨音能力跟三四岁的孩子相比已经下降很多，只听不读可能听不懂，需要文字来辅助。这种感觉我相信很多家长都经历过：看英文电影不看字幕，简直不知道在说什么，看了字幕再去听，就能听懂每一个单词。其实这是因为我们对英文内容的声音不熟悉，辨别不出来。看完文字后在大脑中对声音有个预期，就更容易听懂。大童也是一样。

所以教大童的时候可以一边学绘本、动画片，一边学高频词和自然拼读，让孩子尽快进入自主阅读。这样当家长讲绘本的时候，孩子能把声音跟文字对应上，脑海中对所学内容有个文字记忆，事后再磨耳朵就更容易听懂。这是大童需要听读并行的原因：用读辅助听，而不是替代听。

大童家长一定要充分重视听力训练，否则很容易学成聋哑英语。我见到过的大童启蒙成功案例，家长无一例外把听摆在了首位，磨耳朵的时间远多于阅读时间。况且磨耳朵可以利用碎片时间来进行，不挤占其他活动，对于时间有限的大童来说是最高效的学习方式。

四、刻意练习，奋起直追

口语输出本来就是语言学习的难点，对于启蒙晚、已经错过语言敏感期、还特别在意他人眼光的大童来说就更是难上加难。想让孩子开口说起来，大童家长要做的很多事跟小童家长并没有区别，比如先主攻输入，让孩子有一定的语言积累；比如家长鼓起勇气说英语，目的不是教孩子，而是给孩子做个敢于开口的榜样；比如多鼓励孩子大胆开口，培养开口的习惯……

除此之外，孩子大了，对刻意练习的接受度比小童要好，可以适度地让孩子做一些口语训练。比如造句练习、配音练习、复述故事内容等。在启蒙初期，可以讲得很简单，两三句话讲个大意就行，或者直接用故事里的语言。随着孩子能力的增强，家长可以问问题让他们展开多讲一点。我认识的一位妈妈跟儿子这么约定，每看完一集动画片，要把内容讲给妈妈听才能看下一集。讲得好坏对错统统不要管，只要孩子愿意讲就行。坚持一段时间后，孩子的口语表达自然会有所提高。但是这件事不要一上来就做，要学习一段时间后，等孩子的英语稍有积累的时候再做。

在写作上，大童追赶起3岁启蒙的小童来比口语要快。因为我们讲过写作需要的不仅仅是语言能力，还需要言之有物，结构清晰、有逻辑。这些东西都跟英语无关。不管学没学过英语，一个9岁孩子具有的思考能力肯定比6岁的孩子要强。而且写作有充分的思考时间，不像口语必须瞬间反应。所以总体而言，写作的追赶是听、说、读、写各项中相对容易的。